ÉCRITS CORSAIRES

Dans la même collection

Jean-Luc Godard, *Les Années Cahiers*, *Les Années Karina*, *Des années Mao aux années 80*.
Jean Renoir, *Ma vie et mes films*.
Aldo Tassone, *Antonioni*.
Roberto Rossellini, *Le Cinéma révélé*.
François Truffaut, *Les Films de ma vie*.
François Truffaut, *Le Plaisir des yeux*.

Pier Paolo Pasolini

ÉCRITS CORSAIRES

Traduit de l'italien par Philippe Guilhon

Précédé d'un entretien avec René de Ceccatty

Préfaces d'Alberto Moravia, Aldo Tortorella, Philippe Gavi et Robert Maggiori

Champs arts

Titre de l'ouvrage original : *Scritti corsari*
Éditeur original : Aldo Garzanti Editore, Milan

ISBN : 978-2-0814-2234-6

Cinq questions
à René de Ceccatty

Comment avez-vous découvert les* Écrits corsaires *? Quels souvenirs avez-vous de votre première lecture ?

Ayant commencé à lire Pasolini dans mon adolescence, en 1969, alors que j'avais été fasciné par ses premiers films, je l'ai abordé par son œuvre poétique et romanesque, et l'aspect de polémiste ne m'était alors pas connu. C'est après sa mort, en 1975, que sa personnalité a été, en France en tout cas, revisitée et réanalysée à la lumière de ses conflits avec la société italienne.

« On lit ces interventions comme un testament. »

Les *Écrits corsaires* reprennent des textes publiés dans des journaux (le quotidien *Il Corriere della Sera* et l'hebdomadaire *Il Tempo illustrato*) à la toute fin de sa vie. Ils ont été recueillis en volume du vivant de Pasolini – qui voulait ainsi signaler leur importance à ses yeux, les intégrer pleinement à son œuvre et leur assurer une durabilité –, en mai 1975, très peu de temps avant son assassinat qui a eu lieu dans la nuit du 1er au 2 novembre. Et par conséquent, on lit ces interventions à travers le filtre de son dernier film, *Salò*, et de son meurtre. Comme un testament.

« Je me rappelle avoir lu ce livre comme un brûlot. »

J'ai dû les lire au début des années 1980, alors que je commençais à traduire certains autres livres de Pasolini : *Actes impurs, Descriptions de descriptions, L'Odeur de l'Inde*. Je me rappelle avoir lu ce livre comme un brûlot, et aussi comme le miroir d'une Italie déchirée par les attentats, les scandales politiques, les meurtres inexpliqués. D'une Italie noire décrite par un observateur désespéré, qui avait, en quelque sorte, perdu la foi dans ce qui, jusque-là, assurait son équilibre d'homme et d'artiste : la poésie, une poésie marquée au sceau du sacré. Mais j'avais toujours, et j'ai encore, une tendresse pour le Pasolini poète, romancier et cinéaste.

Vous avez écrit la biographie de Pasolini et traduit nombre de ses œuvres : pourquoi, selon vous, les* Écrits corsaires *sont-ils si marquants ?

Les *Écrits corsaires* ont une place à part dans son œuvre, parce qu'on y cherche désormais une clé pour comprendre la haine que ce génie avait pu susciter chez certains de ses contemporains. En s'attaquant à la corruption du pouvoir, en dénonçant l'entente sournoise du libéralisme capitaliste et de la démocratie chrétienne, en démontrant que la pègre avait été utilisée par les donneurs de leçons moralisateurs, il tentait de démonter tout un système politique et social, fondé sur le mensonge, sur les meurtres commandités, sur la pourriture politique qui parfois s'appuyait sur l'Église : le parti au pouvoir depuis la fin de la guerre était toujours le même, la Démocratie chrétienne. Les scandales de la Loge maçonnique P2 étaient en arrière-fond de toute la vie politique.

« Pasolini était un poète, un créateur, en même temps qu'un intellectuel engagé dans son temps. »

Mais si les articles de Pasolini avaient un tel retentissement, c'est que lui-même était un poète, un créateur, qui doublait ses catilinaires de tout un univers esthétique, du reste assez mal compris. Pour mesurer l'impact et la profondeur de ce livre, il faut avoir en tête non seulement l'œuvre poétique et cinématographique de Pasolini, mais aussi ses autres essais, ses dialogues et débats innombrables avec les étudiants et les lecteurs. *Passion et idéologie* (ses textes critiques sur la poésie), *L'Empirisme hérétique* (sa théorie du langage cinématographique), *Les Lettres luthériennes* (sorte de lettre ouverte à un innocent qui découvre l'horreur du monde) et ses admirables analyses littéraires (*Descriptions de descriptions*) sont des contrepoints essentiels qui permettent de mieux comprendre les *Écrits corsaires*.

Pasolini, qui, à l'origine, se destinait à être enseignant en histoire de l'art, était un intellectuel engagé dans son temps. Et il a toujours tenu à s'exprimer sur des questions politiques, linguistiques ou sociétales. Sans doute, sa sexualité (qui l'a forcé, à la suite d'une accusation d'outrage à la pudeur et de détournement de mineurs, avant qu'on ne l'en acquitte, à fuir le Frioul où il enseignait et à rendre sa carte du Parti communiste qui l'a exclu) a-t-elle joué un rôle déterminant pour le convaincre de militer sur différents plans. Il s'agissait pour lui aussi de garantir sa propre liberté de vie et de création, dans un monde dominé par l'hypocrisie dans le domaine sexuel et par l'exploitation de l'homme par l'homme dans le domaine de l'économie de marché. Il ne faut pas oublier que l'auteur des *Écrits corsaires* est un homme persécuté, depuis 1949, par la justice italienne, prompte à répondre aux demandes de censure, de saisie, de mises en examen, de la part de toutes sortes d'esprits malveillants, étriqués, parfois délirants, qui s'en sont pris aux romans, aux poèmes, aux films et à la vie privée de l'artiste.

En quoi cette œuvre de Pasolini continue-t-elle de nous parler aujourd'hui ?

Pasolini est un visionnaire et un poète : il est nécessairement prophétique, en avance sur son temps. Que des textes écrits et parus il y a plus de quarante ans nous parlent encore n'a donc en soi rien d'étonnant. Quand il a fait, dans *L'Évangile selon saint Matthieu*, le portrait du Christ, il voulait décrire un homme révolté, soucieux de justice et de vérité, comme un double de sa propre personnalité. En racontant la vie d'un homme pourtant né deux millénaires avant lui, il proposait donc un autoportrait, car il se sentait chrétien, mais marxiste en même temps. Parce que son frère, Guido, a perdu la vie à dix-neuf ans pendant la guerre, au cours de combats entre deux factions ennemies de résistants, il a toujours su que l'engagement politique se payait cher et ne supportait pas de demi-mesure. Les années de plomb (qu'avec le recul on peut mieux comprendre en lisant le livre de Rosetta Loy, *L'Italie entre chien et loup*, qui donne la chronologie de la plupart des événements auxquels fait allusion Pasolini dans les *Écrits corsaires*) annonçaient, elles-mêmes, ce qui allait se généraliser dans le monde, dans un autre contexte international, mais avec des méthodes assez similaires.

« Une chose est le contexte historique où une œuvre naît, autre chose est son impact, intemporel, sur le lecteur. »

Pasolini nous parle au-delà des circonstances dans lesquelles il a écrit ces textes historiquement datés, exactement comme Cicéron ou Homère ou Dante ou Montaigne nous parlent : une chose est le contexte historique où une œuvre naît, autre chose est son impact, intemporel, sur le lecteur. Car les instruments d'analyse et de critique qu'utilise un grand écrivain ou une intelligence géniale ne sont pas atteints par le temps. Certes, la dénonciation que Pasolini entreprend de la corruption des puissants, de l'arrogance du pouvoir économique, du mépris de toute une partie de l'humanité par une fausse élite est encore d'actualité, car on n'est pas sorti de ce marasme, qu'il soit imposé par une dictature ou par une élection démocratique. Mais c'est le ton de Pasolini qui surtout nous frappe, un ton qui lui vient non seulement du courage de sa vie personnelle, mais de sa connaissance profonde de la force des mots, connaissance qu'il a acquise en écrivant ses plus grands poèmes, dans *Les Cendres de Gramsci, La Religion de mon temps, Poésie en forme de rose* et *Transhumaniser et organiser.*

Si vous deviez citer votre passage préféré, une idée ou une image de ce livre qui vous tiendrait particulièrement à cœur, ce serait ?

Le texte le plus célèbre de ce recueil est aussi sans doute le plus cité de toute l'œuvre de Pasolini, parce que l'image en est très belle et facile à comprendre : « L'article des lucioles. » Mais si on voit en général, dans l'image de la disparition des insectes lumineux par les nuits d'été, la description d'un beau monde qui meurt, dans une sorte de cauchemar écologique ou de cri nostalgique pour un âge d'or détruit, c'est en réalité un texte polémique assez circonstanciel sur l'évolution et la fin du parti communiste, avec lequel Pasolini avait un rapport complexe, contradictoire, conflictuel, et auquel il a consacré de nombreux poèmes, notamment dans son dernier recueil, *Transhumaniser et organiser.*

Le recueil contient un autre texte fameux, où l'on continue du reste à chercher les causes de son assassinat, c'est « Le roman des massacres » (on pourrait dire plutôt « attentats »), où Pasolini dit connaître les véritables commanditaires d'attentats qui ont été attribués à l'extrême gauche.

« Pasolini entretenait une relation très compliquée avec le christianisme, avec l'Église, avec le sacré. »

Mais j'ai, pour ma part, une préférence pour deux articles qui ne faisaient pas partie de sa rubrique du *Corriere della Sera* et qui y ont été joints dans le volume : « La prison et la fraternité homosexuelle » et « Les choses divines ».

Le premier approfondit le regard sur la sexualité que Pasolini avait par ailleurs exprimé dans son œuvre littéraire et cinématographique, et en particulier dans son documentaire *Enquête sur la sexualité*. Mais il le fait ici de façon plus objective, plus frontale, plus directe. Et il parvient à s'affranchir d'une culpabilité parfois pesante dans d'autres écrits. Et le second permet de comprendre la relation très compliquée que Pasolini entretenait avec le christianisme, avec l'Église, avec le sacré. Il s'agit, dans les deux cas, d'exemples de sa formidable honnêteté intellectuelle.

Qu'aimeriez-vous dire à un lecteur qui découvrirait aujourd'hui ce livre pour la première fois ?

Je dirais à ce lecteur de se servir de ce livre pour nourrir ses propres réflexions sur le monde moderne, sur la société, sur la violence, sur l'hypocrisie. Mais aussi de remonter à l'œuvre poétique et cinématographique de Pasolini. De se servir de ce livre comme d'une sorte de dictionnaire qui lui permettra de lire avec plus de profit et de profondeur *L'Odeur de l'Inde*, par exemple, qui est un simple récit de voyage, subjectif, sensible, poétique, mais où se trouve en germe tout le Pasolini polémiste. Ou de lire encore *Poésie en forme de rose*, qui est un recueil où alternent rêveries intimistes et prises de position politiques violentes. Et enfin de lire son chef-d'œuvre romanesque, *Pétrole*, qui est, sous forme narrative, la dénonciation très précise de scandales économiques et politiques, sociaux et moraux, dans une fiction qui se réfère à la fois au Flaubert de la *Tentation de saint Antoine* et au Dostoïevski des *Possédés*. Alors, ce lecteur pourra ensuite revenir aux *Écrits corsaires* et en mesurer toute l'ampleur.

René de Ceccatty,
écrivain et traducteur.

Préfaces

I

Ces essais de Pier Paolo Pasolini sont un bon exemple de la manière dont un artiste qui – comme Pasolini – fait passer le poétique avant l'intellectuel, peut, par la voie indirecte de l'expérience existentielle, arriver aux mêmes résultats que la sociologie la plus moderne et la plus subtile.

Pasolini est avant tout un poète civil. Son thème dominant est la plainte sur sa propre nation, jadis créatrice et glorieuse, aujourd'hui dégradée et stérile. C'est le même thème que celui de poètes d'avant le Risorgimento comme Foscolo et Leopardi. Après le Risorgimento, avec Carducci et D'Annunzio, la poésie civile devient triomphaliste, autrement dit, elle ment. Mais l'Italie perd la guerre, le fascisme s'écroule, et la plainte redevient authentique et actuelle. Pasolini est le poète qui, dans l'après-guerre, exprime le mieux cette authenticité et cette actualité du thème de la plainte sur la patrie déchue.

L'expérience de Pasolini a été tout sauf théorique. Il vient à Rome de son Frioul natal avec un père militaire en retraite qu'il n'aime pas et une mère qu'il aime trop, est professeur de lycée et prend chaque matin l'autobus pour une bourgade de la périphérie où il enseigne à ces « ragazzi di vita [1] », futurs héros de ses romans et de ses films. Épuisé, humilié par ce stérile va-et-vient de la maison à l'école et *vice versa*, il a souvent la sensation que sa propre vie ne lui appartient pas, qu'il est aliéné définitivement, à jamais, comme l'un de ces innombrables bureaucrates qu'il rencontre dans les transports en commun qu'il emprunte pour gagner l'école. L'une de ses poésies de *La Religion de mon époque* nous le montre en tram, la tête tournée vers la fenêtre comme pour se retirer de la foule qui se presse autour de lui. Il regarde le terrible paysage urbain de la périphérie de Rome avec le désespoir de l'esclave enchaîné et se console en se disant : « Je pense ! » C'est là un « cogito » plutôt pascalien que cartésien ; Pasolini se sent « roseau pensant [2] » au milieu de la foule qui l'entoure et l'écrase. De ce mouvement d'orgueil désespéré, de cette plainte du poète civil qui vit et souffre de sa propre dégradation à l'intérieur de la dégradation plus générale de son pays, sortira la sociologie paradoxale et agressive de Pier Paolo Pasolini, qui, au fond, avec son mélange de dialectique marxienne, d'angoisse existentielle, d'historicisme pessimiste et de nostalgie de la philosophie des lumières, n'est pas très différente de celle de l'école de Francfort, d'Adorno, de Horckeneim, de Marcuse. De là sortira aussi et surtout sa façon d'écrire des essais qui, aussi éloignée de la rigueur de la démonstration que du relâchement de la conversation, se fonde sur l'emploi instinctif et ô combien habile de la contradiction. Pier Paolo Pasolini avait commencé par la critique littéraire. Son passage à l'essai sociologique et politique

1. Allusion au premier roman de Pasolini [n.d.t.].
2. En français dans le texte [n.d.t.].

était récent. Il faut lire ces essais comme le début d'une carrière que la mort par homicide a interrompue.

L'une de ses nombreuses carrières : après celle de poète, celle de romancier, celle de cinéaste, celle de critique, celle de personnage public qui voulait exprimer par l'action sa plainte sur la patrie dégradée, c'est-à-dire agir pour abolir cette dégradation.

Alberto MORAVIA

II

La mort de Pasolini constitue une perte grave pour la culture italienne, à laquelle il avait apporté un ton neuf et original. Il était devenu partie intégrante de notre existence par ses paroles, ses films et la lutte qu'il menait dans l'intention de nous faire prendre conscience d'une situation générale inquiétante et de son anxiété, de son angoisse face à l'avenir de l'homme et de la société à laquelle nous appartenons.

Certes, dans sa vie d'intellectuel, Pasolini a voulu choisir son camp – un camp qui ne pouvait lui offrir ni apaisement à bon compte, ni consolation – aux côtés des pauvres, des opprimés, des marginaux et des exclus. Il a tiré de sa lointaine origine chrétienne un besoin de valeurs absolues qui ne l'a jamais quitté. Mais décisive a été sa découverte de Gramsci et du marxisme, que Pasolini a transfiguré comme expression et symbole d'un monde nouveau, d'une société fondée sur d'autres valeurs.

C'est en cela qu'il se rapproche du Parti communiste italien, tout en se tenant à l'écart et en débattant et polémiquant avec lui. Il serait toutefois non seulement injuste, mais profondément erroné de lui reprocher de ne pas avoir suivi à fond la voie de la démarche politique, qui est faite – comme c'est le cas de la nôtre – de recherche collective et de discipline rigoureuse et sévère. Il y a également des gens qui vont seuls, qui ne peuvent pas trouver le chemin d'un engagement commun, mais qui cherchent à faire de leur solitude une arme pour une lutte juste. Et c'est cette lutte que Pasolini a menée au fil des années pour devenir le plus vigoureux polémiste contre ce qui lui apparaissait comme une forme de « nouvelle barbarie », contre le nivellement et la destruction des valeurs, dans un univers de massification conformiste.

Même s'il opposait à un monde frelaté et corrompu le monde propre du PCI, même s'il faisait confiance à la nouvelle génération de la fédération de la jeunesse communiste, il se peut que, d'un point de vue plus général, lui ait échappé la création en profondeur de valeurs nouvelles, dans le cadre d'un mouvement complexe et même contradictoire qui parcourt, à travers tant de luttes et de conflits, la société tout entière. Mais la lucidité de son intelligence et sa propre et dramatique expérience ne le trompaient pas quand il notait les terribles dégâts provoqués par une société déshumanisante et une mauvaise politique, et la crise non seulement économique, mais aussi morale, qui fait courir à l'Italie les plus grands risques. Au-delà de son rêve d'une mythique jeunesse de l'humanité, le communisme de Pasolini consiste à demander au monde des valeurs différentes de celles qu'offre la société dans laquelle nous vivons.

Cette demande vigoureuse n'a pas cessé et ne doit pas le faire. La lutte et l'action, qui se mesurent au quotidien, ne doivent jamais perdre la capacité de se référer aux valeurs idéales et essentielles pour lesquelles on se bat quand on transforme la société. Cette tragédie humaine doit nous donner de la force – et pas seulement à nous, communistes – pour nous battre avec plus de vigueur.

Aldo TORTORELLA
Directeur de la Section culturelle du PCI

III

« Pasolini était couché sur le ventre, en jean et maillot de corps, un bras écarté et l'autre sous la poitrine, les cheveux, pétris de sang, lui retombaient sur le front. Les joues, habituellement creuses, étaient tendues par une enflure grotesque. Le visage, déformé, était noirci par les hématomes et les blessures. Les mains et les bras étaient meurtris et rouges de sang. Les doigts de la main gauche étaient coupés et fracturés. La mâchoire gauche brisée. L'oreille droite à moitié coupée, la gauche complètement arrachée. Des blessures sur les épaules, la poitrine : avec les marques de pneus de sa voiture… Entre le cou et la nuque, une horrible lacération. Aux testicules, une ecchymose large et profonde. Dix côtes brisées, ainsi que le sternum, le foie lacéré en deux points, le cœur lacéré… », dit le rapport d'expertise.

Cette nuit du 1er au 2 novembre 1975, gît sur une plage proche de Rome le corps marqué de Pier Paolo Pasolini, cinquante-trois ans ; comme s'il avait été lynché, morceau par morceau, comme cela se pratique couramment quand il s'agit du corps des « différents », homosexuels, nègres, femmes violées ou révolutionnaires torturés. Qui ? Dans quelles conditions ? Le 9 juillet s'ouvre à Rome le procès de Giuseppe Pelosi, dix-sept ans, dit Pino la grenouille, un de ces « *ragazzi di vita* » de la banlieue romaine qui vivent de prostitution. Pelosi affirme qu'il s'est défendu contre un Pasolini déchaîné. Or, outre le fait que cela ne correspond pas du tout à la personnalité de la victime, des bleus aux bras de Pier Paolo indiquent qu'il a été maintenu pendant que d'autres, ou un autre, se chargeaient de lui régler son compte. Il y a donc eu plusieurs assassins alors que Pelosi soutient avoir agi seul, conclut le verdict : Pelosi est condamné à neuf ans de prison. L'enquête continue. Les complices de Pelosi sont-ils d'autres loulous qui ont voulu se faire un « pédé » ? Fascisme de la vie quotidienne. Ou bien, s'agit-il d'un crime organisé, prémédité, de l'extrême droite contre un homme qui dérangeait ? On ne sait pas. Le saura-t-on jamais ?

Toujours est-il que Pier Paolo Pasolini gênait beaucoup de monde. Il était « insupportable », sa mort a fait cesser le scandale. « La petite Italie, écrivait-il, a été un pays de gendarmes qui m'a arrêté, fait des procès, persécuté, tourmenté, lynché pendant presque deux décennies. » Toute sa vie durant, Pasolini a payé de sa personne le goût du paradoxe et de la provocation. Pas la provocation gratuite, mais celle que constitue toute pensée non alignée qui s'exprime et oblige l'autre à se compromettre, à s'arracher au confort repu de la bienséance et du conformisme. Peu importe que je sois ou non d'accord avec chacune des idées que défendait Pier Paolo. La question n'est pas de ramasser d'un cadavre ce qui arrange. C'est justement parce que Pasolini dérangeait tout le monde, la droite évidemment, cette Italie « petite-bourgeoise, fasciste, démocrate-chrétienne, provinciale, aux marges de l'histoire, à l'humanisme scolastique formel et vulgaire », mais aussi les communistes et les gauchistes, qu'il me fascine. Quelques jours avant sa mort, dans l'intervention qu'il avait préparée pour le congrès du Parti radical de Marco Pannella, il exhortait encore ses camarades à demeurer « constamment irreconnaissables », à « scandaliser, à blasphémer ». Lui-même était passé maître en la matière, obligeant la société politique et intellectuelle italienne à donner de sa pensée ou de son manque de pensée, à polémiquer avec lui dès lors qu'il jetait dans la presse, en pâture, pour la curée, un de ses articles bombes, un de ses « états de pensée ». La fonction Pasolini est probablement beaucoup plus importante que le détail même de ses idées. Pasolini est une des rares personnes à avoir su inventer une nouvelle manière de fonctionner de l'intellectuel engagé. L'engagement ne porte plus vraiment sur la cause ou le parti que l'on soutient, il est dans le mode d'intervention publique. Chaque article est un coup bien ajusté, minutieusement préparé, prenant de plein fouet la question d'actualité qui agite tout le monde et la retournant de telle sorte qu'elle provoque un vrai débat sur le fond, une discussion d'idées. Alberto Moravia répond, Maurizio Ferrara, son complice ennemi du PCI, répond, Italo Calvino répond, ils répondent tous, de la droite à l'extrême gauche condamnant unanimement le trouble-fête. Alors, Pasolini balance un autre article, précisant sa pensée, reconnaissant ses doutes et ses incertitudes, corrigeant même ce qu'il a affirmé précédemment en réintroduisant sa subjectivité. Et cela, toujours avec une tendresse extraordinaire, un respect de la parole de l'autre, une écoute qui, n'étant généralement pas partagée, ceux qui polémiquent avec lui cherchant presque toujours, pour convaincre, à déformer ce qu'il a dit, ou à alléguer ce qu'il n'a pas dit, oblige à cette petite révolution qu'est la réflexion. Là où il y a une subjectivité qui se nie et veut se donner comme principe établi, Pier Paolo invoque les principes, il avance des arguments rigoureux. Là où il y a rigueur et principes, il invoque la subjectivité et la dialectique. Il est l'homme qui dit TOUT ce qu'il pense, l'homme de la transparence, de l'athéisme politique. Grâce à quoi, il était devenu une sorte de conscience publique pour les Italiens, provoquant notamment chez les jeunes communistes avec qui il ne cessait de discuter – plusieurs de ses textes paraîtront dans *Nuova generazione* – de fertiles remous.

Bien sûr, mon je « gauchiste » ne peut être d'accord avec certaines de ses propositions. Par exemple quand il semble réduire le gauchisme à une « maladie verbale du marxisme », quand il ne voit dans les gauchistes que des enfants de la bourgeoisie, quand il affirme que « la sous-culture du pouvoir a absorbé la sous-culture de l'opposition », quand il s'insurge contre l'avortement (encore qu'il faudrait nuancer ce désaccord. Dans ses interventions, celle sur les cheveux longs par exemple, Pasolini dit des choses justes et subtiles. Il parle en complice plus qu'en adversaire. Il critique comme un amoureux exigeant). Bien sûr, mon je pasolinien ne se satisfait pas du tout de sa complaisance (sincère) à l'égard des communistes, de son silence sur les goulags, de son absence de réflexion approfondie sur le marxisme. Parce que Pasolini soulève toujours et radicalement des problèmes réels et fondamentaux qu'on a voulu escamoter par opportunisme politique ou pensée religieuse quand il parle des gauchistes, du développement de l'Église ou de la normalisation, son « indulgence » à l'égard du PCI qu'il ne critique jamais sur le fond déçoit. Mais tout cela est secondaire du moment qu'il pense ce qu'il dit, à rebrousse-poil, et qu'il fait penser, du moment qu'il parle non pas du ciel, du haut d'une chaire mandarinale mais de parmi nous, du lieu de rébellion, de l'espace quotidien où nous sommes impliqués.

Aussi nul n'a pu annexer Pasolini : ni un courant poétique, ni une école de cinéma, ni un parti, ni un mouvement, ni cette introduction à ses écrits. Certes, Pasolini s'est toujours dit marxiste et a déclaré maintes fois – notamment en 1963 et en 1975 – qu'il votait communiste. Mais du point de vue théorique, dès les *Cendres de Gramsci* (1957), il avait exprimé les dissidences – jaillies de « l'obscurité des viscères » – vis-à-vis de l'idéologie marxiste orthodoxe. Et, du point de vue politique, il ne s'est jamais rangé : « Mon défaut est de ne pas avoir de cartes, de ne devoir rendre de comptes à personne. Je ne représente que moi-même et je parle toujours à titre personnel, presque en vivant dans mon corps ce que je dis. » Le discours de Pasolini est trop circonstancié, trop vécu, et par ailleurs interrompu par son assassinat, pour être saisi et momifié comme une pensée unitaire. Néanmoins, dans les articles qu'il écrivit ces dernières années dans le *Corriere della Sera* ou *Il Mondo*, dont les plus percutants sont repris dans les *Écrits corsaires*, vendus à plusieurs centaines de milliers d'exemplaires en Italie, un souci premier, presque une obsession, peut être isolé : le cataclysme anthropologique, le génocide qui dénature l'Italie, la société de consommation de masse, en recouvrant artificiellement le tissu vivant de l'Italie par un ensemble insipide et uniforme de valeurs pragmatiques propres à l'idéologie du « bien-être », a littéralement étouffé l'identité du pays, a broyé dans une même machine imbécile de normalisation tous les particularismes culturels, les « petites patries » et les mondes dialectaux de la campagne italienne, jusqu'à modifier moralement et même physiquement le paysan pauvre – mais « vrai » – des Pouilles ou de Calabre, jusqu'à engoncer dans un même uniforme gris passe-partout (jean et tee-shirt !) le banlieusard romain, le « capellone » napolitain et le jeune paysan d'Isfahan ! Voir dans ce gigantesque phénomène d'acculturation le « véritable fascisme d'aujourd'hui », c'était encore une fois pour Pasolini s'exposer aux lazzis ou à la hargne de ceux qui ne marchent que sur des autoroutes bien balisées. On a dit de Pasolini qu'il regrettait une sorte d'« âge d'or » précatholique – « je ne regrette pas l'âge d'or mais l'âge du pain » – et, à gauche (voir *L'Espresso* du 23 juin 1974) on a même fait de lui le véritable idéologue de la réaction. Ce serait faire injure à Pier Paolo que de retourner l'étiquette et de lui accoler celle, aussi insipide, de « révolutionnaire ». Il reste que pour Pasolini – et les *Écrits corsaires* sont là pour nous en convaincre – la libération (l'autolibération) et la désobéissance n'ont de sens que si elles s'insurgent avec fureur, écrit Enzo Siciliano, « contre ce que la société, par l'intermédiaire de ses instances de pouvoir, exige et impose : si, d'une certaine manière, elles se font porteuses d'une règle intérieure ou, du moins, de valeurs qui offrent une résistance à la destruction de l'humain que ces instances de pouvoir désormais favorisent ».

Dans la version 1974 de la « *Violata* » – figurant à l'origine dans les *Poesie a Casarsa* de 1941-1943 – Pasolini avait modifié quelques vers, jadis très frais, très lumineux, pour ajouter une note d'une grande tristesse : « Quelque chose d'humain est fini... » Catastrophisme ? Désespoir d'un homme vaincu par l'infernalité du présent ? On ose à peine aujourd'hui citer l'un des derniers poèmes pasoliniens écrits en dialecte du Frioul : « Je pleure un monde mort. Mais moi qui le pleure je ne suis pas mort. » Pleurer un monde mort – la suite du poème nous le dit – ce n'est pas pour Pasolini se laisser engluer dans le charme romantique de la nostalgie : c'est chercher dans sa chair et son esprit la force de blasphémer encore, de dire NON, de « dire non à cette réalité qui nous a enfermés dans sa prison ». Et si Pier Paolo avait quelque chose à nous léguer, ce serait une myriade de « non » grinçants, tendres ou messianiques, le goût, amer, de la lutte contre tout ce qui nous fait nous contenter d'« être » ce à quoi cherche à nous réduire le « nouveau Pouvoir ».

La vie et l'œuvre écrite ou filmique de Pasolini sont elles-mêmes une illustration de cette lente prise de conscience – faite d'arrachements successifs – du « pouvoir » qui nous prend dans ses rêts et déshumanise, de ce modèle de développement qui donne les jeans Jesus, la fausse tolérance, l'embourgeoisement, le « nouveau fascisme ».

Pasolini est né à Bologne en 1922. Fils d'un militaire de carrière de Ravenne, fréquemment muté, Pier Paolo connaît une adolescence errante : Parme, Belluno, Cremone, Conegliano. Il fait ses études à Reggio d'Émilie et Bologne. En 1943, il se réfugie à Casarsa delle Delizie, près de Pordenone dans le Frioul, le pays natal de sa mère. Là il achève son premier recueil de poèmes, *Pœsie a Casarsa*, qui, écrit en dialecte frioulan, allait inaugurer la tentative pasolinienne de briser l'uniformité « pétrarquesque » de la langue lyrique italienne. La première brûlure de l'existence, Pier Paolo la subit le 7 février 1945 : son frère Guido, membre d'une formation de partisans « blancs » du Frioul, est tué par des partisans yougoslaves convaincus, à tort, que les habitants d'Osoppo pactisaient avec l'ennemi. Cette cicatrice restera à jamais sur la chair du poète, mais ne l'empêchera pas de se rapprocher des communistes dans l'immédiat après-guerre, au moment du lancement, par De Gasperi, de la campagne « anti-rouges ». Juste avant les élections du 18 avril 1948, un jeune homme confesse au curé de Casarsa avoir eu des rapports sexuels avec Pasolini. Le prêtre ne se prive pas de faire circuler la « rumeur infamante », à laquelle les journaux locaux démocrates-chrétiens donnent le plus d'écho possible. La fédération locale du PCI prend ses distances vis-à-vis du jeune poète, lequel avait publié un second recueil de poèmes, *I Diari*. « Un camarade digne de foi – écrira après la mort de Pasolini Lucio Lombardo Radice, "intellectuel organique" du PCI – m'a dit, mais peut-être qu'il ne se souvient pas bien, que nous l'expulsâmes (ou que nous l'éloignâmes) à cause de sa "diversité". » Durant l'hiver 1949, Pasolini fuit à Rome avec sa mère (« comme dans un roman »). Il mène, dans la banlieue gris-pauvre de la ville (« *il ghetto delle borgate* »), une vie misérable, avant de trouver un poste d'enseignant dans une école privée. Peu à peu, Pier Paolo pénètre la réalité romaine. Il commence à fréquenter les milieux de Cinecittà, où il sera peu après le scénariste de Mauro Bolognini, Franco Rossi, Emmer et Mario Soldati. Mais, surtout – pierre angulaire de sa vie – il découvre le lumpenprolétariat, cette population somptueuse et dépenillée, pure et triviale des bourgades, que Pasolini concevra, écrit Alberto Moravia, « comme société révolutionnaire analogue aux sociétés protochrétiennes, c'est-à-dire inconsciemment porteuse d'un message d'humilité ascétique à opposer à la société bourgeoise hédoniste et pleine de superbe ». Le marxisme de Pasolini prend alors une coloration « viscérale » où l'idéologie cède à la passion : « communiste primitif » par sentiment, Pasolini sera le poète des loubards, le héraut du petit peuple des bourgades entassé dans les baraques ou les « cas popolari ». À Rome, Pasolini travaille à des projets de romans, écrit des poèmes, étudie la poésie dialectale, s'initie au « romanesco ». Après *Dov'è la mia patria*, il publie, en frioulan, *Tal cour di un frut* (1953) et *La Meglio Gioventù* (1954). Il écrit son premier scénario, *La donna del fiume* juste avant de faire paraître, en « romanesco » cette fois, le roman qui fera de lui un « nom » : *Ragazzi di vita (Les Ragazzi)* [1955]. Le roman, qui mettait en scène les loulous de banlieue, suscitera le scandale et vaudra à son auteur un procès pour « offense à la décence publique ». Les débuts au cinéma seront tout aussi scandaleux : *Accattone* (1961), que l'on a pu voir à la très chaste télévision italienne, sera déclaré « contraire à la morale » : « Ce qui était immoral – expliquait Pier Paolo – c'était naturellement l'image du sous-prolétariat, dont tout le monde à l'époque, indistinctement, refusait d'admettre l'existence. » Comment l'Italie pouvait-elle tolérer que l'on montrât ses faubourgs lépreux, que l'on donnât d'elle-même une autre image que celle de la prospérité que commençait à apporter le « boom » économique ? Dès lors, Pasolini – devenu un « cas » – demeurera sous les spots de l'actualité forcée. Avec *Le ceneri di Gramsci* (1957), il avait gagné le prix Viareggio, celui-là même que Gramsci avait obtenu avec les *Lettres de prison*, puis de nouveau il connut le succès avec *Una vita violenta (Une vie violente)* et un essai dédié à Moravia, *Passione e Ideologia* (1960).

Au début des années 1960, le cas Pasolini défraye la chronique : il est accusé de complicité pour avoir pris dans sa voiture un « *ragazzo di vita* » ayant volé une petite chaîne en or. Un pompiste déclare avoir été agressé (à main armée !) par l'écrivain. Un jeune homme qui s'était

« reconnu » dans un de ses romans, lui intente un procès en diffamation. Deux ans plus tard, la sortie de son troisième film – *Mamma Roma* est de 1962 – *La Ricotta*, dans le film *Rogopag*, lui vaut une condamnation pour… outrage à la religion d'État. Malgré cette avalanche de scandales qui le fixe dans le rôle de « crucifié public », Pasolini continue de produire son œuvre à un rythme accéléré. Il publie *La religione del mio tempo* (poésie, 1961), *Il sogno di una cosa* (roman, 1962), *Poesia in forma di rosa* (1964), *Ali dagli occhi azzurri* (roman, 1965) et *Teorema* (roman, 1968). Mais, de plus en plus, il se consacre au cinéma, bâtissant une œuvre filmique impressionnante, de plus en plus abstraite, comme s'il voulait filtrer la réalité du quotidien à travers une poétique originale et la fixer en une sorte de réalité éternelle, métahistorique : *Comizi d'amore (Enquête sur la sexualité)* [1963], *Il Vangelo Secondo Matteo (L'Évangile selon saint Matthieu)* [1964], *Uccellacci e uccellini (Des oiseaux petits et gros)* [1966], *Œdipe roi* (1967), *Théorème* (1968) – encore une « offense à la morale » ! –, *Porcile (Porcherie)* [1969], *Medea (Médée)* [1970]. Presque toutes ses œuvres font l'objet de procès, de condamnations, d'interdictions.

Au début des années 1970, au moment où il vit dans sa chair la désespérance de voir les valeurs archaïco-chrétiennes particulières et « vraies » du peuple des campagnes être toutes recouvertes par le linceul des stéréotypes de la société de consommation de masse, Pasolini rompt avec son cinéma « cultivé » et métaphorique pour revenir aux traditions populaires, où le sexe, la misère et la joie de vivre se fondent en une culture abourgeoise « incontaminée ». Pasolini cherche « ailleurs » – au fin fond de la Turquie, au cœur de la Perse, au Moyen Âge… – cette beauté originelle maculée, en Europe, par la grisaille des modèles petits-bourgeois. La « Trilogie d'Éros » – *Le Décaméron* (1971), *Les Contes de Canterbury* (1972), *Les Mille et Une Nuits* (1974) – traduit cette protestation viscérale contre la « disparition des lucioles », l'acculturation, l'étouffement inexorable d'une culture *humaine*. Toutefois, en juin 1975, Pasolini « abjure » cette trilogie :

« J'abjure la *Trilogie de la vie*, bien que ne regrettant pas de l'avoir faite. Je ne peux, en effet, nier la sincérité et la nécessité qui m'ont poussé à la représentation des corps et de leur symbole culminant, le sexe. »

Cette sincérité et cette nécessité ont différentes justifications historiques et idéologiques.

Avant tout, elles s'insèrent dans cette lutte pour la démocratisation du « droit à l'expression » et pour la libéralisation sexuelle, qui ont été deux moments fondamentaux de la tension progressiste des années 1950 et 1960.

En second lieu, dans la première phase de la crise culturelle et anthropologique qui a commencé vers la fin des années 1960 – où commençait à triompher l'irréalité de la sous-culture des « mass media », de la communication de masse –, le dernier rempart de la réalité semblait être les corps « innocents » avec la violence archaïque, sombre, vitale de leurs organes sexuels.

Enfin, la représentation de l'éros, vu dans un milieu humain à peine dépassé par l'histoire, mais encore physiquement présent (à Naples, au Moyen-Orient), était quelque chose qui me fascinait, moi personnellement, en tant qu'auteur et en tant qu'homme.

Maintenant tout s'est renversé.

Premièrement : la lutte progressiste pour la démocratisation de l'expression et pour la libéralisation sexuelle a été brutalement dépassée et rendue vaine par la décision du pouvoir « de consommation » d'accorder une tolérance large (autant que fausse).

Deuxièmement : la « réalité » des corps innocents elle-même a été violée, manipulée, déformée par le pouvoir de consommation ; plus, cette violence sur les corps est devenue la donnée la plus macroscopique de la nouvelle époque humaine.

Troisièmement : « les vies sexuelles privées (comme la mienne) ont subi le traumatisme aussi bien de la fausse tolérance que de la dégradation corporelle, et ce qui, dans les fantaisies sexuelles, était douleur et joie, est devenu déception suicidaire, léthargie informe. »

Tous ces thèmes sont constamment présents dans les *Écrits corsaires* et il n'est guère nécessaire d'y insister. Ce qu'il faut souligner en revanche c'est la nouveauté du mode d'intervention adopté par Pasolini. Tout en continuant son œuvre littéraire (*Trasumanar e organizzar*, 1971, *Empirismo eretico*, 1972) et cinématographique (*Salò ou les 120 journées de Sodome*, 1975), Pasolini faisait irruption de plus en plus fréquemment dans les colonnes des principaux quotidiens et hebdomadaires italiens, obligeant à une véritable analyse des problèmes (l'avortement, la drogue, le référendum sur le divorce, les élections, le fascisme, l'antifascisme) et empêchant leur pétrification en formules stéréotypées, partitaires ou partisanes, facilement admises – admissibles – par les camps en présence.

Quelques mois avant sa mort, dans le *Corriere della Sera*, Pasolini avait dressé un réquisitoire contre les hiérarques et les potentats démocrates-chrétiens, puis préconisé un véritable procès, un procès réel, des hommes de pouvoir coupables d'avoir mené l'Italie à la ruine. À l'époque l'on avait – encore ! – parlé de provocation, d'acte de matamore en quête de gloriole, de fanfaronnade « littéraire », de geste « brillant » mais « inconsistant », de politique-fiction… Aujourd'hui, quelques mois après, Giovanni Leone, président de la République, et Mariano Rumor, ministre des Affaires étrangères, sont impliqués dans l'affaire des pots-de-vin Lockheed ; Aldo Moro, président du Conseil, est accusé d'avoir étouffé toutes les enquêtes sur les tentatives récentes de coups d'État ; Giovanni Agnelli, président de Fiat, est accusé d'avoir financé l'opération putschiste menée par Edgardo Sogno, etc.

Philippe GAVI et Robert MAGGIORI, 1976

Note introductive

C'est au lecteur de reconstruire ce livre ! À lui de réunir les fragments d'une œuvre dispersée et incomplète, à lui de faire se rejoindre des passages placés loin les uns des autres et qui pourtant se complètent ! À lui d'organiser les moments contradictoires en recherchant leur unité essentielle, à lui d'éliminer les éventuelles incohérences (hypothèses abandonnées ou de recherches) ! À lui de substituer aux répétitions leurs variantes éventuelles (ou alors d'accepter ces répétitions comme des anaphores passionnées).

Je lui propose deux « séries » d'écrits, dont les dates, mises en colonnes, correspondent à peu près : une « série » d'écrits *premiers*, et une « série », plus humble, d'écrits complémentaires, corroborants, documentaires. L'œil doit évidemment courir de l'une à l'autre. Dans aucun de mes livres, il ne m'est arrivé de demander au lecteur la ferveur philologique que je lui demande pour ces écrits journalistiques : celle, moins diffuse, de l'instant. Bien entendu, je le renvoie également en dehors des « séries » d'écrits contenus dans ce livre, ne serait-ce qu'aux textes des interlocuteurs avec qui je polémique et à qui je réplique et réponds avec tant d'obstination.

7 janvier 1973

Le « discours » des cheveux

La première fois que j'ai vu des chevelus, c'était à Prague : dans le hall de l'hôtel où j'étais descendu, sont entrés deux jeunes étrangers portant les cheveux jusqu'aux épaules. Ils ont traversé le hall, gagné un coin un peu à l'écart et se sont assis à une table. Ils sont restés assis une petite demi-heure, observés par les clients, dont j'étais ; puis ils sont partis. Que ce soit alors qu'ils fendaient la foule attroupée dans le hall ou lorsqu'ils étaient assis dans leur coin à l'écart, ils n'ont pas dit un mot (peut-être – encore que je ne m'en souvienne pas – se sont-ils chuchoté quelque chose : mais, je pense, quelque chose de rigoureusement pratique, d'inexpressif).

En effet, dans cette circonstance particulière – qui était entièrement publique, ou sociale et, dirais-je même, officielle – ils n'avaient pas besoin de parler ; leur silence était rigoureusement fonctionnel. Et il l'était simplement, parce que parler était superflu. Ces deux jeunes gens se servaient, pour communiquer avec les personnes présentes, les observateurs – leurs frères de ce moment-là – d'un autre langage que celui formé par les mots.

Ce qui prenait la place du langage verbal traditionnel et le rendait superflu – en trouvant d'ailleurs immédiatement place dans l'ample domaine des « signes », dans le cercle de la sémiologie – c'était le *langage de leurs cheveux*.

Un seul élément – précisément la longueur de leurs cheveux tombant sur les épaules – contenait en lui tous les signes possibles d'un langage articulé. Mais quel était donc le sens de leur message silencieux et purement physique ?

Le voici : « Nous sommes deux chevelus. Nous appartenons à une nouvelle catégorie humaine qui fait en ce moment son apparition dans le monde, qui a son centre en Amérique et qui, en province (par exemple – et même surtout – ici à Prague), est inconnue. Nous constituons donc pour vous une apparition. Nous exerçons notre apostolat, déjà pleins d'un savoir qui nous comble et nous dépouille totalement. Nous n'avons rien à ajouter oralement et rationnellement à ce que nos cheveux disent physiquement et ontologiquement. Le savoir dont nous sommes remplis sera un jour également vôtre, et notre apostolat y aura sa part. Pour l'heure, c'est une nouveauté, une grande nouveauté qui, avec le scandale qu'elle suscite, crée dans le monde une attente. Elle ne sera pas trahie. Les bourgeois ont raison de nous regarder avec haine et terreur, car ce en quoi consiste la longueur de nos cheveux les conteste radicalement. Mais qu'ils ne nous prennent pas pour des gens mal élevés ou sauvages : nous sommes bien conscients de nos responsabilités. Nous ne vous regardons pas, nous demeurons réservés. Faites de même vous aussi, et attendez les événements. »

Je fus le destinataire de cette communication ; je sus tout de suite la déchiffrer : ce langage privé de lexique, de grammaire et de syntaxe, on pouvait l'apprendre immédiatement, et puis, sémiologiquement parlant, ce n'était qu'une forme de ce « langage de la présence physique » que les hommes savent employer depuis toujours.

Je compris, et j'éprouvai une immédiate antipathie pour ces deux jeunes gens.

J'ai, par la suite, dû ravaler mon antipathie et défendre les gens à cheveux longs contre les attaques de la police et des fascistes : j'étais naturellement, par principe, du côté du Living Theatre, des Beats, etc., et le principe qui me faisait me tenir à leurs côtés était un principe rigoureusement démocratique.

Les chevelus devinrent assez nombreux – comme les premiers chrétiens : mais ils continuaient à être mystérieusement silencieux ; leurs cheveux longs étaient leur seul vrai langage et il leur importait peu d'ajouter quoi que ce soit d'autre. Leur parler coïncidait avec leur être. L'indicible était l'*ars retorica* de leur protestation.

Mais ces gens à cheveux longs des années 1966-1967, que disaient-ils donc dans le langage inarticulé que constituait le signe monolithique de leurs cheveux ?

Ils disaient ceci : « La société de consommation nous dégoûte. Nous nous insurgeons radicalement. De par notre refus, nous créons un anticorps de cette société. Tout semblait aller pour le mieux, hein ? Notre génération devait être une génération de gens intégrés ? Eh bien voilà ce qu'il en est en réalité ! Nous opposons notre folie à un destin d'"executives". Nous créons de nouvelles valeurs religieuses dans l'entropie bourgeoise, et cela au moment même où elle allait devenir totalement laïque et hédoniste. Cela, nous le faisons avec une vigueur et une violence révolutionnaires (violence de non-violents !), parce que notre critique de la société est totale et intransigeante. »

Je ne pense pas que, si on les avait interrogés selon le système traditionnel du langage verbal, ils auraient été capables d'exprimer d'une manière aussi cohérente la sémantique de leurs cheveux : il n'en demeure pas moins que c'est cela qu'en substance ils exprimaient. Pour ma part, bien que j'aie dès lors soupçonné que leur « système de signes » était le produit d'une sous-culture de protestation qui s'opposait à une sous-culture de pouvoir, et que leur révolution non marxiste était suspecte, j'ai continué durant quelque temps à être de leur côté, en les incorporant aux éléments anarchiques de mon idéologie.

Le langage de ces cheveux exprimait, même indiciblement, des « choses » de gauche. Peut-être même de nouvelle gauche, cette tendance née *dans* l'univers bourgeois (dans une dialectique créée peut-être artificiellement par l'esprit qui règle, en dehors de la conscience des pouvoirs particuliers et historiques, le destin de la bourgeoisie).

Et vint 1968. Les chevelus furent absorbés par le mouvement étudiant ; ils s'agitèrent sur les barricades avec des drapeaux rouges. Leur langage exprima de plus en plus de « choses » de gauche (Che Guevara avait les cheveux longs, etc.).

En 1969 – avec le massacre de Milan, la Mafia, les émissaires des colonels grecs, la complicité des Ministres, le complot noir [1], les provocateurs –, les gens à cheveux longs avaient énormément grandi en nombre : quoiqu'ils ne fussent pas encore numériquement majoritaires, ils l'étaient pourtant à cause du poids idéologique qu'ils avaient pris. Maintenant, ils n'étaient plus silencieux : ils ne déléguaient plus au système par signes de leurs cheveux leur entière capacité de communication et d'expression. Au contraire, la présence physique des cheveux prenait,

1. Allusions aux menées de l'extrême droite proche du comte Borghese [n.d.t.].

d'une certaine façon, une autre valeur. L'usage traditionnel du langage verbal était de nouveau entré en fonction. Je ne dis pas « verbal » par pur hasard. Au contraire, je le souligne. On a beaucoup parlé de 1968 à 1970 ! À tel point que l'on pourra s'en passer pendant quelque temps ; on a donné libre cours au verbalisme ; et le verbalisme est devenu le nouvel *ars retorica* de la révolution (gauchisme, maladie verbale du marxisme !).

Bien que les cheveux – réabsorbés dans la furie verbale – ne parlassent plus d'une façon autonome à des destinataires déconcertés, je trouvai malgré tout la force d'aiguiser mes capacités de décodage et, dans le fracas, je cherchai à me mettre à l'écoute du discours silencieux et évidemment ininterrompu de ces cheveux toujours plus longs.

Que disaient-ils, eux, à ce moment-là ? Ils disaient : « Oui, c'est vrai... nous disons des choses de gauche ; notre signification – même si elle ne fait qu'épauler celle des messages verbaux – est une signification de gauche... Mais... Mais... »

Le discours des cheveux s'arrêtait là : il me fallait le compléter tout seul. Par ces « mais... mais... », ils voulaient évidemment dire deux choses : « 1) Notre ineffabilité est de jour en jour plus irrationnelle et pragmatique : la prééminence que nous accordons silencieusement à l'action a un caractère sous-culturel, et donc, au fond, de droite ; 2) Nous avons aussi été adoptés par les provocateurs fascistes qui se mêlent aux révolutionnaires verbaux (pourtant le verbalisme peut aussi pousser à l'action, surtout quand il en fait un mythe) : nous sommes un masque parfait, non seulement d'un point de vue physique – notre façon désordonnée de flotter fait se ressembler tous les visages – mais aussi d'un point de vue culturel : en effet, on peut très facilement confondre une sous-culture de droite avec une sous-culture de gauche. »

Je compris en somme que le langage des cheveux n'exprimait plus des « choses » de gauche, mais bien quelque chose d'équivoque, de droite-gauche, qui rendait possible la présence des provocateurs.

Il y a une dizaine d'années, je pensais qu'un provocateur était pratiquement inconcevable (à moins qu'il n'ait été un très bon acteur) parmi nous, de la génération précédente : oui, sa sous-culture se serait distinguée, *même physiquement*, de notre culture. Nous l'aurions reconnu à ses yeux, à son nez, *à ses cheveux* ! Nous l'aurions tout de suite démasqué et traité comme il le méritait. Cela n'est plus possible aujourd'hui ; personne au monde ne pourrait distinguer à son aspect physique un révolutionnaire d'un provocateur. La droite et la gauche ont physiquement fusionné.

Et nous sommes arrivés à 1972.

Au mois de septembre, j'étais à Isfahan, au cœur de la Perse : pays sous-développé, comme on dit horriblement, mais, comme on dit tout aussi horriblement, en plein essor.

Sur l'Isfahan d'il y a dix ans – l'une des plus belles villes du monde, sinon la plus belle – est née une Isfahan nouvelle, moderne et très laide. Dans ses rues, vers le soir, on peut voir, travaillant ou se promenant, les mêmes jeunes qu'il y a dix ans en Italie : des enfants dignes et humbles, avec de belles nuques et de beaux visages limpides sous d'innocents et fiers toupets. Et voilà qu'un soir où je marchais dans la rue principale de la ville, je vis, parmi tous ces gosses de jadis, très beaux et pleins de l'antique dignité humaine, deux êtres monstrueux : ce n'était pas vraiment des chevelus, mais leurs cheveux étaient coupés à l'européenne, longs derrière, courts sur le front, rendus filasses par le peigne et plaqués artificiellement autour du visage par deux mèches hideuses au-dessus des oreilles.

Que disaient donc leurs cheveux ? Ils disaient : « Nous ne faisons pas partie de ces crève-la-faim, de ces misérables sous-développés qui en sont restés à l'âge des barbares ! Nous, nous sommes employés de banque, étudiants, fils de gens enrichis dans les sociétés pétrolières ; nous sommes allés en Europe, nous avons lu ! Nous sommes des bourgeois : et nos cheveux longs témoignent de notre modernité internationale de privilégiés ! »

Donc ces cheveux longs renvoyaient à des « choses » de droite.

Le cycle s'est accompli ; la sous-culture du pouvoir a absorbé la sous-culture de l'opposition et l'a faite sienne : avec une diabolique habileté, elle en a patiemment fait une mode qui, si on ne peut pas la déclarer fasciste au sens propre du terme, est pourtant bel et bien de pure « extrême droite ».

Je conclurai amèrement ; les masques répugnants que les jeunes se mettent sur le visage, et qui les rendent aussi horribles que les vieilles putains d'une iconographie injuste, recréent objectivement dans leur physionomie ce qu'ils ont condamné à jamais – mais uniquement en paroles. Ils ont dénoncé les vieilles trognes de prêtres, de juges, d'officiers, de faux anarchistes, d'employés bouffons, d'avocassiers, de Don Ferrante, de mercenaires, d'escrocs et de bien-pensants canailles ; et la condamnation radicale et sans discernement qu'ils ont prononcée contre leurs pères, en dressant devant eux une barrière infranchissable, a fini par les isoler et les empêcher de développer avec leurs pères [1] un rapport dialectique. Mais ce n'est qu'à travers un tel rapport dialectique – même dramatique et passionné – qu'ils auraient pu avoir une réelle conscience historique d'eux-mêmes et aller de l'avant, « dépasser » leurs pères. Au contraire, l'isolement dans lequel ils se sont enfermés – comme dans un monde à part, un ghetto réservé à la jeunesse – les a rivés à leur réalité historique ; ce qui a impliqué – fatalement – une régression. Car, en vérité, ils sont allés plus loin en arrière que leurs pères, en ressuscitant dans leurs âmes des terreurs et des conformismes et, dans leur aspect physique, des conventions et des misères qui semblaient à jamais dépassés.

Maintenant, voici ce qu'ils disent, les cheveux longs, dans leur langage inarticulé et possédé de signes non verbaux, dans leur douteuse apparence de motif d'icône : les « choses » de la télévision, ou des *réclames* [2] pour les biens de consommation, dans lesquelles il est désormais absolument inconcevable de présenter un jeune qui n'ait pas les cheveux longs ; le fait est qu'aujourd'hui, cela paraîtrait scandaleux au pouvoir.

J'éprouve un immense et sincère déplaisir (et même un véritable désespoir) à le dire : désormais des milliers et des centaines de milliers de visages de jeunes Italiens ressemblent de plus en plus à celui de Merlin. La liberté qu'ils prennent de porter les cheveux comme ils le veulent n'est plus défendable, parce que ce n'est plus une liberté. Le moment est plutôt venu de dire aux jeunes que leur

1. Exemple d'« anaphore passionnée » ; voir note introductive [n.d.t.].

2. En français dans le texte.

façon de se coiffer est horrible, parce que servile et vulgaire. Plus, le moment est venu pour eux de s'en apercevoir et de se libérer de la préoccupation coupable de se conformer à l'ordre dégradant de la horde.

Corriere della Sera,
sous le titre de « Contre les cheveux longs ».

17 mai 1973

Analyse linguistique d'un slogan

Le langage de l'entreprise est, par définition, un langage purement fonctionnel : les « lieux » où il s'exprime sont ceux où la science est « appliquée », et donc ceux du pragmatisme pur. Les techniciens emploient bien entre eux un argot de spécialistes, mais d'un point de vue strictement et résolument fonctionnel. Les canons linguistiques en vigueur à l'intérieur de l'entreprise tendent ensuite à se développer aussi à l'extérieur : il est clair que ceux qui produisent veulent avoir des rapports d'affaires absolument clairs avec ceux qui consomment.

Il n'existe qu'un cas d'expressivité – mais d'expressivité aberrante – dans le langage purement fonctionnel de l'industrie, c'est celui du slogan. En effet, le slogan doit être expressif, pour impressionner et convaincre. Mais son expressivité est monstrueuse, parce qu'elle devient immédiatement stéréotypée et qu'elle se fixe dans une rigidité qui est le contraire même de l'expressivité, éternellement changeante par essence et offerte à d'infinies interprétations.

Ainsi, la fausse expressivité du slogan constitue le *nec plus ultra* de la nouvelle langue technique qui remplace le discours humaniste. Elle symbolise la vie linguistique du futur, c'est-à-dire d'un monde inexpressif, sans particularismes ni diversités de cultures, un monde parfaitement normalisé et acculturé. Un monde qui, pour nous, ultimes dépositaires d'une vision multiple, magmatique, religieuse et rationnelle du monde, apparaît comme un monde de mort.

Mais peut-on prévoir un monde si négatif ? Peut-on prévoir un futur qui soit « la fin de tout » ? Quelques-uns – comme moi – ont cette tendance, par désespoir : avoir vécu, et ressenti de l'amour pour un monde, cela empêche d'en concevoir un autre qui soit tout aussi réel, aussi bien que de croire que puissent se créer des valeurs analogues à celles qui ont rendu précieuse une existence. Une telle vision apocalyptique du monde est justifiable, mais probablement injuste.

Cela semble fou, mais un slogan récent, celui devenu célèbre en un clin d'œil des jeans « Jesus » : « Tu n'auras d'autres jeans que moi », se pose comme un fait nouveau, une exception dans les canons fixes du slogan ; il en révèle une possibilité expressive imprévue, et indique de leur part une évolution différente de celle que la tradition du genre – immédiatement admise par les désespérés qui veulent voir le futur comme une mort – laissait trop raisonnablement prévoir.

Voyez la réaction de *L'Osservatore Romano* [1] à ce slogan : dans son gentil petit italien d'antan, spiritualiste et un peu infatué, le rédacteur de *L'Osservatore Romano* entonne des lamentations, certes pas bibliques, pour faire du victimisme de pauvre innocent sans défense. C'est du même ton que sont rédigées, par exemple, les lamentations contre l'immoralité envahissante de la littérature ou

1. Quotidien officiel du Vatican [n.d.t.].

du cinéma. Mais dans ce cas-là, le ton pleurnichard et bien-pensant dissimule une volonté menaçante du pouvoir : en effet, tandis que, jouant au pauvre agneau, le rédacteur se lamente dans son italien bien léché, le pouvoir travaille dans son dos à supprimer, à enfermer et à écraser les réprouvés qui sont à la base de ses souffrances. Magistrats et policiers sont sur le qui-vive ; l'appareil de l'État se met aussitôt avec zèle au service du spirituel. Aux jérémiades de *L'Osservatore* font suite les procédures légales du pouvoir : l'écrivain ou le cinéaste impie est immédiatement « pris » et réduit au silence.

En somme, dans les cas de révolte de type humaniste – possibles dans le cadre du vieux capitalisme et de la première révolution industrielle – l'Église pouvait intervenir et réprimer, en contredisant brutalement une certaine volonté formellement démocratique et libérale du pouvoir de l'État. Le mécanisme était simple : une partie de ce pouvoir – par exemple la magistrature et la police – assumait une fonction conservatrice ou réactionnaire et, en tant que telle, mettait automatiquement au service de l'Église ses instruments de pouvoir. Il y a donc un double lien de mauvaise foi dans les rapports entre l'Église et l'État : pour ce qui la concerne, l'Église accepte l'État bourgeois – à la place de l'État monarchique ou féodal – en lui accordant un soutien et un appui sans lesquels, jusqu'aujourd'hui, le pouvoir n'aurait pu subsister ; pour ce faire, l'Église a pourtant dû admettre et approuver l'exigence libérale et la démocratie formelle – choses qu'elle a admises et approuvées à la seule condition que le pouvoir lui donne l'autorisation tacite de les limiter et de les supprimer. Le pouvoir bourgeois lui en a donné l'autorisation de tout cœur. En effet, son pacte avec l'Église en tant qu'*instrumentum regni* ne consistait en rien d'autre que ceci : dissimuler son propre libéralisme et son antidémocratisme essentiels en confiant les fonctions illibérales et antidémocratiques à une Église acceptée de mauvaise foi comme une institution religieuse supérieure. L'Église a en somme signé un pacte avec le diable, à savoir avec l'État bourgeois. Il n'est en effet de contradiction plus scandaleuse qu'entre religion et bourgeoisie, celle-ci étant le contraire de celle-là. Le pouvoir monarchique ou féodal l'était au fond moins. C'est pourquoi, du point de vue de l'Église, le fascisme, en tant que moment régressif du capitalisme, était objectivement moins diabolique que le régime démocratique : le fascisme était un blasphème, mais il ne minait pas l'Église par l'intérieur, parce qu'il représentait une *fausse* nouvelle idéologie. Le Concordat n'a pas été un sacrilège dans les années 1930, mais c'en est un aujourd'hui, car si le fascisme n'a même pas égratigné l'Église, à présent le néocapitalisme la détruit. L'acceptation du fascisme a été quelque chose d'atroce : mais l'acceptation de la civilisation bourgeoise capitaliste est un fait définitif, dont le cynisme n'est pas seulement une faute, la énième dans l'histoire de l'Église, mais bien une erreur historique que l'Église paiera probablement de son déclin. Car elle n'a pas pressenti – dans son aveugle obsession de stabilisation et de fixité éternelle de sa fonction éternelle – que la bourgeoisie représentait un nouvel esprit, qui n'était certes pas celui du fascisme : un nouvel esprit qui, dès l'abord, s'est révélé concurrent de l'esprit religieux (dont il ne conserve que le cléricalisme) et qui finira par prendre sa place pour fournir aux hommes une vision totale et unique de la vie (sans plus avoir besoin du cléricalisme comme instrument de pouvoir).

C'est vrai : comme je viens de le dire, aux plaintes pathétiques du rédacteur de *L'Osservatore* fait immédiatement suite – dans les cas d'opposition « classique » – l'action de la magistrature et de la police. Mais il s'agit d'une situation en survivance. Le Vatican trouve encore de vieux hommes qui lui sont fidèles au sein de l'appareil d'État : mais, justement, ils sont vieux ; et le futur n'appartient ni aux vieux cardinaux, ni aux vieux hommes politiques, ni aux vieux magistrats ou encore aux vieux policiers. Le futur appartient à la jeune bourgeoisie, qui n'a plus besoin de « tenir » le pouvoir à l'aide de ses instruments classiques et ne sait que faire d'une Église qui, désormais, est condamnée à disparaître de par son appartenance à ce monde humaniste du passé, qui constitue un obstacle à la nouvelle révolution industrielle. En effet, le nouveau pouvoir bourgeois nécessite, de la part des consommateurs, un esprit complètement pragmatique et hédoniste : un univers mécanique et purement terrestre dans lequel le cycle de la production et de la consommation puisse s'accomplir selon sa nature propre. Il n'y a plus place pour la religion et surtout pas pour l'Église. La lutte répressive que le nouveau capitalisme accomplit encore par l'intermédiaire de l'Église est une lutte retardée et destinée, selon la logique bourgeoise, à être rapidement abandonnée, ce qui aura pour conséquence la dissolution « naturelle » de l'Église.

Cela semble fou, je le répète, mais le cas des jeans « Jesus » est un indice de ce changement. Ceux qui ont fabriqué ces jeans et qui les ont lancés sur le marché en se servant, comme slogan pragmatique, de l'un des Dix Commandements, démontrent – probablement avec un certain manque de sentiment de culpabilité, à savoir l'inconscience de qui ne se pose plus certains problèmes – qu'ils sont déjà en dehors du cercle dans lequel s'inscrivent notre genre de vie et notre horizon mental.

Il y a, dans le cynisme de ce slogan, une intensité et une innocence d'un genre absolument nouveau, même s'il a vraisemblablement mis longtemps à mûrir pendant ces dix dernières années (plus rapidement en Italie). Dans son laconisme de phénomène qui s'est révélé d'un coup à notre conscience, il nous déclare d'une façon complète et définitive que les nouveaux industriels et les nouveaux techniciens sont complètement laïques, d'une laïcité qui ne se mesure plus avec la religion. Cette laïcité est une « valeur nouvelle » née dans l'entropie bourgeoise où la religion conçue comme autorité et forme de pouvoir dépérit ; elle ne survit que dans la mesure où elle demeure un produit naturel d'énorme consommation et une forme folklorique encore exploitable.

Mais l'intérêt de ce slogan n'est pas purement négatif, il ne souligne pas uniquement la nouvelle modalité selon laquelle l'Église est brutalement remise à la place qu'elle tient vraiment dans la vie ; il est aussi positif, parce qu'il met en lumière la possibilité imprévue de donner un sens idéologique, et donc de rendre expressif le langage du slogan et, probablement, celui du monde technologique. L'esprit blasphémateur de ce slogan ne se borne pas à être apodictique, ne se limite pas à une pure observation qui fixe l'expressivité en pure communication ; c'est quelque chose de plus qu'une trouvaille sans préjugés (dont le modèle serait l'anglo-saxon « Jesus-Christ Superstar ») : tout au contraire, il se prête à une interprétation qui ne peut être qu'infinie ; il conserve donc dans le slogan les caractères idéologiques et esthétiques de l'expressivité. Cela signifie – peut-être – que le futur, qui à nous – religieux et humanistes – apparaît comme fixation et mort, sera, d'une façon nouvelle, histoire ; que l'exigence de communicativité pure de la production sera de quelque façon contredite. Car le slogan de ces jeans ne se contente pas de souligner la nécessité de la consommation ; il se présente tout à fait comme la Némésis – même inconsciente – qui punit l'Église pour son pacte avec le diable. Cette fois, le rédacteur de *L'Osservatore* est bel et bien sans défense et impuissant : même si d'aventure la magistrature et les flics, mis soudain chrétiennement en mouvement, réussissent à arracher des murs de notre pays cette affiche et son slogan, il s'agit d'ores et déjà d'un fait irréversible, encore que peut-être anticipé. Il est porteur de l'esprit nouveau de la seconde révolution industrielle et de la mutation des valeurs qui en découle.

Corriere della Sera,
sous le titre de « Le slogan fou des jeans Jesus ».

5 juillet 1973

La première vraie révolution de droite

En 1971-1972, s'est ouverte l'une des périodes réactionnaires les plus violentes et peut-être les plus décisives de l'histoire. Sa nature est double : profonde, importante et absolument nouvelle dans un premier temps, épidermique, contingente et ancienne dans un second. La nature profonde de cette réaction des années 1970 est donc indéchiffrable, tandis que sa nature extérieure est, au contraire, aisément déchiffrable. Chacun, en effet, la caractérise par une remontée du fascisme sous toutes ses formes, y compris celles décrépites du fascisme et du traditionalisme clérico-libéral, si nous pouvons employer cette définition aussi inédite qu'évidente.

Cet aspect de la restauration (terme impropre dans notre contexte, parce que en réalité on ne restaure rien d'important) est un prétexte commode pour ignorer l'autre aspect, plus profond et réel, qui échappe à nos habitudes interprétatives de tout genre ; il n'est saisi empiriquement et phénoménologiquement que par les sociologues ou les biologistes, qui, naturellement, suspendent leur jugement, ou le rendent ingénument apolitique.

La restauration ou l'authentique réaction apparue en 1971-1972 (après l'entracte de 1968) constitue en réalité une révolution. Voilà pourquoi elle ne restaure rien et ne retourne à rien ; au contraire, elle tend littéralement à effacer le passé, avec ses « pères », ses religions, ses idéologies et ses modes de vie (réduits aujourd'hui à purement et simplement survivre). Cette révolution de droite, qui a balayé avant tout la droite, est survenue factuellement, pragmatiquement, à travers une accumulation progressive de nouveautés (presque toutes dues à l'application de la science) : et elle a commencé par la révolution silencieuse des infrastructures.

Bien évidemment, la lutte des classes n'a pas cessé pendant toutes ces années ; et, bien évidemment, elle continue encore. Et voilà l'aspect extérieur de cette réaction révolutionnaire, qui se présente sous les formes traditionnelles de la droite fasciste et clérico-libérale.

Tandis que la réaction première détruit de façon révolutionnaire (par rapport à elle-même) toutes les vieilles institutions sociales – famille, culture, langue, Église –, la réaction seconde (dont la première se sert temporairement, pour pouvoir s'accomplir à l'écart de la lutte des classes directe) s'occupe de défendre ces institutions contre les attaques de la classe ouvrière et des intellectuels. Et c'est ainsi que nous vivons des années de fausse lutte, sur les vieux thèmes de la restauration classique à laquelle croient encore tant ses partisans que ses adversaires ; pendant ce temps, dans le dos de tout le monde, la « vraie tradition humaniste » (pas celle, fausse, des ministères, des académies, des tribunaux et des écoles) est détruite par la nouvelle culture de masse et par le nouveau rapport que la technologie a institué – avec des perspectives désormais séculaires – entre la production et la consommation. La vieille bourgeoisie paléo-industrielle cède la place à une nouvelle, qui comprend chaque jour de plus en plus la classe ouvrière et qui, finalement, tend à identifier les mots de bourgeoisie et d'humanité.

La gauche accepte cet état des choses, parce qu'il n'y a d'autre solution à cette acceptation que de rester hors du jeu. De là vient un optimisme général de la gauche, une tentative vitale pour s'annexer le nouveau monde – totalement différent de tous ceux qui l'ont précédé – créé par la civilisation technologique. Les gauchistes vont encore plus loin dans cette illusion (avec leur arrogance et leur triomphalisme habituels) en attribuant à cette nouvelle forme d'histoire créée par la civilisation technologique une capacité miraculeuse de rachat et de régénération. Ils sont persuadés que ce plan diabolique de la bourgeoisie qui tend à réduire à elle seule tout l'univers, y compris les ouvriers, finira par faire éclater l'entropie ainsi constituée, et que l'ultime étincelle de la conscience ouvrière sera capable alors de faire renaître de ses cendres ce monde éclaté (par sa propre faute) en une sorte de palingénésie (vieux rêve christiano-bourgeois des communistes non ouvriers).

Tout le monde fait donc semblant de ne pas voir (ou peut-être ne voit réellement pas) quelle est la vraie nouvelle réaction ; et, ce faisant, tout le monde lutte contre la vieille réaction qui la dissimule. Les dissertations d'italien que l'on a données au dernier baccalauréat sont un exemple du faux dilemme et de la fausse lutte que j'ai distingués. De la part de l'autorité, il y a évidemment eu une négociation tacite : la droite traditionnelle a concédé quelque chose aux modérés et aux progressistes, et ces derniers ont concédé quelque chose à la droite traditionnelle ; de cette façon, le monde académique et ministériel clérico-libéral s'est complètement exprimé.

Au sujet libéralement proposé par la phrase hautaine de Croce s'oppose celui de De Sanctis, fataliste et malhonnêtement extrapolé ; à une lecture, qui ne peut être que moderne, même si elle est empreinte d'agnosticisme et de sociologie, d'une ville, s'oppose celle, purement scolaire, de Pascoli et D'Annunzio, etc.

L'astuce est pourtant unique. Tous ceux qui ont inventé ces belles dissertations s'en sont tenus à une tradition et à un réformisme classiques, en ignorant d'un commun accord le fait qu'il s'agit là de termes de référence sans le moindre rapport avec la réalité.

Les « pères » dont il est question dans la phrase de Croce sont des pères qui convenaient pour les fils de la fin du XIXe siècle ou de tout le XXe jusqu'à il y a une dizaine d'années, mais plus aujourd'hui (même si, comme on va le voir, les fils ne le savent pas ou le savent mal). D'un point de vue sémantique, le terme de « père » a commencé à changer avec, naturellement, Freud et la psychanalyse, pour lesquels l'« hérédité » du père n'est plus nécessairement une donnée positive ; on peut même très honnêtement l'interpréter comme totalement négative. Le terme de « père » a encore plus changé à travers l'analyse marxiste de la société : en effet, les pères auxquels Croce se réfère avec candeur sont tous de très beaux messieurs, bourgeois (comme lui), avec des barbes solennelles et des cheveux blancs respectés, debout devant des tables couvertes de papiers, ou dignement assis sur des chaises dorées – ce sont, en somme, les pères du privilège et du pouvoir. Il n'y a pas la moindre référence aux pères balayeurs des rues ou maçons, ouvriers agricoles ou mineurs, ouvriers mécaniciens ou tourneurs, ou même voleurs et vagabonds. L'hérédité dont on nous parle est une hérédité de classe, de pères définis en termes de classe. Nul doute qu'il leur faille déployer beaucoup d'efforts pour pouvoir garder « solidement » leurs privilèges. Mais, cela (que j'aurais déjà pu observer il y a dix ou quinze ans) mis à part, on note quelque chose de totalement nouveau : le vrai nouveau pouvoir ne veut plus avoir à compter avec de tels pères. C'est *ce* pouvoir qui ne veut plus que les enfants fassent leur une telle hérédité idéale.

Donc, le rapport entre ceux qui ont donné la dissertation à faire et ceux qui l'ont faite s'inscrit dans cette marge de faux pouvoir, que le vrai pouvoir concède encore à ses défenseurs et à ses adversaires, pour liquider académiquement les vieux sentiments.

Même le merveilleux droit à l'« intériorisation » – par ailleurs attribué, à travers un De Sanctis falsifié, à un Leopardi falsifié – n'a plus de rapport avec la réalité d'aujourd'hui, parce que, évidemment, on ne peut intérioriser que ce qui est extérieur. L'individu moyen de l'époque de Leopardi pouvait encore intérioriser la nature et l'humanité dans la pureté idéale objectivement contenue en elles ; l'individu moyen d'aujourd'hui peut intérioriser une Fiat 600 ou un réfrigérateur, ou même un week-end à Ostie. Il y a un résidu d'humanité dans tout cela, dans le caractère passionnel et le chaos où sont vécues ces nouvelles valeurs. En attendant que le caractère passionnel soit complètement stérilisé et normalisé et le chaos techniquement aboli, le nouveau pouvoir réel concède encore à l'homme un terrain vague où le faux ancien pouvoir peut proclamer le bien-fondé de l'intériorisation comme évasion noble, mépris de la possession et consolation pour les biens perdus.

Les étudiants tiennent parfaitement leur rôle dans le jeu que l'autorité leur impose. L'énorme majorité des étudiants aura vraisemblablement fait sa dissertation comme elle a pensé que c'était le désir de l'autorité : elle se sera généreusement attachée à décrire les efforts que doivent faire les bons fils pour assimiler les prouesses paternelles. Ou elle se sera appliquée à tresser des lauriers à la vie intérieure.

Inutile de discuter dans un cas pareil : au sein de la farce récitée sur la scène du vieux pouvoir feint en pleine réaction feinte, l'autorité scolaire et les étudiants se comprennent parfaitement, dans un odieux désir d'intégration. Mais il y aura bien sûr eu des cas dans lesquels des étudiants auront contesté les « propos » énoncés dans les sujets de dissertation (phrases malhonnêtement arrachées à leur contexte) ; même dans un tel cas, la scène sur laquelle s'exprime la divergence entre les autorités scolaires et les étudiants est la même : celle que, dans sa réaction révolutionnaire, le vrai pouvoir nouveau concède cyniquement aux vieilles habitudes.

Les étudiants qui ont fait (normalement ou sur un mode contestataire) ces dissertations, sont les petits frères de ceux qui se sont révoltés en 1968. Ce serait une erreur que de croire qu'on les a réduits au silence, à un état de passivité caractéristique d'une réaction à l'ancienne, celle qui (comme les sujets ci-dessus examinés le démontrent) plairait aux autorités scolaires. Dans l'énorme majorité des cas, leur silence et leur passivité ont les apparences d'une espèce d'atroce névrose euphorique, qui leur fait accepter sans plus aucune résistance le nouvel hédonisme que le nouveau pouvoir réel substitue à toutes les autres valeurs morales du passé. Pour une petite minorité, en revanche, silence et passivité ont les caractères de la névrose d'anxiété, qui conserve réelle la possibilité d'une protestation. Mais ce sont là les derniers, vraiment les tout derniers humanistes. Ce sont de jeunes pères, comme nous sommes de vieux fils ; et tous destinés à disparaître, avec tout ce qu'on lègue : la tradition, la confession religieuse, le fascisme. On les (et nous) remplace par des hommes nouveaux et porteurs de valeurs aussi indéchiffrables qu'incompatibles avec celles, si dramatiquement contradictoires, que nous avons vécues jusqu'aujourd'hui. Tout cela, les meilleurs d'entre les jeunes le comprennent instinctivement ; mais ils ne sont pas capables, je crois, de l'exprimer.

Tempo illustrato,
sous le titre de « Pasolini juge
les dissertations d'italien ».

9 décembre 1973

Acculturation et acculturation

Nombreux sont ceux qui se lamentent (en ces temps d'*austerity*) devant les incommodités dues à un manque de vie sociale et culturelle organisée (en dehors du centre « pourri ») dans les banlieues « saines » (dortoirs sans verdure, sans services, sans autonomie, sans aucun véritable rapport humain). Lamentations rhétoriques ! En effet, si ce dont on déplore le manque dans les banlieues existait, ce serait le centre qui l'organiserait ; ce même centre qui, en peu d'années, a détruit toutes les cultures périphériques qui – oui, jusqu'à il y a quelques années – assuraient une vie à soi, et, au fond, libre, même dans les banlieues les plus pauvres ou carrément misérables.

Aucun centralisme fasciste n'est parvenu à faire ce qu'a fait le centralisme de la société de consommation. Le fascisme proposait un modèle, réactionnaire et monumental, mais qui restait lettre morte. Les différentes cultures particulières (paysannes, sous-prolétariennes, ouvrières) continuaient imperturbablement à s'identifier à leurs modèles, car la répression se limitait à obtenir leur adhésion en paroles. De nos jours, au contraire, l'adhésion aux modèles imposés par le centre est totale et inconditionnée. On renie les véritables modèles culturels. L'abjuration est accomplie. On peut donc affirmer que la « tolérance » de l'idéologie hédoniste voulue par le nouveau pouvoir est la pire des répressions de toute l'histoire humaine. Mais comment une telle répression a-t-elle pu s'exercer ? À travers deux révolutions, qui ont pris place à l'intérieur de l'organisation bourgeoise : la révolution des infrastructures, et la révolution du système d'information. Les routes, la motorisation, etc., ont désormais uni les banlieues au centre, en abolissant toute distance matérielle. Mais la révolution des *mass media* a été encore plus radicale et décisive. Au moyen de la télévision, le centre s'est assimilé tout le pays, qui était historiquement très différencié et très riche en cultures originales. Une grande œuvre de normalisation parfaitement authentique et réelle est commencée et – comme je le disais – elle a imposé ses modèles : des modèles voulus par la nouvelle classe industrielle, qui ne se contente plus d'un « homme qui consomme » mais qui prétend par surcroît que d'autres idéologies que celle de la consommation sont inadmissibles. C'est un hédonisme néolaïque, aveuglément oublieux de toute valeur humaniste et aveuglément étranger aux sciences humaines.

L'idéologie précédente voulue et imposée par le pouvoir était, comme on le sait, la religion : le catholicisme était en effet formellement l'unique phénomène culturel qui « unifiait » les Italiens. Aujourd'hui, il est devenu concurrent de ce nouveau phénomène culturel « unificateur » qu'est l'hédonisme de masse ; aussi, en tant que concurrent, le nouveau pouvoir a déjà commencé, depuis quelques années, à le liquider. Il n'y a en effet rien de religieux dans le modèle du jeune homme et de la jeune femme proposé et imposé par la télévision. Ce sont deux personnes qui ne donnent de valeur à la vie qu'à travers les biens de consommation (et, bien entendu, ils vont encore à la messe du dimanche : en voiture). Les Italiens ont accepté d'enthousiasme ce nouveau modèle que leur impose la télévision, selon les normes de la production qui crée le bien-être (ou, mieux, qui sauve de la misère). Ils l'ont accepté, ce modèle, oui, mais sont-ils vraiment en mesure de le réaliser ?

Non. Ou bien ils le réalisent matériellement seulement en partie et en deviennent la caricature, ou ils ne parviennent à le réaliser que d'une façon si réduite qu'ils en deviennent victimes. Frustration ou carrément désir névrotique sont désormais des états d'âme collectifs. Prenons un exemple : les sous-prolétaires, jusqu'à ces derniers temps, respectaient la culture et n'avaient pas honte de leur propre ignorance ; au contraire, ils étaient fiers de leur modèle populaire d'analphabètes appréhendant pourtant le mystère de la réalité. C'est avec un certain mépris effronté qu'ils regardaient les « fils à papa », les petits-bourgeois, dont ils se différenciaient, même quand ils étaient forcés de les servir. Aujourd'hui, au contraire, ils se mettent à avoir honte de leur ignorance : ils ont abjuré leur modèle culturel (les très jeunes ne s'en souviennent même plus, ils l'ont complètement perdu), et le nouveau modèle qu'ils cherchent à imiter ne prévoit ni l'analphabétisme, ni la grossièreté. Les jeunes sous-prolétaires – humiliés – dissimulent le nom de leur métier sur leurs cartes d'identité et lui substituent le qualificatif d'« étudiant ». Bien évidemment, à partir du moment où ils ont commencé à avoir honte de leur ignorance, ils se sont également mis à mépriser la culture (caractéristique petite-bourgeoise, qu'ils ont immédiatement acquise par mimétisme). Dans le même temps, le jeune petit-bourgeois, dans sa volonté de s'identifier au modèle « télévisé » – qui, comme c'est sa classe qui l'a créé et voulu, lui est essentiellement naturel –

devient étrangement grossier et malheureux. Si les sous-prolétaires se sont embourgeoisés, les bourgeois se sont sous-prolétarisés. La culture qu'ils produisent, comme elle est technologique et rigoureusement pragmatique, empêche le vieil « homme » qui est encore en eux de se développer. De là vient que l'on trouve en eux une certaine déformation des facultés intellectuelles et morales.

Dans tout cela, la responsabilité de la télévision est énorme, non pas, certes, en tant que « moyen technique », mais en tant qu'instrument de pouvoir et pouvoir elle-même. Car elle n'est pas seulement un lieu à travers lequel circulent les messages, mais aussi un centre d'élaboration de messages. Elle constitue le lieu où se concrétise une mentalité qui, sans elle, ne saurait où se loger. C'est à travers l'esprit de la télévision que se manifeste concrètement l'esprit du nouveau pouvoir.

Nul doute (les résultats le prouvent) que la télévision soit autoritaire et répressive comme jamais aucun moyen d'information au monde ne l'a été. Le journal fasciste et les inscriptions de slogans mussoliniens sur les fermes font rire à côté : comme (douloureusement) la charrue à côté du tracteur. Le fascisme, je tiens à le répéter, n'a pas même, au fond, été capable d'égratigner l'âme du peuple italien, tandis que le nouveau fascisme, grâce aux nouveaux moyens de communication et d'information (surtout, justement, la télévision), l'a non seulement égratignée, mais encore lacérée, violée, souillée à jamais…

Corriere della Sera,
sous le titre de « Défi aux dirigeants de la télévision » [1].

---

1. La dernière partie de l'article (le défi) a été ici supprimée [note de l'auteur].

Mars 1974

Les intellectuels en 1968 : manichéisme et orthodoxie de la « Révolution pour demain »

Voici quelques années, il y eut un moment pendant lequel il semblait chaque jour que la Révolution aurait lieu le lendemain. Avec les jeunes qui – à partir de 1968 – croyaient à une révolution imminente qui aurait renversé et détruit dans ses fondements le Système (comme l'on disait alors à tout bout de champ, ce qui l'a fait rougir), on trouvait également des intellectuels pas si jeunes que ça, ou carrément à cheveux blancs. Cette certitude d'une « Révolution pour demain » ne trouve pas en eux les mêmes justifications que chez les jeunes ; ils se sont rendus coupables de manquement au premier devoir d'un intellectuel : se livrer avant toute autre chose, et sans complaisance d'aucun genre, à un examen critique des faits. Et si, pour dire vrai, l'on a fait durant ces journées des orgies de diagnostics, ce qui leur manquait était la réelle volonté de critique.

Il n'y a pas de raisonnement valable sans bon sens ni référence à des faits concrets. Sinon le raisonnement devient fanatisme. Et, en effet, sur les cartes autour desquelles se pressaient les stratèges de la guérilla d'aujourd'hui et de la révolution du lendemain, l'idée du « devoir » de l'intervention politique des intellectuels n'était pas fondée sur la nécessité et la raison, mais bien sur la vengeance et le parti pris.

Il est clair aujourd'hui que tout cela était le fruit du désespoir et d'un sentiment inconscient d'impuissance. Au moment où se dessinait en Europe une forme nouvelle de civilisation et un long futur de « développement » programmé par *Le Capital* – qui réalisait ainsi une véritable révolution intérieure : la révolution de la science appliquée, aussi importante que les premières semailles sur lesquelles s'est fondée la millénaire civilisation paysanne – à ce moment-là, donc, on s'est rendu compte que tout espoir de révolution ouvrière allait être perdu ; voilà pourquoi on a tant crié le nom de « Révolution ». Outre cela, il devenait clair, non seulement qu'une dialectique était impossible mais, plus encore, qu'il n'y avait plus de points de contact possibles entre le capitalisme technologique et le marxisme humaniste.

De là vient le hurlement qui a retenti dans toute l'Europe et dans lequel prédominait sur tout autre le mot de « marxisme ». On ne voulait pas – justement – accepter l'inacceptable. Les jeunes ont vécu avec désespoir les jours de ce long hurlement, qui était une sorte d'exorcisme et d'adieu aux espérances marxistes : mais les intellectuels mûrs qui étaient avec eux ont, en revanche, commis, je le répète, une erreur politique – erreur politique que, par contre, n'a pas commis le PCI. Dès ce moment-là, le PCI s'est rendu compte avec réalisme du caractère inéluctable du nouveau moment historique du capitalisme et de son « développement » ; et c'est vraisemblablement dans ces jours-là qu'a commencé à mûrir l'idée du « compromis historique ».

Si l'on admet, à propos d'un intellectuel qui n'est pas homme politique – un écrivain, un savant – que l'on peut parler de son devoir d'intervention politique, c'est le moment de le faire. En 1968, et dans les années qui ont suivi, les raisons de s'agiter, de lutter et de crier étaient profondément justes, mais historiquement prétextuelles. La révolte des étudiants est née d'un jour à l'autre. Ils n'avaient pas de raisons objectives, réelles, de se mettre en action (sinon l'idée que la révolution pouvait se faire alors ou plus jamais : mais c'est une idée abstraite et romantique). De plus, pour les masses, la vraie nouveauté historique, c'était la consommation, le bien-être et l'idéologie hédoniste du pouvoir. Aujourd'hui, au contraire, il y a des raisons objectives pour un engagement total. L'état d'urgence implique les masses, surtout et avant tout, les masses.

Je résumerai ces raisons en deux points : premièrement, une lutte, « immédiate », contre les vieux assassins fascistes qui recherchent la tension, non plus en lançant leurs bombes, mais en mettant à profit des désordres en partie justifiés par un mécontentement extrême ; deuxièmement, la remise en question du « compromis historique », à présent qu'il n'apparaît plus comme une intervention sur une situation inéluctable, le « développement », identifié avec tout notre futur, mais bien comme une aide aux hommes du pouvoir pour qu'ils maintiennent l'ordre. Je ne dirai pas de façon simpliste que le « réalisme » du compromis historique est définitivement dépassé, mais il est certain qu'il doit, au moins, être redéfini en dehors de son caractère de « manœuvre politique ». Cela donne donc une forme de lutte désespérément en retard et une autre très avancée. Mais c'est dans ces conditions ambiguës, contradictoires, frustrantes, peu glorieuses et odieuses que l'homme de culture doit s'attacher à la lutte politique, en oubliant ses colères manichéennes contre *tout* le Mal, colères qui opposent l'orthodoxie à l'orthodoxie.

Dramma, pour une enquête sur les interventions politiques des intellectuels.

28 mars 1974

Prévision de la victoire au « référendum [1] »

Le fascisme est resté vingt ans au pouvoir. Il y a trente ans qu'il est tombé. Il devrait donc être déjà oublié, ou au moins fané, passé de mode, impopulaire. Il en est ainsi en substance. Un fascisme comme celui des années 1922-1944 ne pourrait plus accéder au pouvoir en Italie, à moins que son idéologie illogique ne se limitât plus à miser sur l'« ordre » comme concept purement autonome, ou complètement technique : un « ordre » qui ne serait plus au service de « Dieu », de la « Patrie » et de la « Famille » – choses dans lesquelles personne ne croit plus, surtout parce qu'elles sont indissolublement liées à l'idée de « pauvreté » (je ne dis pas d'« injustice »).

L'« hédonisme » du pouvoir de la société de consommation a déshabitué d'un seul coup, en même pas dix ans, les Italiens de la résignation, de l'idée de sacrifice, etc. : les Italiens ne sont plus disposés – et plus du tout – à abandonner la petite quantité de confort et de bien-être (même misérable) qu'ils ont en quelque sorte gagnée. Ce que pourrait promettre un nouveau fascisme devrait donc être « confort et bien-être », ce qui est une contradiction dans les termes.

1. Référendum du 12 mai 1974 pour l'abolition de la loi sur le divorce [n.d.t.].

Néanmoins, il y a eu, et il y a en Italie un nouveau fascisme qui fonde son pouvoir propre sur la promesse de « confort et bien-être » – et c'est bien celui que Marco Pannella [1] appelle avec un peu d'imagination, mais justement, le nouveau régime. Donc, bien que ce régime ait fondé son pouvoir sur des principes essentiellement opposés à ceux du fascisme classique (en renonçant, ces dernières années, à la contribution d'une Église réduite à n'être plus qu'un fantôme d'elle-même), on peut encore très justement le qualifier de fasciste. Pourquoi ? Avant tout parce que l'organisation de l'État, à savoir le sous-État, est demeurée pratiquement la même ; et plus, à travers, par exemple, l'intervention de la Mafia, la gravité des formes de sous-gouvernement a beaucoup augmenté. Ce fardeau archaïque que le nouveau régime – si moderne, si dépourvu de préjugés, si cynique et si habile – traîne derrière lui, car il est incapable de s'en libérer, rend parfaitement logique et historique la présence d'hommes de pouvoir comme, par exemple, Fanfani. En lui, l'ancien (légalitarisme, cléricalisme et combine) peut cohabiter pacifiquement avec le nouveau (production du superflu, hédonisme, développement cynique et aveugle), parce qu'une telle cohabitation est une donnée objective de la nation italienne.

La continuité entre vingt ans de fascisme et trente ans de démocratie-chrétienne trouve son fondement dans le chaos moral et économique, dans l'indifférentisme lié à l'immaturité politique et dans l'appartenance de l'Italie aux lieux par où l'histoire passe. Ce qui, formellement, a différencié les patrons fascistes d'antan des nouveaux

1. Marco Pannella : secrétaire du PR (Parti radical) ; célèbre à cause de sa grève de la faim pour les huit référendums [n.d.t.].

patrons démocrates-chrétiens (qui n'ont plus rien de chrétien ; ils ont cyniquement jeté le masque), c'est l'exercice du pouvoir : les vingt ans de fascisme ont été une dictature, tandis que les trente ans de démocratie-chrétienne ont été un régime policier et parlementaire. Le parlementarisme constitue un luxe qui a été concédé aux nouveaux patrons (antifascistes !) par la présence de l'Église. La grandiose majorité que la DC a toujours obtenue dans les consultations électorales de ces trente années, grâce à la masse d'électeurs catholiques asservis aux prêtres, leur a octroyé une apparence de démocratie, que l'on utilise malhonnêtement pour démontrer que l'on a rompu avec le fascisme. Durant ces trente années, la DC a subi quelques fléchissements et quelques échecs dans les élections, mais jamais une défaite.

Aujourd'hui, pour la première fois, se dessine la possibilité d'une défaite de la DC : la masse des consommateurs qui lui ont glissé des mains en se formant une nouvelle mentalité « moderne », et l'effondrement de l'organisation ecclésiastique et de son prestige, l'exposent à une défaite qui l'obligera à jeter le masque de la démocratie et la placera en face d'une unique possibilité : recourir aux mêmes instruments de pouvoir que le fascisme. Je crois pourtant que cela est historiquement irréalisable. La menace pour l'Italie réside plus que jamais dans un coup d'État pareil à celui survenu en Éthiopie (ou au Portugal ?), un coup d'État dans lequel l'armée se mettrait – je crois – en dehors du vieil univers idéologique du fascisme. Il pourrait, en effet, se fonder uniquement sur le slogan de l'« ordre », mais d'un « ordre » qui protégerait non plus un état de misère et d'injustice (comme le faisaient le fascisme et la DC des années

1950), mais le « développement », comme le veulent les industriels.

Pour toutes ces raisons, je suis partisan d'une confrontation directe, qui mène la DC à sa première défaite ; et donc, non seulement je n'ai pas peur du « référendum », mais encore je soutiens le grand défi lancé par les radicaux des « huit référendums ». En dehors, naturellement, de deux autres considérations qui suffiraient à elles seules à me pousser à prendre une telle position : 1) Les abrogations réclamées par les « huit référendums » sont sacrées ; c'est le moins que l'on puisse faire pour « réellement » démocratiser la vie publique (j'ai, personnellement, quelques doutes seulement à propos de l'avortement) ; 2) Il ne faut jamais, en aucun cas, craindre l'immaturité des électeurs : cela est brutalement paternaliste ; c'est le même raisonnement que font les censeurs et les magistrats quand ils considèrent que le public n'est pas « mûr » pour voir certaines œuvres.

Dans la page du *Mondo* consacrée à la LID [1].
Je publie cette brève intervention pour éviter que l'on parle
d'« esprit de l'escalier » à propos de mon article
« Étude sur la révolution anthropologique en Italie »,
écrit, justement, *après* le « référendum ».

1. Ligue italienne pour le divorce [n.d.t.].

Mars 1974

Autre prévision de la victoire au « référendum »

Hier soir (Vendredi saint ?), j'ai vu un groupe de personnes devant le Colisée ; autour d'eux, un énorme déploiement de police et d'agents qui contrôlaient les passants et détournaient les voitures. J'ai cru dans un premier temps qu'il s'agissait du geste de quelque chômeur grimpé au sommet du Colisée. Non. Il s'agissait d'une cérémonie religieuse à laquelle devait participer Paul VI. Il y avait trois pelés et un tondu ; la circulation aurait très bien pu continuer normalement. La moitié de ces personnes, des touristes et des soldats en permission (une douzaine) ; puis quelques vieillards et trois ou quatre bonnes sœurs semi-laïques, disciples de De Foucauld, qui observent la règle du silence. Je pense qu'il n'y avait pas un seul Romain. Impossible d'imaginer insuccès plus complet. Les gens ne perçoivent plus, non seulement le prestige, mais encore la valeur de l'Église. Ils ont inconsciemment abjuré une de leurs aveugles habitudes, sans pour autant encore dépasser l'ignorance à laquelle le diabolique pragmatisme de l'Église les a condamnés pendant des siècles. Dans ces conditions – effondrement des valeurs ecclésiastiques causé par la détermination aveugle des masses qui, déjà, sont porteuses d'*autres* valeurs – le problème du divorce *devrait se conclure par une grande victoire laïque*[1]. Du moins théoriquement : parce qu'il n'est pas dit que celui qui fait une croix sur le bulletin de vote *sache*, au moment d'agir, quelles sont les choses auxquelles il croit vraiment. Ce que l'on vit existentiellement est toujours énormément plus avancé que ce que l'on vit consciemment. De plus, la masse des femmes peut demeurer dominée par le vieux pragmatisme ecclésiastique (c'est en actes, et non selon la liturgie, qu'une « simple femme » s'en tient au caractère indissoluble du mariage).

Intervention que m'a réclamée *Nuova Generazione* et qu'elle n'a pas publiée. Voir l'article précédent.

1. Je souligne en mai 1975, date de la publication de ce livre [note de l'auteur].

Pas d'amour, pas de culture : un langage sans origine

Tant que l'Église, le monde paysan et la bourgeoisie paléo-industrielle ont constitué un tout, la religion a pu être reconnue dans chacun de ces trois moments d'une même culture ; même – et c'est tout dire – dans l'Église, dans le Vatican. Les délits contre la religion perpétrés par l'Église – en dehors du fait même de son existence – étaient justifiés par la religion. C'est ainsi qu'il était possible de faire crédit à l'indifférentisme humaniste de ses prélats qui disaient justement que la fin pouvait justifier les moyens : par exemple, une alliance avec le fascisme pouvait apparaître justifiée par sa fin, qui consistait à préserver la religion pour les siècles à venir. D'autre part, rien ne pouvait laisser penser que le monde paysan, religieux (et la bourgeoisie paléo-industrielle d'origine paysanne) disparaîtrait aussi rapidement ; c'est pourquoi il avait droit à sa religion et à sa religion codifiée (contradiction dans les termes que, toutefois, ne pouvait pas ressentir un paysan lucain ou breton, frioulan ou andalou, dont la façon d'être religieux était bien en deçà de telles contradictions).

Le Concordat de l'Église et du fascisme a été quelque chose de très grave en son temps, au moment de sa signature, qui fut un blasphème devant Dieu ; mais il est beaucoup plus grave aujourd'hui. Pourquoi ? Parce que le peuple italien d'alors était « solidaire » – dans le sens que les structuralistes donnent à ce terme – de l'Église. Et l'Église, pour reprendre avec le peuple les agapes d'antan, pouvait se permettre le luxe « cynique » de passer par-dessus la honte du fascisme.

Mais aujourd'hui, le peuple n'est plus solidaire de l'Église : le monde paysan, après quelque quatorze mille ans de vie, a pratiquement disparu d'un seul coup. Le Concordat toujours en vigueur entre l'Église et l'État postfasciste est donc purement et simplement une alliance de pouvoir, qui n'est même plus objectivement justifiée par la présence de l'anonyme paysannerie religieuse. Regardons la famille, ou mieux, par mimétisme avec notre ingrate matière, la Famille. Dans le monde religieux-paysan (toutes les religions du monde sont profondément semblables), la Famille était la cellule de l'Église : il n'aurait pu y avoir des dieux dans les temples s'il n'y avait eu des lares dans la campagne.

Dans le même temps, la famille constituait le noyau de cet état économique (paysan, justement : le cycle des saisons, le type de production et de consommation, le marché, l'épargne, la pauvreté, l'esclavage) dans lequel était possible, et même historiquement irremplaçable, la présence de l'Église. Économie paysanne et Église ne forment qu'une réalité, même quand, à travers la première révolution industrielle, la bourgeoisie moderne a commencé à se former. Mais c'est alors qu'a commencé la partition cynique de l'Église : elle a composé, pour des raisons de pouvoir, avec une classe sociale dont la foi n'était plus pure, ou qui ne croyait plus. L'Église a gagné à sa cause cette nouvelle classe dominante et s'est laissé gagner par elle. Et l'énorme troupeau du peuple (je le répète encore, classiquement religieux) a été gouverné et pris en main. Mais, admettons que l'Église ait été de bonne foi, et interprétons son abject pacte avec les fascistes comme un moyen de rester solidaire avec un peuple désormais exploité et affamé. Aujourd'hui, la famille n'est plus – cela est arrivé presque d'un seul coup – le « noyau », petit, originaire, cellulaire, de l'économie paysanne, comme elle l'a été pendant des milliers d'années. Par conséquent, et par contrecoup parfaitement logique, elle a également cessé d'être le petit « noyau » de l'Église.

Qu'est-ce, aujourd'hui, que la famille ? Après avoir – selon les prévisions progressistes des intellectuels laïques – pratiquement risqué de se dissoudre, et avec elle son double mythe économico-religieux, la famille est redevenue une réalité plus solide, plus stable et plus acharnée à conserver ses privilèges. Il est vrai que, par exemple, en ce qui concerne l'éducation des enfants, les influences extérieures se sont énormément accrues (au point, je le répète, qu'à un certain moment on a pensé à une restructuration de la pédagogie, en dehors de la famille). Néanmoins, la famille est redevenue ce puissant et irremplaçable centre infinitésimal qu'elle était jadis. Pourquoi ? Eh bien ! Parce que la société de consommation a besoin de la famille. Un individu peut ne pas être le consommateur que souhaite le producteur ; il peut être un consommateur irrégulier, imprévisible, libre de ses choix, sourd, et, qui sait, capable de refuser, de renoncer à cet hédonisme qui est devenu la nouvelle religion. La notion d'« individu » est par essence contradictoire et inconciliable avec les exigences de la consommation. Il faut détruire l'individu. Il faut le remplacer (c'est bien connu) par l'homme-masse ; la famille est justement l'unique *exemplum* concret de « masse ». C'est au sein de la famille que l'homme devient vraiment consommateur, d'abord à cause des exigences sociales du couple, puis à cause des exigences sociales de la vraie famille.

Donc, la Famille (récrivons-le avec une majuscule) qui pendant tant de siècles et de millénaires a été le « spécimen » le plus petit tout à la fois de l'économie paysanne et de la civilisation religieuse, est devenue aujourd'hui le « spécimen » le plus petit de la civilisation de consommation de masse.

L'Église, avec son sens pratique rigide (et antireligieux) et son optimisme eschatologique triomphaliste (cette fin qui, dans son histoire, a horriblement justifié tous les moyens), ignore cette transformation essentielle de la famille ; ce dont elle prend acte, c'est du fait : la famille subsiste (après avoir risqué de disparaître, dans un « développement » différent, à caractère humaniste, laïque, marxiste), et c'est très important. Mais qu'a à faire avec la religion une famille prise comme « base » de la vie d'un monde complètement industrialisé, dont la seule idéologie est un néo-hédonisme totalement matérialiste et laïque, aux sens les plus stupides et les plus passifs de ces termes ? Le rapport complètement extérieur, calculé et formel (et même chichement piétiste) de l'Église avec le nouveau genre de famille peut être examiné sous différents aspects et sur différents plans. Le point de vue du problème du divorce (avec lequel la Rote Sacrée [1] est cyniquement entrée en compétition) constitue l'un des nombreux points de vue au moyen desquels on peut analyser le rapport de l'Église et de la famille.

.... [2]

1. Rote Sacrée : instance du Vatican chargée d'examiner les demandes de rupture de mariage [n.d.t.].

2. Coupure de Pasolini. Les lignes de points signaleront systématiquement les coupures de l'auteur [n.d.t.].

Pour ce qui me concerne, je peux dire que ces sentences de la Rote Sacrée m'ont scandalisé. Mais que l'on me comprenne : pas à cause de leur aberration morale et politique, de leur rampante servilité envers les alliés traditionnels (hommes du pouvoir, démocrates-chrétiens comme fascistes), pas à cause du fumet d'escroquerie, de combine, d'hypocrisie, de mauvaise foi, d'onctuosité et de privilège, qui jamais plus qu'ici n'est apparu dans toute son évidence. Non, si elles m'ont scandalisé, c'est pour deux raisons que l'on pourrait dire plus culturelles que morales.

Premièrement : l'absence totale de toute forme d'amour. Il y a quelques rares allusions à la foi et à l'espérance, mais purement formelles et verbales ; et même, à dire vrai, on ne s'occupe d'elles que dans les formulaires, qui du reste sont étrangement brefs et laconiques. Le caractère sacerdotal de ces allusions fugitives et cyniquement expéditives rapproche ces sentences des déclarations officielles les plus obtuses des rotes de toutes les classes sacerdotales au pouvoir. Soit. Mais l'absence totale d'amour dans l'examen de cas pour lesquels il serait par définition nécessaire ne peut pas nous apparaître comme un fait prévisible et normal. C'est une offense brutale à cette dignité humaine qui n'est même pas prise en considération. L'expérience humaine sur laquelle ces sentences se fondent pour examiner les cas est parfaitement antireligieuse ; le pessimisme de son pragmatisme est sans fond. La vie intérieure des hommes est réduite au pur calcul, ou à une misérable réserve mentale, ce à quoi s'ajoutent, naturellement, les actes, mais dans leur pure nudité formelle.

Deuxième raison de scandale : l'absence totale de toute forme de culture. Les rédacteurs de ces sentences semblent ne connaître rien d'autre que les hommes – qu'ils voient dans un horrible enchevêtrement d'actes dictés par de mauvais sentiments ou par d'infantiles intérêts – et, quant aux livres, seulement ceux de droit canon et de saint Thomas. Si, par hasard, ils s'occupent de « problèmes culturels » (c'est ainsi que dans l'une de ces sentences on parle, par exemple, de dannunzianisme), ils le font comme si les problèmes culturels étaient des « faits », parfaitement pragmatisés par leur valeur publique et sociale. Par ailleurs, si l'on examine ces textes d'un point de vue linguistique et stylistique, ils *ne rappellent rien à personne*. Leur latin semble appris directement dans une grammaire qui donne comme exemples des passages d'auteurs ajustés d'une façon complètement incohérente. On ne pourrait, en effet, faire aucune citation à propos des textes de ces sentences. *Aucune exégèse ne serait possible*. Ils semblent être nés d'eux-mêmes. L'interprétation purement pragmatique (sans amour) des actions humaines dérive donc, en conclusion, de cette absence de culture ou, à tout le moins, de cette culture purement formelle et pratique. Une telle absence de culture devient, elle aussi, une offense à la dignité humaine quand elle se manifeste explicitement comme mépris de la culture moderne et, par ailleurs, n'exprime que la violence et l'ignorance d'un monde répressif comme totalité.

Préface à un recueil de sentences de la Rote sacrée,
édition de Francesco Perego.

10 juin 1974

Étude sur la révolution anthropologique en Italie

2 juin : à la une de *L'Unità*[1], ce titre des grandes occasions : « Vive la république antifasciste. »

Bien sûr, vive la république antifasciste. Mais quel est le sens *réel* de cette phrase ? Essayons de l'analyser.

Elle est née, concrètement, de deux faits, qui, du reste, la justifient pleinement : 1) La victoire écrasante du « non » le 12 mai ; 2) Le massacre fasciste de Brescia le 28 du même mois.

La victoire du « non » est en réalité une défaite non seulement de Fanfani et du Vatican mais encore, dans un certain sens, de Berlinguer et du parti communiste. Pourquoi ? Fanfani et le Vatican ont prouvé qu'ils n'ont rien compris à ce qui s'est passé dans notre pays durant ces dix dernières années : le peuple italien s'est révélé – de façon objective et évidente – infiniment plus « évolué » qu'ils ne le pensaient en s'appuyant encore sur le vieux sanfédisme paysan et paléo-industriel.

Mais il faut avoir le courage de dire que Berlinguer et le parti communiste ont aussi démontré qu'ils n'ont pas bien compris ce qui s'est passé dans notre pays au cours de ces dix dernières années. En effet, ils ne voulaient pas

1. Quotidien communiste [n.d.t.].

du référendum ; ils ne voulaient pas la « guerre de religion » et craignaient beaucoup l'issue du vote. Sur ce plan, ils étaient vraiment pessimistes ; la « guerre de religion » s'est révélée être, au contraire, une prévision obscure, archaïque, superstitieuse et sans aucun fondement. Les Italiens se sont montrés infiniment plus modernes que n'était capable de l'imaginer le plus optimiste des communistes. Aussi bien le Vatican que le Parti communiste se sont trompés dans une analyse de la situation « réelle » de l'Italie.

Aussi bien le Vatican que le Parti communiste ont démontré qu'ils ont mal observé les Italiens et qu'ils n'ont pas cru à leur capacité d'évoluer très rapidement, au-delà de tout calcul possible.

À présent, le Vatican pleure ses erreurs, tandis que le PCI, au contraire, fait semblant de n'en avoir pas commis et exulte devant ce triomphe inespéré.

Mais s'est-il bien agi d'un triomphe ?

J'ai, personnellement, de bonnes raisons d'en douter. À présent que près d'un mois a passé depuis cet heureux 12 mai, je peux me permettre d'exercer ma critique sans crainte de faire du défaitisme inopportun.

Mon avis est que les 59 % de « non » ne démontrent pas, miraculeusement, une victoire du laïcisme, du progrès et de la démocratie ; pas du tout ; ils démontrent en revanche deux choses :

1. Que les « classes moyennes » ont radicalement – je dirai même anthropologiquement – changé : leurs valeurs positives ne sont plus celles du sanfédisme et du cléricalisme, mais celles (encore vécues seulement existentiellement et pas « nommées ») de l'idéologie hédoniste de la consommation et de la tolérance moderne de type américain qui en découle. C'est le même pouvoir

qui – à travers le « développement » de la production du superflu, l'imposition de la frénésie de consommation, de la mode et de l'information (et avant tout, de manière imposante, de la télévision) – a créé ces valeurs, en rejetant cyniquement les valeurs traditionnelles et cette Église même qui en était le symbole ;

2. Que l'Italie paysanne et paléo-industrielle s'est défaite, effondrée, qu'elle n'existe plus, et qu'à sa place il y a un vide qui attend sans doute d'être rempli par un embourgeoisement général, du type que j'ai évoqué ci-dessus (modernisant, faussement tolérant, américanisant, etc.).

Le « non » a constitué une victoire, c'est indiscutable. Mais la véritable indication qu'il donne, c'est la « mutation » de la culture italienne, qui s'écarte autant du fascisme traditionnel que du progressisme socialiste.

S'il en va bien ainsi, quel est alors le sens du « massacre de Brescia » (comme déjà celui de Milan) ? Il s'agit d'un massacre fasciste, qui implique donc une indignation antifasciste ? Si ce sont les mots qui comptent, alors il faut répondre positivement ; mais si ce sont les faits, la réponse ne peut qu'être négative ou, du moins, telle qu'elle renouvelle les vieux termes du problème.

L'Italie n'a jamais été capable de posséder une grande droite. Là se trouve, probablement, le fait déterminant de toute son histoire récente. Mais il ne s'agit pas d'une cause, mais plutôt d'un effet. L'Italie n'a pas eu une grande droite parce qu'elle n'a pas eu une culture capable de l'exprimer ; cette dernière n'a pu exprimer que la droite grossière, ridicule et féroce qu'est le fascisme. En ce sens, le néofascisme parlementaire est la continuation fidèle du fascisme traditionnel. Mais, entre-temps, *toutes* les formes de continuité historique se sont rompues. Le

« développement », pragmatiquement voulu par le pouvoir, s'est institué historiquement en une espèce d'*épochè*, qui a transformé radicalement et en quelques années le monde italien.

Un tel saut « qualitatif » concerne donc aussi bien les fascistes que les antifascistes : il s'agit, en effet, du passage d'une culture, faite d'analphabétisme (le peuple) et d'humanisme déguenillé (les classes moyennes), d'une organisation culturelle archaïque à l'organisation moderne de la « culture de masse ». La chose, en réalité, est énorme : c'est, j'insiste là-dessus, un phénomène de « mutation » anthropologique. Peut-être surtout parce que cela a changé les caractères nécessaires du pouvoir. La « culture de masse », par exemple, ne peut être une culture ecclésiastique, moralisante et patriotique. Elle est directement liée à la consommation, qui a des lois internes et une autosuffisance idéologique capables de créer automatiquement un pouvoir qui ne sait plus que faire de l'Église, de la Patrie, de la Famille et autres semblables lubies.

Le nivellement « culturel » qui en dérive concerne tout le monde : peuple et bourgeoisie, comme ouvriers et sous-prolétaires. Le contexte social a changé dans le sens d'une unification extrême. La matrice qui donne naissance à tous les Italiens est désormais unique ; il n'y a donc plus de différence notable – en dehors d'un choix politique comme schéma mort à remplir en gesticulant – entre un quelconque Italien fasciste et un quelconque Italien antifasciste ; ils sont culturellement, psychologiquement et, ce qui est plus impressionnant, physiquement, interchangeables. Dans leur comportement quotidien, leurs gestes, rien ne distingue – à l'exception, je le répète, d'un meeting ou d'une action politique – un fasciste d'un antifasciste d'âge moyen ou jeune (il est vrai que l'on peut encore distinguer entre les vieux). Tout cela concerne les fascistes et antifascistes moyens. Quant aux extrémistes, leur normalisation est encore plus radicale.

Ce sont des fascistes qui ont causé l'horrible massacre de Brescia. Mais approfondissons la nature de leur fascisme. Est-ce un fascisme qui se fonde sur Dieu ? Sur la Patrie ? Sur la Famille ? Sur le « bien » traditionnel, la moralité intolérante, sur un ordre soldatesque de la vie civile ? Ou, si par hasard un tel fascisme se définit encore, opiniâtrement, comme fondé sur tout cela, s'agit-il bien d'une autodéfinition sincère ? Le criminel Espoti – pour prendre un exemple – si le fascisme avait été restauré en Italie à son de bombes, aurait-il été disposé à accepter l'Italie de sa fausse et rhétorique nostalgie ? L'Italie qui ne consomme pas, économe et héroïque (comme il la croyait) ? Une Italie incommode et campagnarde ? Une Italie sans télévision et sans bien-être ? Une Italie sans motocyclettes ni blousons de cuir ? Une Italie dans laquelle les femmes sont enfermées à la maison et à demi violées ? Non : il est évident que, même le plus fanatique des fascistes trouverait anachronique de renoncer à toutes ces conquêtes du « développement », conquêtes qui, de par leur simple présence effective – devenue totale et totalisante – rendent vains tout le mysticisme et tout le moralisme du fascisme traditionnel.

Le fascisme n'est donc plus le fascisme traditionnel. Mais alors, qu'est-il ?

Les jeunes des camps fascistes, les jeunes des Sam, les jeunes qui séquestrent des personnes et mettent des bombes dans les trains, s'appellent et sont appelés « fascistes », mais c'est là une définition purement nominaliste. En effet, ils sont en tout *semblables* à l'énorme majorité des jeunes de leur âge. Rien ne les distingue culturellement, psychologiquement et – je le répète – somatiquement. Seule, une « décision » abstraite et pleine d'apriorisme les distingue, et pour la connaître, il faut qu'elle soit *dite*. On peut, par hasard, parler pendant des heures avec un jeune fasciste dynamiteur et ne pas s'apercevoir que c'est un fasciste. Au contraire, jusqu'à il y a une dizaine d'années, il suffisait, je ne dis pas d'un mot, mais d'un regard pour le distinguer et le reconnaître.

Le contexte culturel dont sortent les fascistes est extrêmement différent de celui d'autrefois. Ces dix années d'histoire italienne, qui ont amené les Italiens à voter « non » au référendum, ont produit – à travers le même mécanisme profond – ces nouveaux fascistes, dont la culture est identique à celle de ceux qui ont voté « non » au référendum.

Ils ne représentent que quelques centaines ou quelques milliers de personnes, et, si le gouvernement et la police l'avaient voulu, ils auraient complètement disparu dès 1969.

Le fascisme des massacres est donc un fascisme nominal, sans idéologie propre (parce que rendue vaine par la qualité de vie réelle vécue par ces fascistes) et, par ailleurs, artificiel : il est voulu par ce pouvoir qui, après avoir liquidé, toujours pragmatiquement, le fascisme traditionnel et l'Église (le clérico-fascisme, qui était effectivement une réalité culturelle italienne), a décidé de maintenir en vie des forces à opposer – selon une stratégie mafieuse et de commissariat à la Sécurité publique – à la montée communiste. Les véritables responsables des massacres de Milan et de Brescia, ce ne sont pas les jeunes monstres qui ont posé les bombes, ni leurs sinistres mandants et financiers. Il est donc inutile et de pure rhétorique de faire semblant d'attribuer quelque responsabilité réelle à ces jeunes et à leur fascisme *nominal et artificiel*. La culture à laquelle ils appartiennent et qui contient les éléments de leur folie pragmatique, est, je le répète encore une fois, la même que celle de l'énorme majorité des gens de leur âge. Elle n'occasionne pas seulement chez eux d'intolérables conditions de conformisme et de névrose ; et donc d'extrémisme (qui est justement la configuration due au mélange de conformisme et de névrose).

Si leur fascisme devait l'emporter, ce serait le fascisme de Spinola, pas celui de Caetano ; en clair, un fascisme encore pire que celui que nous avons connu, mais plus précisément le fascisme. Ce serait quelque chose que nous vivons déjà, et que les fascistes vivent d'une façon exaspérée et monstrueuse, mais non sans raisons.

Corriere della Sera,
sous le titre de « Les Italiens ne sont plus les mêmes ».

24 juin 1974

Le véritable fascisme et donc le véritable antifascisme

Qu'est-ce que la *culture* d'une nation ? On pense couramment, même parmi les personnes *cultivées*, que c'est la culture des savants, des hommes politiques, des professeurs, des littéraires, des cinéastes, etc., autrement dit la *culture de l'intelligentsia*. Mais ce n'est pas vrai. Ce n'est pas non plus la *culture* de la classe dominante qui, à travers la lutte des classes, essaye de l'imposer au moins formellement. Ce n'est pas non plus, enfin, la *culture* de la classe dominée, à savoir la *culture* populaire des ouvriers et des paysans. La culture d'une nation est l'ensemble de toutes ces cultures de classes : c'est leur moyenne. Elle serait donc abstraite si on ne pouvait la reconnaître – ou mieux, la voir – dans le vécu et dans l'existentiel, et si, par conséquent, elle n'avait une dimension pratique. Pendant de nombreux siècles, en Italie, ces *cultures* ont été spécifiques, même si elles étaient historiquement unifiées. Aujourd'hui, différence et unification historique ont – presque d'un seul coup, dans une sorte d'Avent – cédé la place à un nivellement qui réalise presque miraculeusement le rêve de mélange des classes du vieux Pouvoir. À quoi donc est dû un tel nivellement ? Bien évidemment, à un nouveau Pouvoir.

J'écris « Pouvoir » avec un P majuscule – ce que Maurizio Ferrara taxe d'irrationalisme, dans *L'Unità* (12 juin 1974) – parce que, sincèrement, je ne sais pas en quoi consiste ce nouveau Pouvoir et qui le représente ; je sais simplement qu'il existe. Je ne le reconnais plus dans le Vatican, dans les Grands démocrates-chrétiens, ni dans les forces armées. Je ne le reconnais pas davantage dans la grande industrie, parce qu'elle ne se compose que d'un nombre limité de grands industriels ; en ce qui me concerne, elle m'apparaît plutôt comme un *tout* (industrialisation totale), et même comme un *tout non italien* (transnational).

Mais je connais – car je les vois et les vis – quelques-unes des caractéristiques de ce nouveau Pouvoir qui n'a pas encore de visage : par exemple son refus du vieux sanfédisme et du vieux cléricalisme, sa décision d'abandonner l'Église, sa détermination (couronnée de succès) de transformer paysans et sous-prolétaires en petits-bourgeois, et, surtout, son ardeur, pour ainsi dire cosmique, à aller jusqu'au bout du « Développement » : produire et consommer.

Le portrait-robot de ce visage encore vide du nouveau Pouvoir lui attribue vaguement des traits « modernes » dus à une tolérance et à une idéologie hédoniste qui se suffit pleinement à elle-même, mais également des traits féroces et essentiellement répressifs : car sa tolérance est fausse et, en réalité, jamais aucun homme n'a dû être aussi normal et conformiste que le consommateur ; quant à l'hédonisme, il cache évidemment une décision de tout préordonner avec une cruauté que l'histoire n'a jamais connue. Ce nouveau Pouvoir, que personne ne représente encore et qui est le résultat d'une « mutation » de la classe dominante, est donc en réalité – si nous voulons conserver la vieille terminologie – une forme « totale » de fascisme. Mais ce Pouvoir a également « nivelé » l'Italie du point de vue culturel ; c'est donc d'un nivellement répressif qu'il s'agit, même s'il a été obtenu par l'imposition de l'hédonisme et de la *joie de vivre*[1]. La stratégie de la tension, même si, au fond, elle est anachronique, constitue un indice de tout cela.

Dans l'article que j'ai cité, Maurizio Ferrara (comme d'ailleurs Ferrarroti, dans *Paese sera* du 14 juin 1974) m'accusait d'esthétisme et, ce faisant, tente de m'exclure, de m'enfermer. D'accord : il se peut que mon optique soit celle d'un « artiste », c'est-à-dire, comme le veut la bonne bourgeoisie, d'un fou. Mais le fait, par exemple, que deux représentants du vieux Pouvoir (qui pourtant, en réalité, servent à présent, bien qu'au seul titre d'interlocuteurs, le nouveau Pouvoir) se soient fait chanter mutuellement à propos des financements des partis et de l'affaire Montesi a de quoi rendre fou : c'est là discréditer une classe dirigeante devant les yeux d'un homme, au point de lui faire perdre le sens des convenances et des limites, et qu'il se trouve plongé dans un véritable état d'« anomie ». On dit, par ailleurs, que l'optique des fous est à prendre au sérieux… À moins que l'on ne veuille être évolué face à tout, sauf au problème des fous, que l'on se contente commodément d'éluder.

Certains fous observent le visage et le comportement des gens, mais pas parce que ce sont des épigones de Lombroso (comme Ferrara l'insinue grossièrement) ; tout simplement parce qu'ils connaissent la sémiologie. Ils savent que la culture produit des codes, que ces codes produisent un comportement, que ce comportement est

1. En français dans le texte [n.d.t.].

un langage, et que, dans une période de l'histoire où le langage verbal est complètement conventionnel et vide (technicisé), le langage du comportement (physique et mimique) a une importance décisive.

Pour en revenir au début de notre propos, il me semble qu'il y a de bonnes raisons pour prétendre que la culture d'une nation (en l'espèce l'Italie) est aujourd'hui exprimée avant tout par le langage du comportement, ou langage physique, *plus* une certaine quantité – complètement conventionnelle et extrêmement pauvre – de langage verbal.

C'est à ce niveau de communication linguistique que se manifestent :

1. La mutation anthropologique des Italiens.
2. Leur complète réduction à un modèle unique.

Ainsi, décider de se laisser pousser les cheveux jusqu'aux épaules, ou se les couper et se laisser pousser des moustaches (façon 1900) ; décider de se mettre un bandeau sur la tête ou de s'enfoncer un béret sur les yeux ; décider si l'on rêve d'une Ferrari ou d'une Porsche ; suivre attentivement les programmes télévisés ; connaître les titres de quelques best-sellers ; mettre des pantalons et des chemises à la toute dernière mode ; entretenir des rapports obsessionnels avec des filles que l'on garde auprès de soi comme ornement tout en prétendant qu'elles sont « libres », etc. : ce sont tous là des actes culturels.

Aujourd'hui, *tous* les jeunes Italiens font ces mêmes actes, ont ce même langage physique, sont interchangeables, ce qui serait une chose vieille comme le monde si elle se limitait à une classe sociale, à une catégorie. Mais le fait est que ces actes culturels et ce langage somatique sont de toutes les classes. Sur une place remplie de jeunes, personne ne peut plus distinguer – ce qui était encore possible en 1968 – à son extérieur un ouvrier d'un étudiant, un fasciste d'un antifasciste.

Les problèmes d'un intellectuel appartenant à l'*intelligentsia* sont différents de ceux d'un membre du parti ou d'un homme politique, même si leur idéologie est la même. Je voudrais que mes actuels contradicteurs de gauche comprennent que je suis capable de me rendre compte que, dans le cas où le développement subirait un coup d'arrêt et où il y aurait récession, si les partis de gauche ne soutiennent pas le pouvoir en place, l'Italie s'effondrera tout simplement ; si, au contraire, le développement continuait au même rythme, le soi-disant « compromis historique » serait indubitablement réaliste, car il constituerait le seul moyen pour tenter de corriger ce développement, dans le sens indiqué par Berlinguer dans son rapport au comité central du parti communiste (voir *L'Unità*, 4 juin 1974). Toutefois, de même que les « visages » ne sont pas de la compétence de Maurizio Ferrara, ces manœuvres de pratique politique ne sont pas de la mienne. Au contraire, j'ai, plus que jamais, le devoir d'exercer sur elles mon esprit critique, à la manière de Don Quichotte et aussi, qui sait, en extrémiste. Quels sont donc mes problèmes ?

En voici, par exemple, un. Dans l'article qui a provoqué cette polémique (*Corriere della Sera*, 10 juin 1974), je disais que les vrais responsables des massacres de Milan et de Brescia sont le gouvernement et la police italienne, car si le gouvernement et la police l'avaient voulu, ces massacres n'auraient pas eu lieu. Lieu commun que cela ! Eh bien ! à présent, je vais définitivement me faire brocarder en disant que les responsables de ces massacres c'est aussi nous, progressistes, antifascistes, hommes de gauche. En effet, toutes ces dernières années nous n'avons rien fait :

1. Pour que parler de « massacre d'État » ne devînt pas un lieu commun et que tout s'arrêtât là ;

2. (Et plus grave) nous n'avons rien fait pour qu'il n'y ait pas de fascistes. Nous les avons seulement condamnés, en flattant notre conscience avec notre indignation ; plus forte et impertinente était notre indignation, plus tranquille notre conscience.

En vérité, nous avons eu une attitude fasciste envers les fascistes (je parle surtout des jeunes) : nous avons hâtivement et impitoyablement voulu croire qu'ils étaient prédestinés à être fascistes par leur race et que, face à cette détermination de leur destin, il n'y avait rien à faire. Et ne nous le dissimulons pas : nous savions tous, dans notre vraie conscience, que quand l'un de ces jeunes *décidait* d'être fasciste, c'était purement fortuit, ce n'était qu'un geste sans motifs et irrationnel ; un seul mot aurait peut-être suffi pour qu'il en allât différemment. Mais jamais aucun d'entre nous n'a parlé avec eux, ou ne leur a parlé. Nous les avons tout de suite acceptés comme d'inévitables représentants du Mal, tandis qu'ils n'étaient sans doute que des adolescents et adolescentes de dix-huit ans qui ne connaissaient rien à rien, et qui se sont jeté la tête la première dans cette horrible aventure par simple désespoir.

Mais nous ne pouvions pas les distinguer des autres (je ne dis pas des autres extrémistes, mais de *tous* les autres). Voilà notre épouvantable justification.

Le staretz Zossime (littérature pour littérature !) a tout de suite su distinguer, parmi ceux qui s'étaient rassemblés dans sa cellule, Dimitri Karamazov, le parricide. Alors il s'est levé de sa chaise et est allé se prosterner devant lui ;

il a agi ainsi (comme il devait par la suite l'expliquer au plus jeune des Karamazov) parce que Dimitri était destiné à faire la chose la plus horrible et à éprouver la douleur la plus inhumaine qui soit.

Pensez (si vous en avez la force) au garçon ou aux garçons qui sont allés déposer les bombes sur la place de Brescia. Ne fallait-il pas se lever et se prosterner devant eux ? Mais c'était des jeunes à cheveux longs, ou à moustaches de style 1900, ils avaient des bandeaux sur la tête, ou des bérets enfoncés sur les yeux, ils étaient pâles et présomptueux, leur problème : s'habiller à la mode et tous de la même manière, avoir Porsche ou Ferrari, ou encore moto à conduire comme de petits archanges idiots, avec derrière les filles ornementales ; oui, mais ils étaient modernes, et favorables au divorce, à la libération de la femme et, généralement, au développement... C'était, en somme, des jeunes gens comme tous les autres ; rien ne les distinguait d'aucune façon. Même si nous l'avions voulu, nous n'aurions pas pu aller nous prosterner devant eux ; parce que le fascisme de naguère, ne fût-ce qu'à travers la dégénérescence de la rhétorique, rendait différent, alors que le nouveau fascisme – qui est tout autre chose – ne rend plus différent : il n'est plus rhétorique sur le mode humaniste, mais pragmatique sur le mode américain. Son but est la réorganisation et le nivellement brutalement totalitaire du monde.

Corriere della Sera,
sous le titre de « Le pouvoir sans visage ».

8 juillet 1974

Étroitesse de l'histoire et immensité du monde paysan

Cher Calvino,

Maurizio Ferrara dit que je regrette un « âge d'or », toi, tu dis que je regrette l'« Italietta [1] ». Tout le monde dit que je regrette quelque chose, en faisant de ce regret une valeur négative, et donc une cible facile.

Ce que je regrette (si tant est que l'on puisse parler de regret), je l'ai dit clairement, et même en vers (*Paese sera*, 5 janvier 1974). Que d'autres aient fait semblant de ne pas comprendre, c'est naturel, mais je m'étonne que tu n'aies pas voulu comprendre, toi qui n'as aucune raison pour cela. Moi, regretter l'« Italietta » ? Mais alors tu n'as pas lu un seul vers de *Ceneri di Gramsci* ou de *Calderón*, tu n'as pas lu une seule ligne de mes romans, tu n'as pas vu une seule photo de mes films, tu ne sais rien de moi ! Car tout ce que j'ai fait, tout ce que je suis, *exclut* de par sa nature même que je puisse regretter l'Italietta. Mais tu considères peut-être que j'ai changé du tout au tout, ce qui fait partie de la psychologie miraculistique des Italiens mais qui, justement, me semble indigne de toi.

---

1. Ce mot désigne l'Italie depuis 1945 jusqu'à la période actuelle de « développement » [n.d.t.].

L'« Italietta » est petite-bourgeoise, fasciste, démocrate-chrétienne ; elle est provinciale et en marge de l'histoire ; sa culture est un humanisme scolastique formel et vulgaire. Et tu veux que je regrette tout cela ? En ce qui me concerne personnellement, cette Italietta a été un pays de gendarmes qui m'a arrêté, poursuivi, persécuté, tourmenté et lynché depuis bientôt vingt ans. Cela, un jeune peut l'ignorer, mais pas toi. Sans doute ai-je eu ce minimum de dignité qui m'a permis de cacher l'angoisse de quelqu'un qui, pendant des années et des années, s'attendait chaque jour à voir arriver une citation du tribunal et qui évitait avec terreur de regarder les kiosques à journaux, pour ne pas lire sur d'infâmes publications des nouvelles scandaleuses le concernant. Mais si, moi, je peux oublier cela, toi, tu ne dois pas…

D'autre part, pour moi, cette « Italietta », ce n'est pas fini : le lynchage continue ; c'est à présent sans doute l'*Espresso* qui l'organise ; je te renvoie à la petite note (*L'Espresso*, 23 juin 1974), petite note dans laquelle on ricane sur un titre qui n'est pas de moi, on extrapole avec esprit à partir de mon texte, naturellement en le déformant affreusement et, enfin, on jette sur moi le soupçon que je suis une espèce de nouveau Plèbe : c'est une opération dont, jusqu'à présent, j'aurais cru seuls capables les voyous du *Borghese* [1].

Je sais bien, mon cher Calvino, comment se déroule la vie d'un intellectuel ; je le sais, parce que, en partie, c'est aussi *ma* vie : lectures, solitude dans le lieu de création, cercles en général de peu d'amis et de beaucoup de connaissances, tous intellectuels et bourgeois. Une vie de travail et, au fond, comme il faut. Mais moi, comme le

1. Hebdomadaire fasciste [n.d.t.].

docteur Hyde [1], j'ai une autre vie. Pour la vivre, il me faut rompre les barrières naturelles (et innocentes) des classes, défoncer les murs de l'Italietta et donc me mouvoir dans un autre monde : le monde paysan, le monde sous-prolétarien, le monde ouvrier. L'ordre dans lequel je cite ces mondes renvoie à leur importance dans mon expérience personnelle, et non à leur importance objective. Jusqu'à une époque très récente, tel était le monde prébourgeois, le monde de la classe dominée. C'est pour des raisons purement nationales, ou, mieux, concernant l'État, qu'il faisait partie du territoire de l'Italietta. En dehors de ce caractère purement et simplement formel, il n'avait aucun point commun avec l'Italie. L'univers paysan (auquel se rattachent les cultures sous-prolétariennes urbaines et, jusqu'à il y a quelques années, celles des minorités ouvrières, comme dans la Russie de 1917) est un univers transnational, qui ne reconnaît tout bonnement pas les nations ; il est ce qui reste d'une société précédente (ou d'une somme de sociétés précédentes toutes très semblables), et la classe dominante (nationaliste) a modelé ce reste selon ses propres intérêts et ses buts politiques (pour un Lucanien – je songe à De Martino – la nation étrangère a d'abord été le règne des Bourbons, puis l'Italie piémontaise, puis l'Italie fasciste, puis l'Italie actuelle, sans solution de continuité).

C'est ce monde paysan éclairé, prénational et préindustriel, qui a survécu jusqu'à il y a quelques années, que je regrette (ce n'est pas pour rien que j'habite le plus loin possible, dans les pays du Tiers-Monde où il survit encore, quoique le Tiers-Monde soit lui aussi en train de pénétrer dans l'orbite du prétendu développement).

1. *Sic* [n.d.t.].

Les hommes qui peuplaient cet univers ne vivaient pas un « âge d'or », parce qu'ils n'étaient pas liés, sinon formellement, à l'Italietta. Ils vivaient ce que Chilanti a appelé l'*âge du pain*, c'est-à-dire qu'ils étaient des consommateurs de bien de toute première nécessité. C'est sans doute cela qui rendait leur vie pauvre et précaire extrêmement nécessaire, tandis qu'il est clair que les biens superflus rendent la vie superflue (cela dit pour être très élémentaire, et en finir avec cet argument).

Que je regrette ou non cet univers paysan, de toute façon c'est mon affaire. Mais ça ne m'empêche pas du tout de dire *comme elle est* ma critique du monde actuel ; au contraire, elle est d'autant plus lucide que je me suis détaché de ce monde et que j'accepte seulement stoïquement d'y vivre.

J'ai dit, et je le répète, que l'acculturation du centre consommateur a détruit les différentes cultures du Tiers-Monde (je parle encore au plan mondial, et je me réfère donc également tout à fait aux cultures du Tiers-Monde, auxquelles les cultures paysannes italiennes sont profondément analogues) : le modèle culturel proposé aux Italiens (et, du reste, à tous les habitants du globe) est unique. C'est avant tout dans le vécu, dans l'existentiel, que l'on retrouve la conformation à ce modèle, donc aussi dans le corps et dans le comportement. C'est là que l'on vit, sans qu'elles soient encore exprimées, les valeurs de la nouvelle culture de la société de consommation, c'est-à-dire du nouveau totalitarisme, le plus répressif qu'on ait vu. Du point de vue du langage verbal, on assiste à la réduction de toute la langue à une langue communicative, avec un énorme appauvrissement de l'expressivité. Les dialectes (idiomes maternels !) sont éloignés dans l'espace et dans le temps : les enfants sont contraints à ne plus les parler parce qu'ils vivent à Turin, à Milan ou en Allemagne. Là où on les parle encore, ils ont perdu toutes leurs potentialités inventives. Aucun gosse des bourgades des environs de Rome ne serait plus capable, par exemple, de comprendre l'argot de mes romans d'il y a dix-quinze ans et, ironie du sort ! il lui faudrait consulter le glossaire comme un bon bourgeois du Nord !

Bien évidemment, ma « vision » de la nouvelle réalité culturelle italienne est radicale ; elle regarde le phénomène comme phénomène global, et non ses exceptions, ses résistances et ses survivances.

Quand je parle de nivellement de tous les jeunes, qui fait que, d'après son corps, son comportement et son idéologie *inconsciente et réelle* (l'hédonisme de la consommation), un jeune fasciste ne peut plus être distingué de *tous* les autres jeunes, j'énonce un phénomène général. Je sais parfaitement qu'il y a des jeunes qui se distinguent ; mais ce sont des jeunes qui appartiennent à notre *élite* [1], et qui sont condamnés à être encore plus malheureux que nous, donc probablement aussi meilleurs. Cela je le dis à cause d'une allusion (*Paese sera*, 21 juin 1974) de Tullio De Mauro qui, après avoir oublié de m'inviter à un congrès de linguistique de Bressanone, me reproche de ne pas y avoir assisté : là, dit-il, j'aurais vu quelques dizaines de jeunes qui auraient contredit mes thèses. Cela revient à dire que, si quelques dizaines de jeunes emploient le terme d'« heuristique », cinquante millions d'Italiens le font aussi.

Tu me diras : les hommes ont toujours été conformistes (tous égaux l'un à l'autre), et il y a toujours eu

1. En français dans le texte [n.d.t.].

des *élites*. À quoi je te réponds : oui, les hommes ont toujours été conformistes et le plus possible semblables l'un à l'autre, mais dans leurs classes sociales. Et, à l'intérieur de ces distinctions de classes, selon leurs conditions culturelles (régionales) particulières et concrètes. Aujourd'hui, en revanche (et c'est là qu'intervient la « mutation » anthropologique), les hommes sont conformistes et tous égaux l'un à l'autre *selon un code interclassiste* (étudiant égale ouvrier, ouvrier du Nord égale ouvrier du Sud) ; du moins potentiellement, dans leur volonté anxieuse de s'uniformiser.

Enfin, cher Calvino, je voudrais te faire noter une chose. Pas en moraliste, en analyste. Dans ta réponse empressée à mes thèses (*Il Messagero*, 18 juin 1974), une phrase doublement malheureuse t'a échappé, c'est celle-ci : « Les jeunes fascistes d'aujourd'hui, je ne les connais pas, et j'espère ne jamais les connaître. » Mais, 1) C'est vrai que tu n'en auras jamais l'occasion, car même si tu devais en rencontrer dans le compartiment d'un train, dans la queue d'un magasin, dans la rue ou dans un salon, *tu ne le reconnaîtrais pas* ; 2) Se souhaiter de ne jamais rencontrer de jeunes fascistes, c'est une énormité ! Nous devrions, au contraire, tout faire pour les repérer et les rencontrer. Ils ne sont pas les représentants fatals et prédestinés du Mal : *ils ne sont pas nés pour être fascistes*. Quand ils sont devenus des adolescents capables de choisir, d'après qui sait quelles raisons et quelles nécessités, personne ne leur a gravé dans le dos de façon raciste la marque des fascistes. C'est une forme atroce de désespoir et de névrose qui pousse un jeune à un tel choix ; et peut-être une seule petite expérience différente dans sa vie, une simple rencontre, aurait-elle suffi pour que son destin fût autre.

Paese sera, sous le titre de « Lettre ouverte à Italo Calvino : Pasolini : ce que je regrette ».

11 juillet 1974

Enrichissement de l'« essai » sur la révolution anthropologique en Italie

....

Nous autres intellectuels, nous avons toujours tendance à identifier la « culture » avec notre culture, puis la morale avec notre morale et l'idéologie avec notre idéologie. Cela veut dire : 1) Que nous n'employons pas le mot de « culture » dans son sens scientifique ; 2) Que nous exprimons par là un certain racisme irréductible à l'égard de ceux qui, justement, vivent une autre culture. À dire vrai, étant donné ma vie et les études que j'ai faites, j'ai toujours pu passablement éviter de tomber dans ces erreurs. Mais quand Moravia me parle de gens (à savoir tout le peuple italien) qui vivent à un niveau prémoral et préidéologique, il me montre qu'il est tombé à pieds joints dans ces erreurs. Le prémoral et le préidéologique n'existent que si l'on retient l'hypothèse qu'il n'y a qu'une seule morale et qu'une seule idéologie historique justes, qui serait notre morale bourgeoise, celle de Moravia ou la mienne, de Pasolini. Mais, en réalité, le prémoral ou le préidéologique n'existent pas ; existent seulement une autre culture (la culture populaire), ou une culture antérieure. C'est sur ces cultures-là que se greffe un nouveau choix moral et idéologique – par exemple, le choix du marxisme, ou encore le choix du fascisme.

Aujourd'hui, un tel choix est essentiel, mais il n'est pas « tout ». En effet, comme Moravia lui-même l'observe, ce choix n'est pas jugé en lui-même, mais par ses résultats théoriques et pratiques (le changement du monde). Comment se fait-il que certains choix justes – par exemple un marxisme merveilleusement orthodoxe – donnent des résultats aussi affreusement défectueux ? J'exhorte Moravia à penser à Staline. Personnellement, je n'ai aucun doute : les « crimes » de Staline sont le résultat du rapport entre le choix politique (le bolchévisme) et la culture antérieure de Staline (à savoir ce que Moravia appelle, avec mépris, le prémoral et le préidéologique). Du reste, il n'est pas besoin de recourir à Staline, à son choix juste et à son fonds culturel paysan, clérical et barbare. Les cas sont innombrables. Moi-même, par exemple, si l'on en croit Maurizio Ferrara (qui, en me rappelant avec sévérité dans *L'Unità* que le choix a une valeur essentielle et définitive, m'adresse la même critique que Moravia), j'ai fait un choix juste, mais je l'ai mal appliqué ; c'est, semble-t-il, dû à mon irrationalisme culturel, autrement dit à la culture antérieure au sein de laquelle j'ai été formé.

Généralisons maintenant à des millions de personnes ces quelques cas particuliers. Des millions d'Italiens ont fait des choix (assez schématiques) : par exemple, plusieurs millions d'Italiens ont choisi le marxisme, d'autres (millions) le clérico-fascisme. Comme c'est toujours la règle, ces choix se sont greffés sur une culture, qui est précisément la culture des Italiens. Mais cette culture des Italiens a entre-temps complètement changé. Non pas dans les idées exprimées, à l'école, dans les valeurs consciemment véhiculées ; par exemple, un fasciste « très moderne », c'est-à-dire manœuvré par l'expansion économique italienne et étrangère, lit encore Evola. La culture italienne a changé dans le vécu, dans l'existentiel, dans le concret. Ce changement réside en ceci que la vieille culture de classe (avec ses divisions nettes : culture de la classe dominée, ou populaire, culture de la classe dominante, ou bourgeoise, culture des élites) a été remplacée par une nouvelle culture *interclassiste* et qui s'exprime dans le mode de vie des Italiens, à travers la nouvelle qualité de leur vie. Les choix politiques qui se greffaient sur le vieil humus culturel étaient une chose, ceux qui se greffent sur le nouvel humus en sont une autre. Un ouvrier ou un paysan marxiste des années 1940 ou 1950, aurait, dans l'hypothèse d'une victoire révolutionnaire, changé le monde d'une certaine façon ; aujourd'hui, dans la même hypothèse, il le changerait d'une autre façon. Je n'entends pas faire de prophétie, mais je ne cache pas que je suis désespérément pessimiste. Ce qui a manipulé et radicalement (anthropologiquement) transformé les grandes masses ouvrières et paysannes d'Italie, c'est un nouveau pouvoir qu'il m'est difficile de définir mais dont je suis certain qu'il est le plus violent et le plus totalitaire qu'il y ait eu, car il change la nature des gens, il entre au plus profond des consciences. Sous les choix conscients, il y a donc un choix forcé, « commun désormais à tous les Italiens », et le dernier ne peut que déformer les premiers.

Quant aux interventions parues dans *L'Espresso*, celle de Facchinelli me semble obscure ; l'oracle a été un peu « sibyllin ». À celle de Colletti, je ne réponds rien : elle est trop expéditive. On ne peut pas discuter avec une personne qui montre clairement qu'elle veut couper court et ne pas du tout vous prendre en considération.

Je pense que je pourrais utiliser en ma faveur la brève intervention de Fortini (« il faut se demander si ce "non" ne montre pas, du moins en partie, une volonté de voir au-delà de l'optimisme progressiste ») et accepter son invitation ascétique à continuer de travailler même pour d'infimes minorités ; ou peut-être même espérer que les « ressemblances » d'aujourd'hui deviennent « différences » de demain. En effet, je travaille pour d'infimes minorités, et si je travaille, c'est que je ne désespère pas (quoique je déteste tout optimisme, car c'est toujours un euphémisme). Seulement l'acharnement de Fortini à toujours vouloir se tenir sur le point le plus avancé de ce qu'on appelle l'histoire – en pesant sur les autres – fait naître en moi un sentiment instinctif d'ennui et de prévarication. J'arrêterai de « dire que l'histoire n'existe plus » quand Fortini arrêtera de parler en levant un doigt menaçant. Quant à Sciascia, je le remercie pour la sincérité de sa solidarité (courageuse, eu égard au lynchage et à l'affreux soupçon d'être une sorte de Plèbe dont je suis l'objet de la part des misérables antifascistes de *L'Espresso*) ; mais sur ce qu'il dit des Brigades rouges flotte l'ombre des billets

....

écrits par Sossi, des billets qui, à l'analyse linguistique, m'ont semblé d'une insincérité, d'un infantilisme et d'un manque d'humanité à justifier tous les soupçons.

....

C'est la propagande télévisée du nouveau genre de vie « hédoniste » qui a provoqué le triomphe du « non » au référendum. Rien n'est, en effet, moins idéaliste et moins religieux que le monde télévisé. Il est vrai que, ces dernières années, la censure télévisée a été une censure vaticane ; seulement le Vatican n'a pas compris ce qu'il devait et ne devait pas censurer. Il devait censurer, par exemple, « Carosello [1] », parce que c'est dans l'omnipotent « Carosello » que s'exprime dans toute sa pureté, tout son absolu, toute sa force péremptoire, le nouveau genre de vie que les Italiens « doivent » vivre. Et que l'on ne me dise pas qu'il s'agit d'un genre de vie dans lequel la religion compte pour quelque chose !

D'autre part, les retransmissions à caractère spécifiquement religieux de la télévision sont si ennuyeuses et entachées d'un esprit si répressif, que le Vatican aurait bien fait de les censurer toutes. Le bombardement idéologique télévisé n'est pas explicite : il est tout entier dans les choses, tout indirect. Mais jamais un « modèle de vie » n'a vu sa propagande faite avec autant d'efficacité qu'à travers la télévision. Le type d'homme ou de femme qui compte, qui est moderne, qu'il faut imiter et réaliser, n'est pas décrit ou analysé : il est représenté ! Le langage de la télévision est par nature le langage physico-mimique, le langage du comportement ; qui est donc entièrement mimé, sans médiation, dans la réalité, par le langage physico-mimique et par celui du comportement : les héros de la propagande télévisée – jeunes gens sur des motos, jeunes filles à dentifrices – prolifèrent en millions de héros analogues dans la réalité.

C'est justement parce qu'elle est purement pragmatique que la propagande télévisée représente le moment

1. Émission publicitaire quotidienne, de 20 h 30 à 22 h 45 [n.d.t.].

d'indifférentisme de la nouvelle idéologie hédoniste de la consommation, et qu'elle est donc très efficace.

Si, au niveau de ce qui est volontaire et conscient, la télévision a été, ces dernières années, au service de la démocratie-chrétienne et du Vatican, elle a par contre, au niveau de l'involontaire et de l'inconscient, été au service d'un nouveau pouvoir, qui, idéologiquement, ne coïncide plus avec la démocratie-chrétienne et ne sait plus que faire du Vatican.

....

Ce qui impressionne le plus, quand on marche dans une ville d'Union soviétique, c'est l'uniformité de la foule : on ne remarque jamais de différence importante entre les passants dans la façon de s'habiller, de marcher, d'être sérieux, de sourire, de faire des gestes, dans, en somme, la façon de se comporter. Dans une ville russe, le « système des signes » du langage physico-mimique n'a pas de variantes : il est parfaitement identique en tous. Mais quelle est donc la proposition première de ce langage physico-mimique ? La voici : « qu'il n'y ait pas de différences de classes » ; et c'est quelque chose de merveilleux. Malgré toutes les erreurs et toutes les répressions, malgré les délits politiques et les génocides (dont est complice tout l'univers paysan russe) perpétrés par Staline, le fait que le peuple ait remporté, en 1917, une fois pour toutes, la lutte des classes et qu'il ait atteint l'égalité des citoyens donne un profond et exaltant sentiment de gaieté et de confiance en l'homme. Le peuple a, en effet, conquis la liberté suprême – personne ne la lui a offerte. Il l'a conquise.

Aujourd'hui, dans les villes de l'Occident aussi – mais je voudrais parler surtout de l'Italie – on est frappé par l'uniformité de la foule, quand on marche dans les rues : ici aussi, on ne note plus de différence importante entre les passants (surtout les jeunes) dans la façon de s'habiller, de marcher, d'être sérieux, de sourire, de faire des gestes, dans, en somme, la façon de se comporter. Et l'on peut donc dire, comme pour la foule russe, que le système des signes du langage physico-mimique n'a plus de variantes, qu'il est parfaitement identique en tous. Mais, tandis qu'en Russie c'est un phénomène si positif qu'il en est exaltant, en Occident, c'est au contraire un phénomène négatif qui met dans un état d'âme qui frôle le dégoût et le désespoir.

Car la proposition première de ce langage physico-mimique, la voici : « Le Pouvoir a décidé que nous sommes tous égaux. »

La fièvre de la consommation est une fièvre d'obéissance à un ordre non énoncé. Chacun, en Italie, ressent l'anxiété, dégradante, d'être comme les autres dans l'acte de consommer, d'être heureux, d'être libre, parce que tel est l'ordre que chacun a inconsciemment reçu et auquel il « doit » obéir s'il se sent différent. Jamais la différence n'a été une faute aussi effrayante qu'en cette période de tolérance. L'égalité n'a, en effet, pas été conquise, mais est, au contraire, une « fausse » égalité reçue en cadeau.

....

L'une des caractéristiques principales de cette égalité qui s'exprime dans la vie est, en dehors de la fossilisation du langage (les étudiants parlent comme des livres, les enfants du peuple ont perdu toute inventivité argotique), la tristesse ; la gaieté est toujours exagérée, ostentatoire, agressive, offensive. La tristesse physique dont je parle est profondément névrotique ; elle dépend d'une frustration sociale.

À présent que le modèle social à réaliser n'est plus celui de la classe, mais un autre imposé par le pouvoir, beaucoup de personnes ne sont pas en mesure de le réaliser ; et cela les humilie terriblement. Je prends un exemple, très humble : autrefois, le porteur de pain, ou *cascherino* – comme on l'appelle ici à Rome – était toujours éternellement joyeux, d'une joie vraie et rayonnante. Il s'en allait par les rues en sifflant et en jetant des bons mots. Sa vitalité était irrésistible. Il était habillé bien plus pauvrement qu'aujourd'hui : un pantalon rapiécé et une chemise très souvent en haillons. Pourtant, tout cela faisait partie d'un modèle qui, dans sa bourgade, avait une valeur, un sens – et il en était fier. Au monde de la richesse, il pouvait en opposer un autre tout aussi valable. Il entrait dans la maison du riche avec un rire *natuliter* anarchiste, qui discréditait tout, même s'il était respectueux. Mais c'était le respect d'une personne profondément étrangère. Et, en somme, ce qui compte, c'est que cette personne, ce gamin, était heureux.

N'est-ce pas le bonheur qui compte ? N'est-ce pas pour le bonheur qu'on fait la révolution ? La condition paysanne et sous-prolétarienne savait exprimer, dans les personnes qui la vivaient, un certain bonheur « réel ». Aujourd'hui – avec le développement – ce bonheur s'est perdu. Cela signifie que le développement n'est en aucune façon révolutionnaire, même quand il est réformiste. Il ne donne que l'angoisse. De nos jours, il y a des adultes de mon âge assez ineptes pour penser que mieux vaut le sérieux (quasi tragique) avec lequel le *cascherino*, cheveux longs et petite moustache, porte son paquet enveloppé de plastique que la joie « bébête » de jadis. Ils croient que préférer le sérieux au rire est un moyen viril d'affronter la vie. En réalité, ce sont des vampires heureux de voir que leurs innocentes victimes sont devenues vampires elles aussi. Le sérieux, la dignité, sont d'horribles devoirs que s'impose la petite-bourgeoisie, et les petits-bourgeois sont donc heureux de voir que les gosses du peuple sont aussi « sérieux et dignes ». Il ne leur vient même pas à l'esprit que là est la véritable dégradation : que les gosses du peuple sont tristes parce qu'ils ont pris conscience de leur infériorité sociale, étant donné que leurs valeurs et leurs modèles culturels ont été détruits.

....

Les communistes qui se leurrent en croyant (par exemple avec le référendum) qu'ils commencent à recueillir les fruits de ce qu'ils ont semé, ne se rendent pas compte que la « participation » des masses aux grandes décisions historiques « formelles » est en réalité voulue par le pouvoir ; un pouvoir qui, précisément, a besoin d'une consommation de masse et d'une culture de masse. De plus, la masse « participante », même si elle est communiste ou progressiste, est manipulée par le pouvoir à travers l'imposition d'« autres » valeurs et d'« autres » idéologies ; une imposition qui s'opère dans le vécu, et dans le vécu s'opère son adoption. De sorte que les masses vivent de nouvelles valeurs et de nouvelles idéologies (le cléricalisme d'un côté, le progressisme de l'autre).

Malheureusement, ce « moment » d'immobilisme et ce caractère officiel du PCI est parfaitement représenté par Maurizio Ferrara, dans la polémique à laquelle il se livre contre moi dans les colonnes de *L'Unità*. Il atteint à un manque de générosité indigne d'un dirigeant du plus grand parti italien. Même le « Borghese » n'est pas allé jusqu'à mettre en doute une certaine qualité de ma culture, en citant à mon propos les noms de Lombroso ou de Carolina Invernizio ; mais c'est là une offense que Ferrara a faite davantage aux lecteurs de *L'Unità* qu'à moi. Et c'est par respect pour eux que je ne lui réponds pas en employant sa méthode. En définitive, Ferrara ne répond politiquement à aucune des questions que je pose. Silence absolu sur mon hypothèse d'une défaite du PCI au référendum, car les prévisions du PCI étaient pessimistes au point de carrément craindre cette défaite. C'est là le signe d'une analyse fautive de la situation réelle du peuple italien, et gravement fautive. Silence absolu sur le vide objectivement laissé par le monde paysan, avec ses valeurs négatives et positives. Silence absolu sur les nouvelles valeurs adoptées existentiellement par les classes moyennes, avec, comme conséquence, le dépassement effectif du cléricalisme et du paléofascisme. Silence absolu sur les caractères « scandaleux » du nouveau fascisme, qui rendent inutile l'antifascisme classique. Silence absolu sur les rapports racistes avec les fascistes jeunes et adolescents. La réponse de Ferrara consiste à : *a*) Purement et simplement affirmer de façon rhétorique la présence du PCI (que personne n'a jamais mise en doute !) ; *b*) Faire une série d'inférences à mon égard, qui consiste d'abord à m'attribuer traîtreusement des regrets que je n'ai pas du tout. Je ne regrette pas l'Italietta : je regrette l'immense univers paysan et ouvrier d'avant le développement, un univers transnational dans sa culture et international dans son choix du marxisme. En second lieu, Ferrara – impréparé en face de la sémiologie, science qu'« on » lui a lancée dans les pieds – me taxe de culturalisme et d'esthétisme, simplement parce que je m'y réfère. Ce sont les lacunes culturelles de Ferrara – qui évidemment ne lit plus un livre depuis l'époque de Lombroso et Carolina Invernizio – qui lui font prendre pour des expériences esthétiques toutes celles que ses lacunes culturelles lui empêchent de faire. Il me passe un savon indifférentiste en me disant que ce ne sont pas les visages, mais les cerveaux des gens qui comptent. Eh bien ! le *cascherino* dont nous avons parlé tout à l'heure révèle (comme des millions de ses semblables) de par sa seule présence physique : 1) Que, dans son cerveau, se sont déposées ces « valeurs » de la civilisation capitaliste de la consommation, qui font de lui un petit-bourgeois impuissant à réaliser ces valeurs dans sa vie pratique ; 2) Que, par conséquent, il accepte ou le développement ou le PCI du *tout va bien* ; 3) Que la frustration et l'agressivité qui en découlent pourraient « aussi » accepter les mots d'ordre révolutionnaires de *Lotta continua* [1] et de *Potere operaio* [2], parce qu'il en est déjà à ce niveau de mauvaise conscience, et aussi de grossièreté, qui lui permet d'accepter le message extrémiste (à condition que ce dernier soit encore lancé par quelqu'un).

....

1. Publication d'extrême gauche [n.d.t.]
2. Publication d'extrême gauche [n.d.t.]

Le fascisme est une ruine pitoyable. L'enquête de Bocca et Nozza dans le *Giorno* est un travail de tâcherons, plein d'erreur et ennuyeux. Car d'entre les composantes qui forment aujourd'hui, en Italie, la mosaïque fasciste, « seules » ont un sens celles qui sont manœuvrées par la CIA ou par d'autres forces d'un capitalisme international tout entier tourné vers la conquête de marchés, je veux parler de pays heureux, assez libres, assez tolérants, parfaitement hédonistes, absolument pas militaristes, ni sanfédistes (tendances, ces deux dernières, incompatibles avec la consommation). Le Chili peut constituer un cas limite ; dans un tel cas se manifestent la force et un retour provisoire au fascisme classique. Par compensation, il y a pourtant des cas comme celui du Portugal, qui devait cesser d'être un pays sévère, économe et archaïque ; il fallait qu'il soit introduit dans le grand univers de la consommation. C'est ainsi que, sans doute, l'Amérique a fait s'entendre De Spinola et Caetano. Entre eux deux, le pire « vrai » fasciste est De Spinola (qui, entre autres choses, me dit-on, aurait combattu aux côtés des SS) : je dis cela parce que je considère que le totalitarisme de la consommation est pire que celui du vieux pouvoir. C'est que – par un étrange hasard – le totalitarisme du vieux pouvoir n'a même pas pu égratigner le peuple portugais, le 1er mai le prouve. Le peuple portugais a fêté le monde du Travail – depuis quarante ans qu'il ne le faisait plus – avec une fraîcheur, un enthousiasme et une sincérité absolument intacts, comme si la fois précédente avait été la veille. Par contre, il est à prévoir que cinq ans de « fascisme de consommation » changeront tout cela radicalement : l'embourgeoisement systématique du peuple portugais commencera, et il n'y aura plus de place ni de cœur pour les ingénues espérances révolutionnaires. Hier a eu lieu une conférence de presse de Marco Pannella. Parlant avec une merveilleuse vivacité et avec joie en dépit de cinquante jours de grève de la faim, Pannella a dit une phrase que peut-être peu d'auditeurs ont relevée : « Ce sont des paléofascistes et donc pas des fascistes. » J'aimerais que cette phrase soit l'épigraphe de la présente interview.

Il Mondo, interview par Guido Vergani.

16 juillet 1974

Le fascisme des antifascistes

Marco Pannella en est à plus de soixante-dix jours de grève de la faim : il est à bout de forces ; les médecins commencent à être vraiment préoccupés et, plus encore, effrayés. D'autre part, on ne voit pas la plus petite possibilité objective que quelque chose de nouveau intervienne, qui permettrait à Pannella d'interrompre un jeûne qui, désormais, peut être mortel (il me faut ajouter qu'une quarantaine de ses camarades se sont au fur et à mesure associés à son jeûne).

Aucun des représentants du pouvoir parlementaire (et donc aussi bien du gouvernement que de l'opposition) ne semble, même un tout petit peu, disposé à « se compromettre » avec Pannella et ses compagnons. La vulgarité du réalisme politique semble ne pouvoir trouver aucun point de rencontre avec la candeur de Pannella, ni donc la possibilité d'exorciser et d'englober son scandale. Le mépris théologique l'entoure : d'un côté Berlinguer et le comité central du PCI, de l'autre les vieux maîtres démocrates-chrétiens. Quant au Vatican, il y a déjà longtemps que là-bas les catholiques ont oublié d'être chrétiens. Tout cela n'étonne pas, et nous verrons pourquoi. Mais, même les « mineurs » (c'est-à-dire ceux qui ont un « pouvoir mineur ») sont réfractaires, sceptiques et lâchement évasifs face au message de Pannella :

par exemple, ceux que l'on appelle les « catholiques du non », ou encore les progressistes plus libres (qui interviennent pour appuyer Pannella seulement à titre « individuel » et jamais en tant que représentants de partis ou de groupes).

Maintenant, lecteur, tu vas être profondément étonné quand tu connaîtras les raisons initiales pour lesquelles Pannella et quelques dizaines d'autres ont dû adopter l'arme extrême de la grève de la faim alors que personne ne s'intéressait à eux, qu'on les abandonnait, qu'on les méprisait. En effet, personne « ne t'a informé » depuis le début et avec un minimum de clarté et de mesure de ces raisons ; et, sans doute, étant donné la situation que je viens de dépeindre, tu vas imaginer je ne sais quelles scandaleuses énormités. Au contraire, voici ces raisons :

1. La garantie que la RAI [1] consacrerait un quart d'heure de retransmission à la LID et un quart d'heure à Dom Franzoni ;

2. La garantie que le président de la République accorderait une audience publique aux représentants de la LID et du Parti radical, audience qu'ils avaient en vain demandée et sollicitée depuis plus d'un mois ;

3. La garantie que serait prise en considération par la commission de santé de la Chambre la proposition de loi socialiste sur la légalisation de l'avortement ;

4. La garantie que le propriétaire du *Messagero* assurerait non pas une vague fidélité aux principes laïques du journal, mais une information laïque, et en particulier le droit à l'information des minorités laïques.

---

1. Radio-télévision italienne [n.d.t.].

Il s'agit, comme tu le vois, d'une demande de garanties tout à fait normale dans un État démocratique. Leur « pureté » de principe n'exclut pas cette fois leur complète possibilité de réalisation. Mais étant donné, je le répète, le manque total d'informations dans lequel « toute » la presse italienne t'a laissé à propos de Pannella et de son mouvement, il ne serait pas étonnant que tu penses que ce Pannella est un monstre, disons une sorte de Fumagalli, dont les demandes sont « de toute façon » et *a priori* à ne pas prendre en considération. Eh bien ! pour commencer, je te dirai que, selon le principe démocratique auquel Pannella ne déroge pas, jamais, ce même Fumagalli que j'ai nommé, *et pour cause* [1], aurait le droit d'être pris en considération s'il faisait des demandes du genre « formel » de celles faites par les radicaux. Le respect de la personne – de sa configuration profonde, à laquelle un sentiment de la liberté, dont le caractère formel est entendu comme essentiel, permet de se constituer et de s'exprimer à un niveau pour ainsi dire « sacralisé » par une raison laïque – le respect, également, des idées politiques concrètes les plus dégradées, représentent pour Pannella le *primum* de toute théorie et de toute pratique politique. C'est en cela qu'il fait scandale : un scandale qu'on ne peut « intégrer » à rien, parce que son principe, même s'il est énoncé en termes schématiques et populaires, est sanctionné par la Constitution.

Ce principe politique absolument démocratique, Pannella l'actualise à travers l'idéologie de la non-violence. Mais ce n'est pas tellement la non-violence physique qui compte (on peut la discuter) ; celle qui compte, c'est la non-violence morale, à savoir le total,

1. En français dans le texte.

l'absolu, l'inéluctable manque de tout moralisme (« nous soutenons qu'est moral tout ce que chacun pense »). C'est cette non-violence-là (qui va jusqu'à se répudier elle-même comme moraliste) qui amène Pannella et les radicaux à l'autre scandale : leur refus absolu de toute forme de pouvoir et sa condamnation (« je ne crois pas au pouvoir, et je répudie même la fantaisie, si elle menace de l'occuper »). Le fruit de la pureté absolue et presque ascétique de ces principes que l'on pourrait qualifier de « métapolitiques », c'est l'extraordinaire limpidité du regard posé sur les choses et sur les faits ; il ne rencontre, en effet, ni l'obscurité involontaire des préjugés, ni celle, voulue, des compromis. Tout est lumière et raison autour de ce regard qui, ayant pour objets les choses et les faits historiques et concrets – et le jugement de ces instances qui en découle – finit par créer les prémisses du scandale inacceptable qu'est pour les gens bien la politique radicale (« le long de l'antiracisme de la ligne Parri-Sofri s'articulent depuis vingt ans les litanies des gens bien de notre politique » [...] « Où sont donc les fascistes, sinon au pouvoir et au gouvernement ? Ce sont les Moro, les Fanfani, les Rumor, les Pastore, les Gronchi, les Segni et – pourquoi pas – les Janassi, les Cariglia, et peut-être les Sarragat et les La Malfa. Contre la politique de ceux-là, là je le comprends, il faut être antifasciste... »).

Voilà, je suppose à présent, cher lecteur, que le « scandale » Pannella est clair pour toi ; mais je suppose également que tu es tenté de considérer dans le même temps que ce scandale est donquichottesque et verbal ; que la position de ces militants radicaux (la non-violence, le refus de toute forme de pouvoir et ainsi de suite) est vieillie, comme le pacifisme, la contestation, etc., et que, enfin, elle n'est qu'un pur velléitarisme, qui serait tout à fait saint et sanctifiable si leurs condamnations et leurs propositions n'étaient pas circonstanciées et adressées *ad personam* comme elles le sont.

Il n'en va en revanche pas ainsi. Leurs principes pour ainsi dire « métapolitiques » ont amené les radicaux à une pratique politique absolument réaliste ; et ce n'est pas à cause de ces principes « scandaleux » que le monde du pouvoir – gouvernement et opposition – ignore, réprime et exclut Pannella, jusqu'à faire, éventuellement, de son amour de la vie un assassinat : c'est justement à cause de cette pratique politique réaliste. En effet, le Parti radical, la LID et leur leader Marco Pannella sont les *vrais* vainqueurs du référendum du 12 mai ; et c'est bel et bien cela que « personne » ne leur pardonne.

Ils ont été les seuls à relever le défi du référendum et à le vouloir, parce qu'ils étaient certains de l'éclatante victoire – prévision qui était le résultat inévitablement concomitant de la confrontation d'un « principe » démocratique intransigeant (même en prenant le risque d'une défaite) et d'une « analyse réaliste » de la vraie volonté des nouvelles masses italiennes. Ce n'est donc pas, je tiens à le répéter, un principe démocratique abstrait (droit de décision à la base et refus de toute attitude paternaliste), mais une analyse réaliste de la vie qui constitue actuellement la faute impardonnable du PR et de la LID.

Au lieu d'être reçus et complimentés par le premier citoyen de la République en hommage à la volonté du peuple italien, qu'ils avaient prévue, Pannella et ses camarades ont été rejetés comme des intouchables. Au lieu d'intervenir comme interlocuteur sur les écrans de télévision, on ne leur accorde même pas un misérable quart d'heure de « tribune libre ». Certes, le Vatican et Fanfani – les grands battus du référendum – ne pourront jamais admettre que Pannella simplement « existe » ; mais Berlinguer et le PCI, les autres battus du référendum, n'admettront non plus jamais cette existence. On « abroge » donc Pannella de la conscience et de la vie publique italienne.

À présent, la question s'achève sur un point d'interrogation. La possibilité de jeûne de Pannella a des limites organiques dramatiques et rien ne laisse présumer qu'il veuille abandonner. Et que font les hommes ou les groupes au pouvoir capables de décider de son sort ? Jusqu'où iront leur cynisme, leur impuissance ou leurs calculs ? Le fait qu'ils aient bien peu à perdre – puisque leur seul problème est de sauvegarder ce qui peut l'être, à commencer par eux-mêmes – ne joue pas en faveur de Pannella. La réalité s'est brusquement tournée contre eux ; la barque vaticane, dans laquelle ils comptaient mener tranquillement à bonne fin toute la traversée du marécage de leur vie, menace sérieusement de couler ; les masses italiennes sont dégoûtées d'eux et sont devenues porteuses, même si ce n'est qu'existentiellement, de valeurs avec lesquelles ils ont cru pouvoir jouer, et qui, dans la réalité, se sont révélées être de vraies valeurs, capables d'anéantir les grandes valeurs du passé et de réduire en mêmes ruines fascistes et antifascistes (d'aujourd'hui). Même le minimum que l'on pouvait leur demander – une certaine capacité d'administrateurs – se révèle être une atroce illusion ; une illusion dont il faudra bien que les Italiens prennent conscience parce que – comme les valeurs de la consommation et du bien-être – ils devront la vivre « dans leur chair ».

Ce sont les gauches qui doivent intervenir. Mais il ne s'agit pas de sauver la vie de Pannella. Et encore moins de la sauver en s'arrangeant pour que les quatre petites « garanties » qu'il a demandées et celles qui s'y sont jointes soient prises en considération. Il s'agit de prendre en considération l'existence de Pannella, l'existence du PR et l'existence de la LID ; et la circonstance veut que l'existence de Pannella, celle du PR et celle de la LID coïncident avec une pensée et une volonté d'action de portée historique décisive ; c'est-à-dire qu'elles coïncident avec la prise de conscience d'une nouvelle réalité de notre pays et d'une nouvelle qualité de vie des masses qui, jusque-là, a échappé aussi bien au pouvoir qu'à l'opposition.

Pannella, le PR et la LID ont pris conscience de cela avec un optimisme total, une vitalité, une volonté ascétique d'aller au fond des choses : un optimisme sans doute relatif, ou du moins dramatique, en ce qui concerne les hommes, mais inébranlable en ce qui concerne les principes (qui ne sont ni abstraits, ni moralistes).

Ils proposent huit nouveaux référendums (pratiquement réduits à un seul), et cela fait des années qu'ils les proposent, dans un défi conscient à celui que vient de proposer la droite cléricale (et qui s'est terminé par la plus grande victoire démocratique de la récente histoire italienne). Ce sont ces huit référendums (abrogation du Concordat entre l'Église et l'État, des annulations ecclésiastiques, des codes militaires, des dispositions légales contre la liberté de la presse et la liberté de l'information télévisée, des dispositions légales fascistes et parafascistes du code, parmi lesquelles celles qui interdisent l'avortement et, enfin, l'abrogation du financement public des partis), ce sont ces huit référendums qui démontrent, en tant qu'idéation concrète et projet de lutte politique, le réalisme de la vision de Pannella, du PR et de la LID.

Défier le vieux monde politique italien sur ce point et le battre est l'unique moyen de faire prendre un virage pratique décisif à la situation dans laquelle l'Italie est précipitée, outre que c'est aujourd'hui le seul acte révolutionnaire possible. Mais cela va contre trop de misérables intérêts particuliers et politiques, et c'est cela qu'est en train de payer personnellement Pannella.

Dans la vie publique, il y a des moments tragiques ou, pire encore, sérieux, dans lesquels il faut trouver la force de jouer. Il n'y a pas d'autre solution. Voilà pourquoi, cher lecteur, je passerai du style épistolaire à celui du tract, pour te suggérer le moyen de ne pas commettre dans cette affaire ce que les catholiques appellent péché par omission, ou autrement dit, pour te pousser à jouer le jeu, vital, de quelqu'un qui accepte de faire un geste « responsable ». Tu pourrais intervenir dans le rapport, qui semble insoluble, entre l'intransigeance démocratique de Pannella et l'impuissance du pouvoir, en envoyant un télégramme ou un mot de « protestation » aux adresses suivantes : 1) Secrétariat national des partis (à part, bien sûr, le MSI [1] et ses semblables) ; 2) Présidence de la Chambre et du Sénat.

Corriere della Sera,
sous le titre « Ouvrons un débat sur l'affaire Pannella ».

1. Parti fasciste [n.d.t.].

26 juillet 1974

En quel sens parler d'une défaite du PCI au « référendum »

Quand j'ai lu la réponse « officielle » de Maurizio Ferrara à mon intervention sur Marco Pannella, les bras m'en sont tombés. C'était donc vrai : toute la polémique de Ferrara (au nom du PCI) contre ma personne n'était fondée que sur l'extrapolation d'une phrase de mon texte (*Corriere della Sera*, 10 juin 1974), prise dans son sens littéral et simplifiée de façon infantile. Voici cette phrase : « La victoire du "non" est en réalité une défaite [...] Mais encore, dans un certain sens, de Berlinguer et du parti communiste. »

Mais même un petit enfant aurait compris la « relativité » de cette affirmation et que le mot de « défaite », quand il s'applique à la DC et au Vatican, a sa pleine signification, littérale et objective, tandis que quand il qualifie le PCI, il en a une infiniment plus subtile et composite !

Même un petit enfant aurait compris tout ce qu'il y a de paradoxal à identifier deux défaites qui, en réalité, sont très radicalement différentes. Il reste pourtant que celle du PCI est quand même une « défaite », et ça il ne fallait pas le dire. Et si quelqu'un l'avait dit, il ne fallait en aucune façon qu'il soit écouté. Il aurait fallu – comme dit Pannella – l'« abroger ». Celui qui avait le devoir primaire de m'« abroger » – en enlevant toute réalité possible, même figurée, au mot de « défaite » accolé au PCI (tâche ingrate dévolue justement à Maurizio Ferrara) – était *a priori* nul pour comprendre quoi que ce fût d'autre à ce que je disais, parce que, comme le savent bien les avocats, il faut discréditer sans pitié toute la personne d'un témoin pour discréditer son témoignage.

Voilà expliquée l'incroyable incapacité de Maurizio Ferrara à comprendre mes arguments, une incapacité qui n'est donc pas due à de la grossièreté, un manque d'information ou une étroitesse d'esprit, toutes raisons auxquelles serait amené à penser tout de suite un lecteur malin ou exaspéré.

En dehors du fameux point (la « défaite »), dans lequel Ferrara use d'arguments parfaitement justes (la présence imposante et décisive du PCI, etc.) mais assez inutiles, parce que je les tenais pour tellement justes que je ne pouvais pas les confirmer sans offenser l'intelligence du lecteur – tout le reste de ce que j'ai dit dans mes « folles » interventions subit immédiatement, dans l'interprétation de Ferrara, une déformation caricaturale et déloyalement réductrice. On assiste, pour mieux dire, à un lynchage.

On lynche une personne quand on dit qu'elle définit comme « vulgaires » huit ou neuf millions de communistes, alors qu'elle ne fait que déclarer « vulgaire » la politique officielle des oligarchies dirigeantes. On lynche une personne quand on lui attribue l'affirmation que la DC et le PCI sont « semblables au pouvoir », en résumant mesquinement un concept bien plus compliqué et dramatique. On lynche une personne quand on lui attribue l'affirmation que « Fumagalli a le droit de passer à la télévision », alors que cette affirmation (mais qui ne concerne pas « le droit de passer à la télévision », mais bien, d'une façon infiniment plus libérale, les « droits civils ») est contenue dans le discours – que je rapportais – d'un autre (en l'espèce de Pannella qui, toutefois, en parlait paradoxalement, par principe). On lynche une personne quand on prend l'un de ses concepts, qu'on le réduit à sa guise et que, sur le ton de la délation, on en fait une cible facile pour le mépris et l'hilarité publique.

C'est ce que fait Ferrara à propos de mes idées, certes pas nouvelles, mais dramatiques, sur ce que sont aujourd'hui fascisme et antifascisme face à l'idéologie massive, impénétrable et immense de la consommation, qui constitue l'idéologie « inconsciente mais réelle » des masses, même si ses valeurs ne sont encore vécues qu'existentiellement.

Mais là, il se peut que Ferrara n'ait pas compris, au sens mental du terme, le problème, comme il n'a pas compris le sens de mes propos sur l'« acculturation normalisante » (dont je parlais en me référant uniquement aux jeunes et aux cultures « particulières et réelles » de l'Italie). Ce sont des considérations qui, si on ne les comprend pas, semblent être des bêtises ; voilà pourquoi il faut me sentir moqué à cause d'idées nées exclusivement dans la tête de celui qui se moque de moi (un homme de pouvoir – c'est ça qui est grave – une personne qui représente huit ou neuf millions d'électeurs).

Ce que, par contre, j'aimerais bien que Maurizio Ferrara me dise sans réserves mentales et sans méchancetés polémiques, c'est pourquoi les communistes « tiennent pour fautive » – ainsi que l'annonce laconiquement Ferrara, comme s'il s'agissait de l'opinion du pape – la demande des huit référendums.

Tout ce que j'ai dit sur l'idéologie « inconsciente et réelle » de l'hédonisme de la consommation et sur ses effets de nivellement de toutes les masses dans leur comportement et leur langage physique – masses dont les choix politiques de la conscience ne correspondent plus aux choix existentiels – tout ce que j'ai dit sur la violente, répressive et terrifiante acculturation des centres du pouvoir et sur la disparition des cultures particulières et réelles (avec leurs valeurs) qui s'ensuit, tout cela avait déjà été dit et, plus encore (ce qui est définitivement rassurant), « nommé » ! Et même des colloques internationaux de sociologie se sont tenus sur ces problèmes ! Voilà ce que m'oppose gentiment Ferrarotti (*Paese sera*, 15 juillet 1974), pour, à son tour, me réduire au silence et à l'inexistence. Mais justement, ces noms, ces noms qui semblent si plaisamment exhaustifs à Ferrarotti, justement ces noms *(melting pot !)* et les lieux du monde où ils ont été trouvés démontrent que l'on n'a pas, même de loin, envisagé le problème « italien ». Moi, c'est celui-là que j'envisage, parce que je le vis. Et je ne joue pas sur deux tableaux (celui de la vie et celui de la sociologie) car, alors, mon ignorance sociologique n'aurait pas cette « candeur conquérante » dont parle Ferrarotti.

Eh bien ! je crois pouvoir raisonnablement soutenir qu'on ne rencontre pas dans le reste du monde des problèmes équivalents à ceux de l'Italie. Aucun pays n'a possédé, comme le nôtre, une telle quantité de cultures « particulières et réelles », une telle quantité de « petites patries », de mondes dialectaux : aucun pays, dis-je, n'a connu un « développement » aussi irrésistible. Dans les autres grands pays, il y avait déjà eu auparavant d'importantes « acculturations », auxquelles la dernière et définitive – celle de la consommation – s'est superposée avec une certaine logique. Même les États-Unis sont culturellement très composites (sous-prolétaires du monde entier venus s'agglutiner), mais de façon verticale et, pour ainsi dire, moléculaire, et non de façon parfaitement géopolitique comme en Italie. On n'a donc jamais parlé du problème italien. Ou, si on l'a fait, nul n'en a rien su. Le joyeux nominalisme des sociologues semble s'épuiser dans leurs cercles. Moi, je vis dans les choses, et j'invente comme je peux le moyen de les nommer. Et c'est vrai, si j'essaye de « décrire » la terrible apparence d'une génération qui a subi tous les déséquilibres résultant d'un développement atroce et stupide, et si j'essaye de le décrire dans la personne de « ce » jeune, de « cet » ouvrier, on ne me comprend pas ; car le sociologue et l'homme politique de profession ne s'intéressent personnellement pas du tout à « ce » jeune, à « cet » ouvrier. Mais moi, personnellement, il n'y a que cela qui m'intéresse.

Quelques jeunes extrémistes de gauche ont également mal compris mes propos (j'ai reçu des lettres, du reste très gentilles, de Milan et de Bergame). Que cela soit bien clair : j'ai condamné l'identification[1] des extrémistes des deux bords dès le 13-14 décembre 1969 et, citant le nom de Saragat, le premier qui ait officiellement parlé de cela, j'ai rendu ma condamnation assez solennelle (dans le poème « Patmos », écrit le *lendemain* du massacre de Milan et publié dans le n° 16, octobre-décembre 1969, de *Nuovi argomenti*[2]). Ce ne sont pas les extrémistes fascistes et antifascistes qui s'identifient. D'ailleurs, comme je l'ai dit souvent et bien clairement,

1. Pasolini joue sur les deux sens du mot « identifier » : rendre identique et révéler l'identité [n.d.t.].

2. Revue que dirigeait Pasolini [n.d.t.].

les quelques milliers de jeunes extrémistes fascistes sont en réalité des forces d'État.

La plus désagréable de toutes les interventions qui ont semé la confusion dans une discussion qui pouvait être profitable à tous est celle de Giorgio Bocca. Mon ami a, lui aussi, commencé, avant tout, par faire des inférences personnelles, en rebâtissant à sa guise, comme un avocat, un épisode de ma biographie. S'il était bien vrai que, comme il le dit dans un inexact et déloyal compte rendu, une « foule d'étudiants » m'a agressé en 1968, il aurait dû immédiatement prendre la plume pour me défendre avec intrépidité, puisque c'est lui qui, à cette époque-là, a écrit, à propos des intellectuels italiens, que j'étais, moi, « le meilleur de tous » ! Comme il a facilement changé d'idée, notre ami ! Il lui a suffi que l'indice de popularité soit, semble-t-il, devenu défavorable. Par ailleurs, la logique de Bocca est fondée sur un bon sens pragmatique infiniment suspect et qui laisserait entendre que, tandis que je papote, il se retrousse les manches et travaille. Avec une grossièreté qui, chez Ferrara, est compréhensible et explicable, mais pas chez lui, pour nulle raison, Bocca a pris au pied de la lettre – peut-être à travers le rapport oral très simplifié d'un confrère (car il ne me paraît pas possible qu'il m'ait lu) – l'identification (au sens que j'ai dit) des fascistes et des antifascistes et le qualificatif de fasciste attribué au nouveau pouvoir nominalement antifasciste. Bocca a réduit ces concepts à des cibles blasphématoires pour les railleurs et en est venu, lui aussi, au lynchage. Je crie donc comme un aigle solitaire, tandis que, inlassable et humble, il travaille. Il travaille, actuellement, à un « reportage » sur le fascisme : un « reportage » que j'ai qualifié de travail de tâcheron plein d'erreurs et ennuyeux. À présent j'ajoute, plein d'erreurs, ennuyeux et aussi copié. En effet, dans ce même numéro du *Giorno* (7 juillet 1974) où il m'attaque, se trouve la deuxième partie de cette « enquête », dont une grande partie est littéralement copiée dans *Valpreda più quattro*, publié par « Magistratura democratica », avec une présentation de Giuseppe Branca (éditions Nuova Italia), et qui n'est naturellement pas nommé. Tout zèle dissimule quelque chose de pas très beau : même le zèle antifasciste !

Si Ferrara et Bocca ont « mal » compris ce que j'ai écrit – en l'abaissant par d'affreuses simplifications – Prezzolini, lui, a compris exactement le contraire. Le scandale Pannella consiste en ceci qu'il lutte au nom de toutes les minorités, non seulement Dom Franzoni, mais aussi les mahométans, les bouddhistes, et peut-être les fascistes et ses adversaires du moment (y compris Prezzolini). Ainsi donc Prezzolini défie, avec une basse ironie, Pannella de faire quelque chose qu'il fait effectivement sur les bases d'un principe suprêmement formel de démocratie, que Prezzolini est incapable de comprendre ; de la même façon, il n'a pas compris que le pays dans lequel il a vécu pendant trente-deux ans n'est pas le royaume de la démocratie, mais du pragmatisme. C'est au nom de ce pragmatisme (et à ma grande satisfaction : c'est une Némésis) que Prezzolini donne la main à Bocca.

Dernier (pour l'instant) de la liste : le républicain Adolfo Battaglia, qui me traite de « bouffon », uniquement parce que je suis un intellectuel lettré. Je ne sais pas s'il s'agit d'une dérivation scelbienne (« sous-culture ») ou sociologique (Schumpeter, Kernhauser, Mannheim, Hoffer, von Mises, de Jouvenel, Shils, Veblen, etc.), mais il est néanmoins à supposer que c'est là l'habituel moralisme à l'italienne grâce auquel, automatiquement, le « bouffon » devient le « bouc émissaire » qui permet (oh, certes, involontairement) la restauration de la vérité.

Je demande pardon au lecteur de l'avoir entraîné dans ce labyrinthe de « consciences malheureuses », dans cette mise en pièces d'un discours qui pouvait être dense et décent.

Corriere della Sera,
sous le titre de « Abroger Pasolini ».

22 septembre 1974

Le petit discours historique de Castelgandolfo

Sans doute quelques lecteurs ont-ils été frappés par une photographie du pape Paul VI portant sur la tête une coiffure de plumes sioux et entouré d'un petit groupe de « Peaux-Rouges » en costumes traditionnels – une scène folklorique extrêmement embarrassante, d'autant que l'atmosphère semblait familière et détendue.

Je ne sais pas ce qui a poussé Paul VI à mettre cette coiffure de plumes et à poser pour le photographe. Mais rien n'est incohérent. Au contraire, dans le cas de cette photographie de Paul VI, on peut parler d'une attitude particulièrement cohérente à l'égard de l'idéologie, consciente ou inconsciente, qui guide les actes et les gestes humains et les change en « destin » ou « histoire » – en l'espèce « destin » de Paul VI et « histoire » de l'Église.

À l'époque où Paul VI a posé pour cette photographie à propos de laquelle « le silence est d'or » (mais pas par hypocrisie, au contraire, par respect humain), il a en effet prononcé un discours que je n'hésiterai pas, avec la solennité congrue, à déclarer historique. Et je ne me réfère pas à l'histoire récente ou, encore moins, à l'actualité, puisque le discours de Paul VI n'a même pas fait l'objet d'un écho, comme on dit ; je n'en ai pas même lu de comptes rendus laconiques et évasifs dans un petit coin de page de journal.

Quand je dis que le récent petit discours de Castelgandolfo est historique, j'entends faire référence à tout le cours de l'histoire de l'Église catholique, c'est-à-dire de l'histoire humaine (eurocentrique et, c'est déjà ça, culturocentrique). Paul VI a en effet admis explicitement que l'Église a été vaincue par le monde ; que le rôle de l'Église est soudain devenu incertain et superflu ; que le Pouvoir réel n'a plus besoin de l'Église et l'abandonne donc à elle-même ; que les problèmes sociaux trouvent leurs solutions au cœur d'une société dans laquelle l'Église n'a plus de prestige : que n'existe plus le problème des « pauvres », c'est-à-dire le problème le plus important pour l'Église, etc. J'ai résumé les idées de Paul VI avec des mots à moi : des mots que j'emploie depuis longtemps pour dire ces mêmes choses. Mais le sens du discours de Paul VI est bel et bien *celui que je viens de résumer* ; de plus, les mots ne sont pas très différents.

À vrai dire, ce n'est pas la première fois que Paul VI est sincère, mais, jusqu'à présent, ses impulsions de sincérité ont eu des manifestations anormales, énigmatiques et souvent (du point de vue de l'Église elle-même) un peu inopportunes. C'était presque des *raptus*, qui révélaient son véritable état d'âme ; et qui coïncidaient objectivement avec une situation historique de l'Église personnellement vécue par son chef. Les encycliques « historiques » de Paul VI n'étaient que le fruit d'un compromis entre l'angoisse du pape et la diplomatie du Vatican, un compromis qui ne laissait jamais comprendre si ces encycliques constituaient un progrès ou une régression par rapport à celles de Jean XXIII. Le pape profondément impulsif et sincère qu'est Paul VI a fini par apparaître, par définition, comme ambigu et insincère. Mais, à présent, d'un seul coup, toute sa sincérité s'est révélée, avec une clarté presque scandaleuse. Mais comment et pourquoi ?

Il n'est pas difficile de répondre. Pour la première fois, Paul VI a fait ce que Jean XXIII faisait habituellement, c'est-à-dire qu'il a expliqué la situation de l'Église en recourant à une logique, à une culture et à une problématique non ecclésiastiques, et même, au contraire, extérieures à l'Église : celles, rationnelles et peut-être socialistes, d'un monde laïque – même s'il est simplifié et anesthésié par la sociologie.

Il a suffi à Paul VI de lancer « de l'extérieur » un regard foudroyant à l'Église pour en comprendre la vraie situation historique – une situation historique qui, à nouveau vécue « de l'intérieur », s'est révélée tragique.

Et c'est là qu'a éclaté, sincèrement cette fois, la sincérité de Paul VI : au lieu de suivre la tradition du compromis, de la raison d'État, de l'hypocrisie, qui appartiennent à l'époque d'après Jean XXIII, les paroles « sincères » de Paul VI ont suivi la logique de la réalité. Les aveux qui en ont découlé sont donc des aveux historiques au sens solennel que j'ai dit : ces aveux marquent en effet la fin de l'Église ou, tout au moins, la fin du rôle traditionnel que l'Église a tenu de façon ininterrompue pendant deux mille ans.

Nul doute que – probablement à travers les illusions que ne manquera pas de donner l'Année sainte – Paul VI ne trouve moyen de redevenir (de bonne foi) insincère. Son petit discours de cette fin d'été à Castelgandolfo sera formellement oublié, on élèvera autour de l'Église de nouvelles et rassurantes barrières de prestige et d'espérance, etc. Mais chacun sait que la vérité, une fois dite, ne s'efface pas et qu'est irréversible la nouvelle situation historique qui en découle.

Aujourd'hui, en dehors des problèmes pratiques particuliers (comme la fin des vocations religieuses), pour la solution desquels le pape s'est révélé impuissant à faire la moindre hypothèse, c'est pour toute la situation dramatique de l'Église qu'il se révèle totalement irrationnel (c'est-à-dire, encore une fois et d'une autre façon, sincère). En effet, la solution qu'il propose, c'est de « prier » – ce qui signifie qu'après avoir analysé « de l'extérieur » la situation de l'Église et en avoir senti le caractère tragique, la solution qu'il propose est formulée « de l'intérieur ». Cela montre qu'entre la position et la solution du problème il y a non seulement un rapport historiquement illogique, mais, plus encore, une incommensurabilité. De plus, n'oublions pas que si le monde a dépassé l'Église (de façon encore plus totale et décisive que ne l'a démontré le « référendum »), il est clair que ce monde-là ne « prie » plus. Et donc que l'Église en est réduite à « prier » pour elle-même.

Ainsi Paul VI, après avoir dénoncé avec une sincérité dramatique et scandaleuse le danger de la fin de l'Église, ne donne aucune solution, aucune indication pour l'affronter.

Peut-être est-ce parce qu'il n'y a pas de solution possible ? Peut-être est-ce parce que la fin de l'Église est désormais inévitable, à cause de la « trahison » de millions et de millions de fidèles (surtout de paysans convertis à la laïcité et à l'hédonisme de la consommation) et de la « décision » d'un pouvoir qui est désormais certain d'avoir en main ces ex-fidèles-là, au moyen du bien-être et surtout de l'idéologie qu'on leur a imposée sans même avoir à la nommer ?

C'est possible, mais ceci est certain : si les fautes de l'Église ont été nombreuses et graves dans sa longue histoire de pouvoir, la plus grave de toutes serait d'accepter *passivement* d'être liquidée par un pouvoir qui se moque de l'Évangile. Dans une perspective radicale, peut-être utopiste ou, c'est le moment de le dire, millénariste, ce que l'Église devrait faire pour éviter une fin sans gloire est donc bien clair : elle devrait *passer à l'opposition* et, pour passer à l'opposition, se nier elle-même. Elle devrait passer à l'opposition contre un pouvoir qui l'a si cyniquement abandonnée en envisageant sans gêne de la réduire à du pur folklore. Elle devrait se nier elle-même, pour reconquérir les fidèles (ou ceux qui ont un « nouveau » besoin de foi) qui l'ont abandonnée à cause justement de ce qu'elle est.

En reprenant une lutte qui d'ailleurs est dans sa tradition (la lutte de la papauté contre l'empire), mais pas pour la conquête du pouvoir, l'Église pourrait être le guide, grandiose mais non autoritaire, de tous ceux qui refusent (c'est un marxiste qui parle, et justement en qualité de marxiste) le nouveau pouvoir de la consommation, qui est complètement irréligieux, totalitaire, violent, faussement tolérant et même, plus répressif que jamais, corrupteur, dégradant (jamais plus qu'aujourd'hui n'a eu de sens l'affirmation de Marx selon laquelle le Capital transforme la dignité humaine en marchandise d'échange). C'est donc ce refus que l'Église pourrait symboliser, en retournant à ses origines, c'est-à-dire à l'opposition et à la révolte. Faire cela ou accepter un pouvoir qui ne veut plus d'elle, ou alors se suicider.

Je ne prendrai qu'un seul exemple, même s'il peut sembler réduire les problèmes. L'un des plus puissants instruments du nouveau pouvoir est la télévision. Jusqu'à présent, l'Église ne l'a pas compris ; au contraire, elle a, c'est pénible à dire, cru que la télévision était un instrument de pouvoir *à elle* ; et, en effet, c'est indubitable, la censure de la télévision a été une censure vaticane. Non seulement cela, mais encore la télévision faisait une *réclame*[1] permanente pour l'Église. Mais, justement, elle faisait là un type de *réclame* complètement différent de celui de la *réclame* au moyen de laquelle, d'une part, elle lançait des produits et, d'autre part et surtout, elle élaborait le nouveau modèle humain du consommateur.

La *réclame* faite à l'Église était désuète, inefficace, purement verbale, et trop explicite, lourdement trop explicite ; un vrai désastre à côté de la *réclame* non verbale et merveilleusement facile faite aux produits et à l'idéologie de la consommation, avec son hédonisme parfaitement irréligieux (pas de sacrifice, pas de foi, pas d'ascétisme, pas de bons sentiments, pas d'épargne, pas de vêtements sérieux, etc.). La télévision a été le principal artisan de la victoire du « non » au référendum, à travers la laïcisation à tout prix des citoyens. Et ce « non » au référendum n'a donné qu'une vague idée de la façon dont la société italienne a changé exactement dans le sens indiqué par Paul VI dans son petit discours historique de Castelgandolfo.

Et l'Église devrait continuer d'accepter une telle télévision, un tel instrument de la culture de masse appartenant à ce nouveau pouvoir qui « ne sait plus quoi faire de l'Église » ? Ne faudrait-il pas, au contraire, l'attaquer violemment, avec une fureur paulienne, justement à cause de son *authentique irréligiosité*, que régit avec cynisme un cléricalisme sans contenu réel ?

---

1. En français dans le texte [n.d.t.].

Naturellement, plutôt que tout cela, c'est un grand exploit télévisé qui s'annonce, pour l'ouverture de l'Année sainte. Eh bien, qu'il soit clair pour les personnes à l'esprit religieux que ces manifestations pompeusement retransmises à la télévision ne seront que de grandes et insignifiantes manifestations folkloriques, désormais politiquement inutiles même à la droite la plus traditionnelle.

J'ai pris l'exemple de la télévision parce que c'est le plus spectaculaire et macroscopique. Mais je pourrais en prendre mille autres en rapport avec la vie quotidienne des citoyens, de la fonction du prêtre dans un monde agricole en complet abandon jusqu'à la révolte des élites théologiquement les plus avancées et qui font scandale.

Mais, à tout bien considérer, le dilemme est aujourd'hui le suivant : ou l'Église fait sien le masque traumatisant du Paul VI folklorique qui « joue » avec la tragédie, ou elle fait sienne la sincérité tragique du Paul VI qui, avec témérité, annonce sa fin.

Corriere della Sera,
sous le titre « Les dilemmes d'un pape aujourd'hui ».

6 octobre 1974

Nouvelles perspectives historiques : l'Église est inutile au Pouvoir

Dans un article de violente réaction à mon intervention sur la situation actuelle et réelle de l'Église (*Corriere della Sera*, 22 septembre 1974), *L'Osservatore romano* écrit entre autres choses : « Nous ne savons pas d'où le susdit tire tant d'autorité, sinon de quelques films d'un décadentisme énigmatique et répréhensible, de l'habileté d'une écriture corrosive et de certaines attitudes quelque peu excentriques. »

Limitons-nous à considérer cette phrase désuète, qui contient tout l'« esprit » (au sens de « culture ») de l'article clérical. Ce que l'on note avant tout, c'est une idée qui semble immédiatement aberrante à une personne normale : pour écrire quelque chose, il faut que quelqu'un possède une « autorité ». Sincèrement, je ne comprends pas comment on peut avoir une telle idée en tête. J'ai toujours pensé, comme n'importe quelle personne normale, que derrière qui écrit doit se trouver la nécessité d'écrire, la liberté, l'authenticité, le risque. Penser qu'il doive y avoir quelque chose d'officiel et de social qui « fixe » l'autorité de quelqu'un est une pensée – précisément aberrante – qui est évidemment due à la déformation subie par qui ne sait plus concevoir la vérité en dehors de l'autorité.

Moi, je n'ai derrière moi aucune autorité, sinon celle qui me vient paradoxalement de n'en pas avoir et de ne pas en avoir voulu, et du fait que je me suis mis en situation de n'avoir rien à perdre, et donc de n'être fidèle à aucun pacte qui ne soit celui qui me lie à un lecteur que, du reste, je juge digne de la recherche la plus scandaleuse.

Mais supposons, hypothèse absurde, que je sois investi d'une « autorité », disons malgré moi, qui me serait objectivement accordée dans le contexte culturel et la vie publique italienne.

Dans ce cas-là, la proposition du Vatican est encore plus grave. En effet, elle met en accusation non seulement les recherches culturelles, à l'intérieur desquelles j'agis comme écrivain, mais encore, à ce moment-là, les centaines de milliers, et, quelquefois, les millions d'Italiens « simples » qui ont fait le succès de mes œuvres cinématographiques. En somme, les critiques qui me jugent sont coupables, et sots les spectateurs qui vont voir mes films. Tout cela est de la « sous-culture » ! C'est de la « sous-culture », parce que ce n'est pas clérico-fasciste. En effet, quand, dans *L'Osservatore romano*, on écrit qu'un film est « d'un décadentisme énigmatique et répréhensible », c'est inévitable : le sens de ces mots équivaut à la sous-culture qui brûlait les livres et les tableaux « décadents » au nom d'une « saine morale ». Même « l'écriture corrosive » est un stylème typique d'il y a trente ans – parce qu'elle institue la comparaison avec d'hypothétiques santé et intégrité d'une culture officielle fondée sur l'autorité et le pouvoir. Enfin, avec l'allusion aux « attitudes excentriques », nous en sommes à l'allusion personnelle. Mais je ne répondrai pas à cela ;

d'ailleurs, le Christ n'a jamais mis la « brebis galeuse » (ou « égarée ») en demeure de répondre.

L'histoire de l'Église est une histoire de pouvoir et de délits de pouvoir ; mais ce qui est encore pis, c'est que, du moins en ce qui concerne ces derniers siècles, c'est une histoire d'ignorance. Par exemple, personne ne pourrait démontrer que de continuer à parler de saint Thomas – en ignorant d'abord la culture libérale, rationaliste et laïque, puis la culture marxiste et la culture freudienne en psychanalyse (pour m'en tenir à des schèmes primaires et élémentaires) – n'est pas un fait de sous-culture. L'ignorance de l'Église au cours de ces deux derniers siècles a été paradigmatique, surtout pour l'Italie. C'est sur elle que s'est modelée l'ignorance indifférentiste de la bourgeoisie italienne. Il s'agit en effet d'une ignorance dont voici la définition culturelle : une parfaite coexistence d'« irrationalisme », de « formalisme » et de « pragmatisme ». Les sentences de la Rote Sacrée sont par exemple un énorme *corpus* de documents qui montrent, d'une part, l'arbitraire spiritualiste et formaliste, d'autre part, le sombre patricisme (qui prend presque les formes d'un « behaviourisme » fanatique) avec lesquels l'Église regarde le monde.

Les mises à jour qu'une partie de l'Église, même vaticane, a entreprises et parfois effectuées ne font que confirmer ce que j'ai dit. En effet, ces mises à jour ressortissent à la technique et à la sociologie ; encore une fois, on saute par-dessus la vraie culture. Encore une fois, ce sont les instruments du pouvoir qui apparaissent comme significatifs et décisifs.

C'est cette culture particulière du Vatican, en tant que manque de vraie culture, qui a sans doute empêché le rédacteur de *L'Osservatore romano* de comprendre ce que j'ai écrit sur la crise de l'Église. Qui n'était pas du tout une attaque : au contraire, c'était presque un acte de solidarité – certes extrêmement anormale et prématurée – due au fait que – en fin de compte – l'Église m'apparaît comme vaincue ; et donc, en fin de compte, comme libre à l'égard d'elle-même, c'est-à-dire du pouvoir.

Dans un article paru dans *La Stampa* (29 septembre 1974), Mario Soldati parle de l'« éclat de rire » d'un jésuite quand on lui a demandé s'il avait une automobile : dans cet « éclat de rire », Soldati sent une première allusion, à caractère pratique et traditionaliste (« non, je n'ai pas de voiture, le temps n'est plus où les jésuites possédaient une voiture »). Mais, sous cette première allusion, au fond, dans l'essence de cet « éclat de rire », Soldati distingue un sincère, un exaltant, un irrésistible bonheur. Le bonheur de voir renversés et renouvelés les rapports de l'Église avec le monde. Le bonheur de la défaite. Le bonheur de tout avoir à recommencer : « la libération par rapport au pouvoir ».

Dans la tristesse de Paul VI (je me réfère à son discours historique de la fin de l'été à Castelgandolfo), j'ai senti la même chose : d'abord un accent de douleur et de désillusion « méritées », face au déclin d'une grandiose instance du pouvoir, et un autre, plus souterrain, de douleur vraie et sincère, c'est-à-dire religieuse et chargée de possibilités d'avenir.

Quelles sont ces possibilités d'avenir ?

Avant tout la distinction radicale entre Église et État. J'ai toujours été étonné et même, à vrai dire, profondément indigné par l'interprétation cléricale de cette phrase du Christ : « Donnez à César ce qui appartient à César, et à Dieu ce qui appartient à Dieu », une interprétation dans laquelle se sont concentrées toute l'hypocrisie et toute l'aberration qui ont caractérisé l'Église de la Contre-Réforme. Elle a fait passer – quelque monstrueux que cela puisse sembler – pour modérée, cynique et réaliste une phrase du Christ qui, à l'évidence, était radicale, extrémiste et parfaitement religieuse. Le Christ ne pouvait en effet aucunement vouloir dire : « Fais plaisir aux uns et aux autres, ne t'occupe pas de politique, concilie les avantages de la vie sociale avec le caractère absolu de la vie religieuse, ménage la chèvre et le chou, etc. » Au contraire, le Christ – en parfaite cohérence avec toute sa prédication – ne pouvait que vouloir dire : « Distingue nettement César et Dieu ; ne les confonds pas ; ne les fais pas coexister dans ton cœur par indifférentisme, en prenant pour excuse de pouvoir ainsi mieux servir Dieu ; "ne les concilie pas" : souviens-toi bien que mon "et" est disjonctif, qu'il crée deux univers qui ne communiquent pas, ou, si c'est le cas, pour contraster l'un avec l'autre ; en somme, je le répète, ils sont "inconciliables". » En posant cette dichotomie extrémiste, le Christ pousse et invite à une opposition éternelle à César, même si elle doit être non violente (à la différence de celle des zélotes).

La seconde nouveauté religieuse qui s'annonce pour l'avenir est la suivante. Jusqu'à présent, l'Église a été l'Église d'un univers paysan, qui a enlevé au christianisme son seul aspect original par rapport à toutes les autres religions, le Christ. Dans l'univers paysan, le Christ a été assimilé à l'un des mille Adonis ou des mille Proserpine existants qui ignoraient le temps réel, c'est-à-dire l'histoire. Le temps des dieux agricoles semblables au Christ était un temps « sacré » ou « liturgique » dont comptait le caractère cyclique, l'éternel retour.

Le temps de leur naissance, de leur action, de leur mort, de leur descente aux enfers et de leur résurrection était un temps paradigmatique sur lequel, périodiquement, le temps de la vie se modelait en le réactualisant.

Tout au contraire, le Christ a accepté le temps « unilinéaire », c'est-à-dire ce que nous appelons l'histoire. Il a brisé la structure circulaire des vieilles religions et parlé d'une « fin », et non d'un « retour ». Mais, je le répète, pendant deux millénaires, le monde paysan a continué d'assimiler le Christ à ses vieux modèles mythiques ; il en a fait l'incarnation d'un principe axiologique qui donnait un sens au cycle des cultures. La prédication du Christ n'a pas eu beaucoup d'importance. Pendant des siècles, seules les *élites*[1] vraiment religieuses de la classe dominante ont compris la vraie signification du Christ. Mais l'Église – qui était l'Église officielle de la classe dominante – a toujours accepté l'équivoque, car elle ne pouvait pas exister en dehors des masses paysannes.

À présent, d'un seul coup, la campagne a cessé d'être religieuse. Mais, par compensation, la ville commence à l'être. D'agricole, le christianisme se fait urbain. Une caractéristique de toutes les religions urbaines – et donc des *élites* des classes dominantes – est la substitution (chrétienne) de la fin au retour : du mysticisme sotériologique à la *pietas* rustique. Par conséquent, une religion urbaine est, en tant que schème, infiniment plus capable de recevoir le modèle du Christ que n'importe quelle religion paysanne.

1. En français dans le texte.

La consommation et la prolifération des industries tertiaires ont détruit le monde champêtre en Italie et sont en train de le détruire partout dans le monde (l'avenir de l'agriculture est lui aussi industriel) : il n'y aura donc plus de prêtres, ou, s'il y en a, ils seront idéalement nés dans des villes. Mais ces prêtres « nés dans des villes » ne voudront bien évidemment à aucun prix marcher main dans la main avec des policiers et des militaires, avec des bureaucrates ou des grands industriels : en effet, il ne pourra s'agir que d'hommes cultivés et formés dans un monde qui, au lieu d'avoir derrière lui Adonis et Proserpine, se fonde sur les grands textes de la culture moderne. Si elle veut survivre en tant qu'Église, l'Église ne peut donc qu'abandonner le pouvoir et faire sienne cette culture – qu'elle a toujours haïe – qui est par nature libre, anti-autoritaire, en perpétuel devenir, contradictoire, collective, scandaleuse.

Et puis, enfin, est-il vrai que l'Église doive coïncider avec le Vatican ? Si – faisant don à l'État italien des grands décors (folkloriques) de l'actuel siège du Vatican et offrant ses vieilleries (folkloriques), étoles, flabella et chaises gestatoires, aux ouvriers de Cinecittà – le pape allait, avec ses collaborateurs, s'habiller en costume de clergyman dans quelque sous-sol de Tormarancio ou de Tuscolano, non loin des catacombes de saint Damien ou de sainte Priscilla – l'Église cesserait peut-être d'être l'Église ?

Corriere della Sera,
sous le titre « Église et pouvoir ».

14 novembre 1974

Le roman des massacres

Je sais.

Je sais les noms des responsables de ce que l'on appelle *golpe* (et qui est en réalité une série de *golpes* que le pouvoir a institués en système de protection).

Je sais les noms des responsables du massacre de Milan, le 12 décembre 1969.

Je sais les noms des responsables des massacres de Brescia et Bologne dans les premiers mois de 1974.

Je sais les noms qui composent le « sommet » qui a manœuvré aussi bien les vieux fascistes créateurs de *golpes* que les néofascistes, auteurs matériels des premiers massacres et que, enfin, les « inconnus », auteurs matériels des massacres les plus récents.

Je sais les noms de ceux qui ont organisé les deux phases différentes, et même opposées, de la tension : une première phase anticommuniste (Milan, 1969), et une seconde phase antifasciste (Brescia et Bologne, 1974).

Je sais les noms des membres du groupe de personnes importantes qui, avec l'aide de la CIA (et en second lieu des colonels grecs et de la Mafia) ont, dans un premier temps, lancé (du reste en se trompant misérablement) une croisade anticommuniste, pour boucher le trou de 1968, puis, toujours avec l'aide et sous l'impulsion de la CIA, se sont reconstruit une virginité antifasciste, pour boucher le trou du désastre au référendum.

Je sais les noms de ceux qui, entre deux messes, ont donné des instructions et assuré de leur protection politique de vieux généraux (pour qu'ils maintiennent en place et en réserve l'organisation d'un éventuel coup d'État), de jeunes néofascistes et même néonazis (pour qu'ils créent concrètement la tension anticommuniste), et enfin des criminels ordinaires (pour qu'ils créent la tension antifasciste qui allait suivre) jusqu'à présent, et peut-être à jamais, non identifiés. Je sais les noms des personnes sérieuses et importantes qui se trouvent derrière des personnages comiques comme ce général de la Forestale [1] qui opérait dans un style quelque peu « opérette », à Città Ducale (tandis que les bois italiens brûlaient), ou derrière des personnages ternes comme le général Micelli.

Je sais les noms des personnes sérieuses et importantes qui se trouvent derrière les tragiques jeunes gens qui ont choisi les suicidaires atrocités fascistes et derrière les malfaiteurs de droit commun, Siciliens ou non, qui se sont offerts comme tueurs et sicaires.

Je sais tous ces noms et je sais tout des faits (attentats contre les institutions et massacres) dont ils se sont rendus coupables.

Je sais. Mais je n'ai pas de preuves. Ni même d'indices.

Je sais parce que je suis un intellectuel, un écrivain, qui s'efforce de suivre tout ce qui se passe, de connaître tout ce que l'on écrit à ce propos, d'imaginer tout ce que l'on ne sait pas ou que l'on tait ; qui met en relation des faits même éloignés, qui rassemble les morceaux désorganisés et fragmentaires de toute une situation politique

---

1. Équivalent de l'Administration des eaux et forêts [n.d.t.].

cohérente et qui rétablit la logique là où semblent régner l'arbitraire, la folie et le mystère.

Tout cela fait partie de mon métier et de l'instinct de mon métier. Je crois qu'il est difficile que mon « projet de roman » soit faux, qu'il n'ait pas de rapport avec la réalité et que ses références à des faits et à des personnes réels soient inexactes. Je crois, d'autre part, que de nombreux intellectuels et romanciers savent ce que je sais en ma qualité d'intellectuel et de romancier ; parce que la reconstitution de la vérité sur ce qui s'est passé en Italie après 1968 n'est après tout pas si difficile à effectuer.

Cette vérité – on le sent avec une précision absolue – se trouve même derrière un grand nombre d'interventions politiques et journalistiques, c'est-à-dire qui n'ont pas de rapports avec l'imagination et la fiction. Dernier exemple : il est clair que la vérité se pressait, avec tous ses noms, derrière l'éditorial du *Corriere della Sera* du 1er novembre 1974.

Les journalistes et les hommes politiques ont probablement des preuves ou, au moins, des indices.

Mais le problème est celui-ci : les journalistes et les hommes politiques, même s'ils ont probablement des preuves et certainement des indices, ne donnent pas les noms.

À qui donc revient-il de les dire ? Évidemment à quelqu'un qui non seulement a le courage nécessaire mais aussi qui n'est pas compromis *dans la pratique* avec le pouvoir et qui, en outre, n'a par définition rien à perdre : un intellectuel.

Un intellectuel pourrait donc tout à fait livrer publiquement ces noms, mais il n'a ni preuves, ni indices.

Le pouvoir et le monde qui, tout en n'en faisant pas partie, a des rapports pratiques avec lui ont – justement à cause de la façon dont ils sont faits – privé les intellectuels libres d'avoir des preuves et des indices.

On pourrait m'objecter que moi, par exemple, en tant qu'intellectuel et inventeur d'histoires, je pourrais entrer dans le monde explicitement politique (du pouvoir ou de ce qui l'entoure), me compromettre avec lui et donc faire partie de ceux qui ont le droit d'avoir, avec pas mal de chance, des preuves et des indices.

Mais je répondrai à cette objection que cela n'est pas possible, parce que c'est justement ma répugnance à entrer dans un tel monde politique qui s'identifie avec mon courage intellectuel potentiel pour dire la vérité, autrement dit les noms.

Le courage intellectuel de la vérité et la pratique politique sont choses inconciliables en Italie.

On donne à l'intellectuel – profondément et viscéralement méprisé par *toute* la bourgeoisie italienne – un mandat faussement important et noble, en réalité servile : débattre des problèmes moraux et idéologiques.

S'il vient à manquer à ce mandat, on considère qu'il a trahi son rôle : on se met tout de suite à crier (comme si l'on n'attendait que ça) à la « trahison des clercs ». Crier à la « trahison des clercs » est un alibi et une gratification pour les hommes politiques et les serviteurs du pouvoir.

Mais il n'y a pas que le pouvoir : il y a aussi une opposition au pouvoir. En Italie, cette opposition est si grande et si forte qu'elle est un pouvoir elle aussi : je parle naturellement du Parti communiste italien.

Il est certain qu'aujourd'hui la présence dans l'opposition d'un grand parti comme ce parti communiste italien représente le salut de l'Italie et de ses pauvres institutions démocratiques.

Le Parti communiste italien est un pays propre à l'intérieur d'un pays sale, un pays honnête à l'intérieur d'un pays malhonnête, un pays intelligent à l'intérieur d'un pays idiot, un pays cultivé à l'intérieur d'un pays ignorant, un pays humaniste à l'intérieur d'un pays consommateur.

Ces dernières années, un gouffre s'est ouvert entre le Parti communiste italien – pris dans ce qu'il a d'authentiquement unitaire, un « ensemble » compact de dirigeants, base et votants – et le reste de l'Italie ; c'est la raison pour laquelle le Parti communiste italien est devenu un « pays à part », une île. Voilà pourquoi il peut aujourd'hui avoir des rapports intimes comme jamais avec le pouvoir effectif, corrompu, incapable et dégradé ; mais ce sont des rapports diplomatiques, comme de nation à nation. En réalité, les deux morales, saisies dans ce qu'elles ont de concret, dans leur totalité, sont incommensurables. Il est possible, dans ces conditions, d'exposer l'idée de ce « compromis » réaliste qui pourrait sauver l'Italie de la ruine complète, un « compromis » qui serait pourtant, en réalité, une « alliance » entre deux pays voisins, ou entre deux pays encastrés l'un dans l'autre.

Mais tout ce que j'ai dit de positif sur le Parti communiste italien en constitue également l'aspect relativement négatif.

La division du pays en deux, l'une enfoncée jusqu'au cou dans la dégradation et la dégénérescence, l'autre intacte et non compromise, ne peut pas être une raison de paix et de constructivité.

D'autre part, envisagée comme je viens de le faire, je crois objectivement que, quand elle est un pays dans le pays, l'opposition s'identifie à un *autre* pouvoir, qui reste le pouvoir.

En conséquence, les hommes politiques de cette opposition ne peuvent manquer de se comporter eux aussi comme des hommes de pouvoir.

Dans le cas présent, qui nous concerne aujourd'hui si dramatiquement, eux aussi ont donné aux intellectuels un mandat qu'ils ont établi. Et, si l'intellectuel vient à manquer à ce mandat – purement moral et idéologique – le voilà, en somme à la satisfaction de tous, un traître.

Alors, pourquoi les hommes politiques de l'opposition, s'ils ont – comme c'est probable – des preuves ou au moins des indices, ne donnent-ils pas les noms des vrais responsables (politiques) des *golpes* risibles et des affreux massacres de ces dernières années ? C'est simple : ils ne le font pas dans la mesure où ils distinguent – au contraire de ce que ferait un intellectuel – la vérité politique de la pratique politique. Et donc, naturellement, eux non plus ne mettent pas au courant des preuves et des indices les intellectuels non fonctionnaires : ils n'y pensent même pas, ce qui du reste est normal, compte tenu de la situation objective.

L'intellectuel doit continuer de s'en tenir à ce qui lui est imposé comme un devoir, à répéter sa façon codifiée d'intervenir.

Je sais bien que l'heure n'est pas – en ce moment particulier de l'histoire italienne – à rendre publique une motion de défiance à l'égard de toute la classe politique. Ce n'est pas diplomatique, pas opportun. Mais ce sont là des catégories de la politique, et non cette vérité politique que – quand et comme il le peut – l'intellectuel impuissant est tenu de servir.

Eh bien ! Justement parce que je ne peux pas donner les noms des responsables des tentatives de coup d'État et des massacres (et pas à la place de cela), je ne peux pas ne pas prononcer mon accusation faible et idéale contre toute la classe politique italienne.

Et je le fais dans la mesure où je crois à la politique, aux principes « formels » de la démocratie, au parlement et aux partis. Le tout, naturellement, à travers mon optique particulière, qui est celle d'un communiste.

Je suis prêt à retirer ma motion de défiance (et même je n'attends que cela) quand un homme politique – non pas par opportunisme, c'est-à-dire parce que ce sera le moment, mais plutôt pour créer la possibilité d'un tel moment – décidera de donner les noms des responsables des coups d'État et des massacres, des noms qu'il sait évidemment, comme moi, mais à propos desquels, à l'inverse de moi, il ne peut manquer d'avoir des preuves, ou au moins des indices.

Il est probable que – si le pouvoir américain y consent – peut-être en décidant « diplomatiquement » de concéder à une autre démocratie ce que la démocratie américaine s'est accordé à propos de Nixon – ces noms seront tôt ou tard donnés. Mais ceux qui les diront auront partagé le pouvoir avec les coupables, ce seront de petits responsables contre de grands responsables (et il n'est pas dit, comme dans le cas américain, qu'ils soient meilleurs). Cela constituerait en définitive le vrai coup d'État.

Corriere della Sera,
sous le titre « Qu'est-ce que ce golpe ? ».

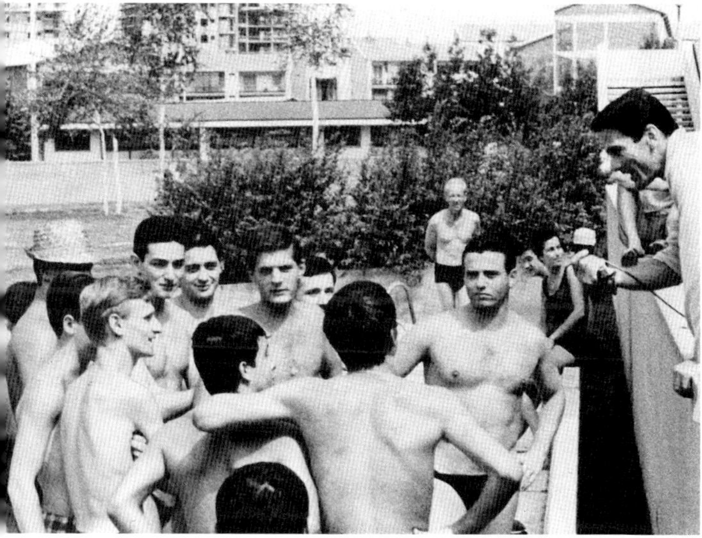

asolini pendant le tournage de *Comizi d'Amore* (*Enquête sur la sexualité*) en 1964.

asolini avec de jeunes Romains, en 1960, sur le tournage d'*Accattone*,
on premier film.

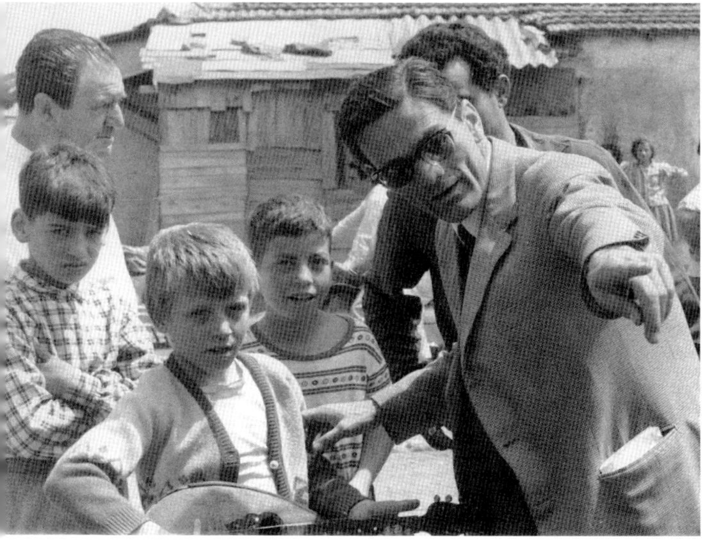

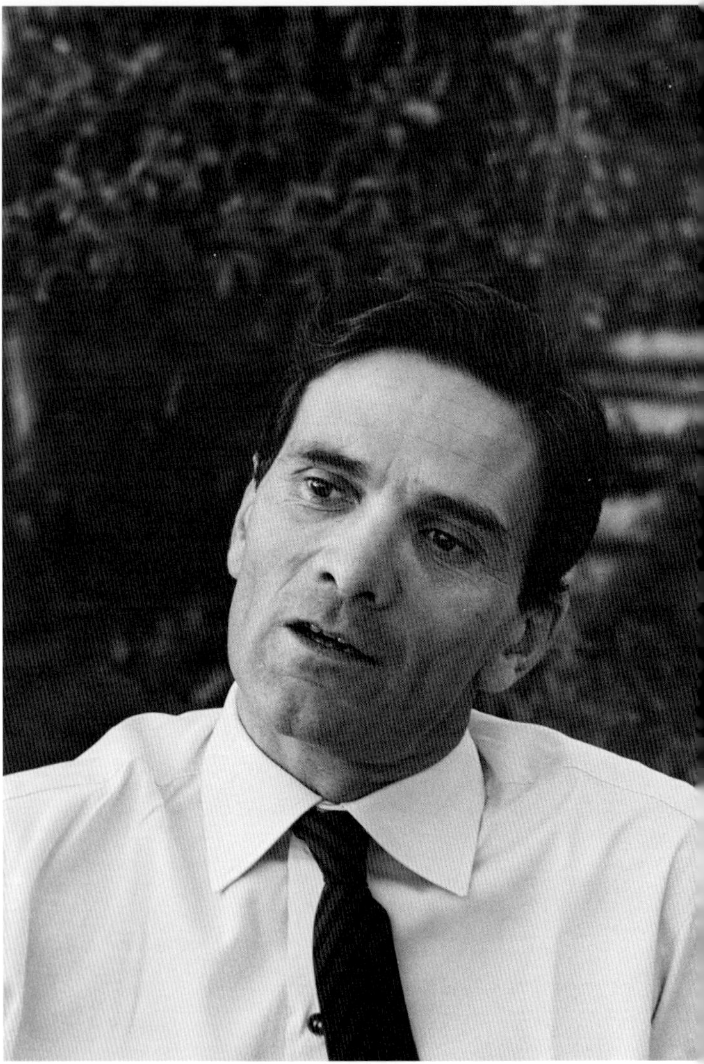

Pasolini en septembre 1964.

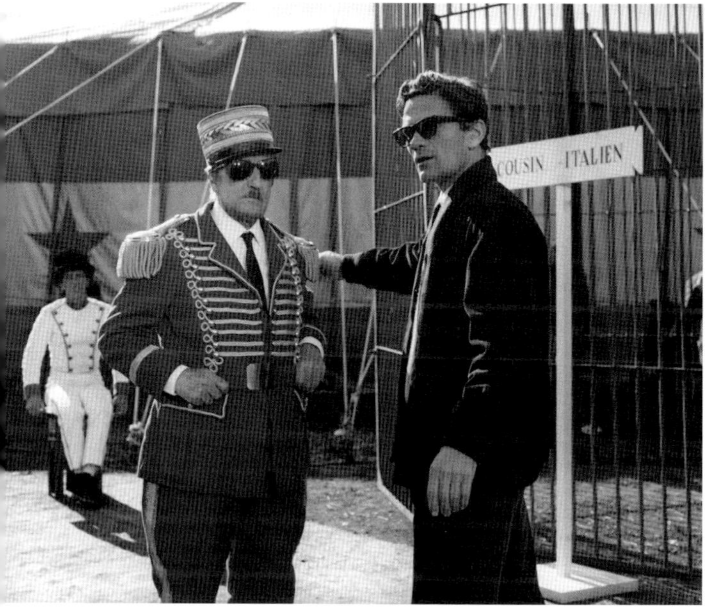

asolini et l'acteur Totò pendant le tournage d'*Uccellacci e uccellini* (*Des oiseaux, etits et gros*) en 1966.

asolini en septembre 1964.

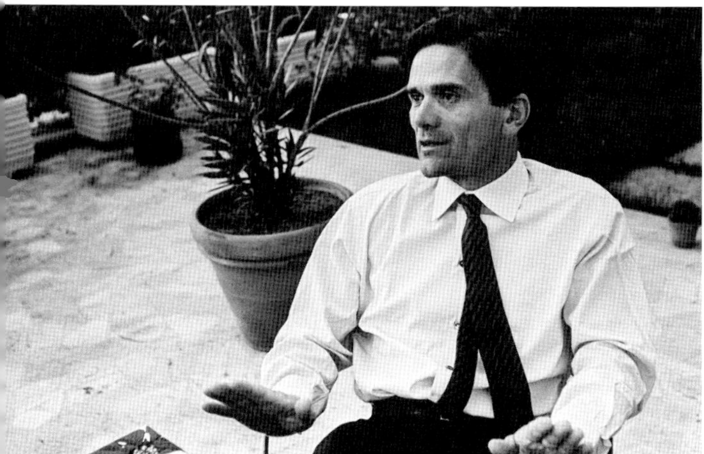

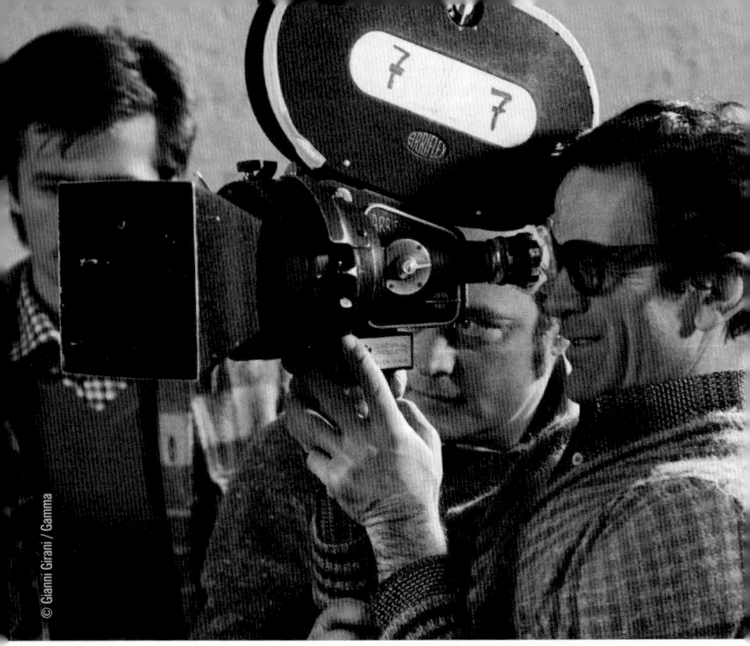

Pasolini lors du tournage de *Salò o le 120 giornate di Sodoma* (*Salò ou les 120 journé[es] de Sodome*) en 1966.

Pasolini dans son bureau à Rome en septembre 1964.

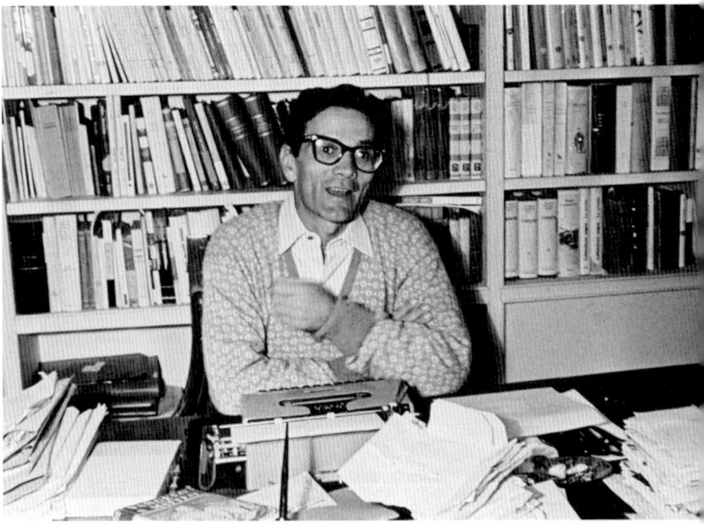

25 janvier 1975

L'ignorance vaticane comme paradigme de l'ignorance de la bourgeoisie italienne

La position de Donat-Cattin au sein de la DC apparaît très anormale au profane : il parle de la DC comme du parti des « classes moyennes » au moment où elles se soudent et se fondent à la classe ouvrière. Mais la DC n'est pas cela.

La DC exprime (ou a exprimé) : *a)* la petite-bourgeoisie ; *b)* le monde paysan (mené par le Vatican).

Il ne s'agit pas là d'une dichotomie. La petite-bourgeoisie et le monde paysan religieux ne formaient jusqu'à hier qu'un seul monde. La petite-bourgeoisie italienne avait encore essentiellement une nature paysanne et, pour leur part, les paysans (comme le disait Lénine) sont des petits-bourgeois, du moins potentiellement. La morale était unique, et de même la rhétorique. En dépit de la grande variété des « cultures » italiennes – souvent historiquement très éloignées les unes des autres – au fond, les « valeurs » des mondes petits-bourgeois et paysans coïncidaient. L'ambivalence de ces « valeurs » a donné un monde bon et méchant à la fois. En effet, dans leurs contextes culturels concrets, ces « valeurs » étaient positives ou, du moins, réelles ; arrachées à leur contexte et devenues « nationales » par la force, elles sont devenues négatives, c'est-à-dire rhétoriques et répressives.

Sur ce, l'État policier fasciste s'est installé puis, sans solution de continuité, l'État policier démocrate-chrétien. L'un comme l'autre, tout en « s'exprimant » par la petite-bourgeoisie et le monde paysan, servaient en réalité les « patrons », à savoir le grand capital. Ce sont là des banalités, mais mieux vaut les répéter. Les démocrates-chrétiens se sont toujours fait passer pour des antifascistes : ils ont toujours (quelques-uns peut-être inconsciemment) menti. Leur énorme puissance électorale des années 1950 et l'appui du Vatican leur ont permis de continuer, derrière un écran de démocratie formelle et d'antifascisme verbal, la même politique que le fascisme.

Mais, soudain, en très peu d'années, leur arrogance, leur corruption et leur despotisme provincial semi-criminel ont été « découverts », sans plus de base réelle. Leur électorat s'est délité, le Vatican s'est vidé de toute autorité.

Ainsi un parti, dont le pouvoir concret et hélas historique coïncidait avec le pouvoir réel, a soudain dû se rendre compte (s'il s'en est rendu compte) que son pouvoir historique et concret ne coïncidait plus avec le pouvoir réel : en effet, ce pouvoir réel, de clérico-fasciste et sanfédiste – comme il l'avait été sans interruption de l'unité de l'Italie aux années 1960 – était devenu (et c'est le plus beau ! du fait des démocrates-chrétiens au pouvoir !) celui que l'on définit par euphémisme et presque comiquement comme « de consommation ».

Toutes les « valeurs » réelles (populaires et aussi bourgeoises) sur lesquelles se sont fondés les précédents pouvoirs d'État se sont ainsi effondrées, en entraînant dans leur chute les « fausses » valeurs de ces pouvoirs. Les nouvelles valeurs de la consommation prévoient en effet le laïcisme (?), la tolérance (?) et un hédonisme plus que déchaîné, capable de ridiculiser l'épargne, la prévoyance, la respectabilité, la pudeur, la retenue et, en somme, tous les vieux « bons sentiments ».

Tout cela, c'est l'effondrement de la politique démocrate-chrétienne – dont la crise réside simplement dans la nécessité de se débarrasser au plus vite du Vatican, de la vieille armée nationaliste, etc. ; mais ce n'est certainement pas l'effondrement de la « politique culturelle » démocrate-chrétienne. Pour la simple raison qu'elle n'a jamais existé.

En effet, comme elle était directement patronale, c'est-à-dire fasciste, la Démocratie chrétienne a continué d'employer, sur un ton extrêmement catholique et hypocritement démocratique, la vieille rhétorique fasciste : académisme, caractère officiel, etc.

Comme c'est un parti qui s'exprime par un monde paysan obéissant (du moins formellement, très formellement, comme d'ailleurs on s'en est aperçu) au Vatican, on a vécu la Démocratie chrétienne dans une épouvantable absence de culture, à savoir dans la plus noire et la plus dégradante ignorance.

Les codes des cultures paysannes particulières, valides (comme je l'ai dit) dans leur contexte, deviennent ridicules et « provinciaux » si on les applique au niveau national, et monstrueux si l'Église en fait un instrument, car leur religiosité n'est pas catholique (même pas, sans doute, celle de la Vénétie pauvre).

C'est le Vatican qui fournit à la Démocratie chrétienne son paradigme culturel. Et, pour voir l'éclat misérable dans lequel elle se trouve, il n'est que de lire ses revues, ses journaux officiels et ses publications (peut-être surtout cet horrible *corpus* totalement pragmatique et formaliste à la fois, au pire sens que ces mots aient eu, que constituent les sentences de la Rote Sacrée). Encore aujourd'hui (où l'on devrait avoir compris quelque chose), l'italien qu'emploient les prêtres et les démocrates-chrétiens est culturellement d'une pauvreté presque vulgaire.

Enfin, comme c'est un parti qui s'exprime par la petite-bourgeoisie, la Démocratie chrétienne ne pouvait que nourrir un profond et incurable mépris pour la culture : pour la petite-bourgeoisie (même dans ses aberrations « rouges »), la culture est toujours « sous-culture ». Le primat est à l'action. Qui pense est coupable. Les intellectuels, comme ils sont en possession de quelques vérités (même si elles sont contradictoires) que la petite-bourgeoisie soupçonne d'être vraies, doivent être, au moins moralement, éliminés. L'arrière-garde démocrate-chrétienne (on peut lire une récente attaque de Carlo Casalegno, vice-directeur de *La Stampa*, contre quelques intellectuels) poursuit encore cette politique obscurantiste qui lui a donné tant de satisfactions démagogiques par le passé et qui est si inutile aujourd'hui que la fonction anticulturelle est assumée par les *mass media* (qui, toutefois, font semblant d'admirer et de respecter la culture). L'épigraphe de ce chapitre de l'histoire bourgeoise, Goering l'a écrite une fois pour toutes : « Quand j'entends le mot culture, je sors mon pistolet. »

Il se peut que des lecteurs trouvent que je dis des banalités. Mais qui est scandalisé est toujours banal. Et moi, malheureusement, je suis scandalisé. Reste à savoir si, comme tous ceux qui se scandalisent (la banalité de leur langage le démontre), j'ai tort, ou s'il y a des raisons particulières pour justifier mon état d'esprit… Mais concluons.

Dans les années 1950, l'hégémonie culturelle appartenait au PCI, qui l'assumait dans un cadre véritablement antifasciste et avec un sincère, quoique déjà quelque peu rhétorique, respect pour le système de valeurs de la Résistance. Puis l'avènement d'une nouvelle forme de pouvoir réel (un fascisme totalement *autre*) a créé une nouvelle hégémonie culturelle bourgeoise, que la Démocratie chrétienne a faite sienne objectivement et sans s'en apercevoir.

Aujourd'hui, dans la nouvelle situation historique de crise de la Démocratie chrétienne, qui coïncide avec la crise du pouvoir de la consommation, le Parti communiste pourrait, s'il le voulait, reprendre la situation en main et proposer une hégémonie culturelle à lui. L'autorité qui, dans les années 1950, lui venait de la Résistance, lui vient aujourd'hui du fait qu'il est la seule partie propre, honnête, cohérente, intègre et forte de l'Italie (au point d'instituer une sorte de pays dans le pays) ; par là, il contribue, d'autre part – et bien involontairement, étant entendu que le pays « rouge » se localise au nord, avec peut-être Bologne pour capitale – à la marginalisation ultérieure d'un Sud toujours plus dégradé.

Epoca, en réponse à une enquête
sur la DC et les intellectuels.

19 janvier 1975

Le coït, l'avortement, la fausse tolérance du pouvoir, le conformisme des progressistes

Je suis favorable aux huit référendums du Parti radical, et serais prêt à une campagne, même immédiate, en leur faveur. Je partage avec le Parti radical l'anxiété de la ratification, c'est-à-dire celle de donner un aspect formel à ce qui existe déjà – c'est là le premier principe démocratique.

Je suis pourtant traumatisé par la législation de l'avortement, parce que je la considère, comme beaucoup, comme une légalisation de l'homicide. Dans mes rêves et dans mon comportement quotidien – c'est quelque chose de commun à tous les hommes – je vis ma vie prénatale, mon heureuse immersion dans les eaux maternelles : je sais que là, j'étais vivant. Je me contente de dire cela parce que, au sujet de l'avortement, j'ai des choses plus urgentes à dire. Que la vie est sacrée, c'est évident : c'est un principe encore plus fort que tout principe démocratique et il est inutile de le répéter.

Par contre, la première chose que je voudrais dire est la suivante : l'avortement est le premier, et l'unique, cas pour lequel les radicaux et tous les partisans de l'avortement démocrates durs et purs en appellent à la *Realpolitik*, et recourent donc à la prévarication « cynique » des faits établis et du bon sens.

S'ils se sont toujours, avant tout et peut-être idéalement (comme il le faut), posé le problème de savoir quels sont les « principes réels » à défendre, ils ne l'ont pas fait cette fois-ci.

Or, comme ils le savent bien, il n'existe pas un seul cas où les « principes réels » coïncident avec ceux que la majorité considère comme de véritables droits. Dans un contexte démocratique, on lutte certes pour la majorité, ou plutôt pour toute la société civile, mais il se trouve que la majorité, dans sa sainteté, a toujours tort : parce que son conformisme est toujours, de par sa nature même, brutalement répressif.

Pourquoi est-ce que je considère que les principes sur lesquels les radicaux et les progressistes en général (conformisme, conformisme !) fondent leur lutte en faveur de la légalisation de l'avortement ne sont pas « réels » ?

Pour toute une série chaotique, tumultueuse et émotionnelle de raisons. Je sais pourtant, comme je l'ai dit, que la majorité des gens est déjà tout entière, potentiellement, favorable à la légalisation de l'avortement (même si, peut-être, dans le cas d'un nouveau « référendum », beaucoup devaient voter contre et la « victoire » radicale être beaucoup moins sensationnelle). La légalisation de l'avortement est, en effet – c'est indubitable – une énorme commodité pour la majorité. Surtout parce qu'elle rendrait encore plus facile le coït – l'accouplement hétérosexuel – pour lequel il n'y aurait pratiquement plus d'obstacles. Mais cette liberté du coït du « couple » ainsi qu'il est compris par la majorité – cette merveilleuse permissivité à son égard ! – qui l'a tacitement voulue, tacitement promulguée et fait entrer, de façon désormais irréversible, dans les habitudes ? Le pouvoir de la consommation, le nouveau fascisme. Il s'est emparé des exigences de liberté, disons, libérales et progressistes et, en les faisant siennes, il les a rendues vaines et en a changé la nature.

Aujourd'hui, la liberté sexuelle de la majorité est en réalité une convention, une obligation, un devoir social, une anxiété sociale, une caractéristique inévitable de la qualité de vie du consommateur. Bref, la fausse libération du bien-être a créé une situation tout aussi folle et peut-être davantage que celle du temps de la pauvreté. En effet :

1° Le résultat d'une liberté sexuelle « offerte » par le pouvoir est une véritable névrose générale. La facilité a créé l'obsession ; parce qu'il s'agit d'une obsession « induite » et imposée, qui dérive du fait que la tolérance du pouvoir concerne uniquement l'exigence sexuelle exprimée par le conformisme de la majorité. Il protège uniquement le couple (et, bien sûr, pas que le matrimonial) : et le couple a donc fini par devenir une condition paroxystique, au lieu de devenir un signe de liberté et de bonheur (comme il l'était dans les espérances démocratiques) ;

2° Tout ce qui est sexuellement « différent » est au contraire ignoré et repoussé. Avec une violence seulement comparable à celle des nazis des Lagers (personne ne rappelle jamais, naturellement, que les gens sexuellement différents ont fini là). C'est vrai : en paroles, le nouveau pouvoir étend sa fausse tolérance même aux minorités. Il n'est peut-être pas à exclure que, tôt ou tard, on en parle publiquement à la télévision. Du reste, les *élites* sont beaucoup plus tolérantes envers les minorités sexuelles qu'à une certaine époque, et c'est sincèrement (aussi parce que cela flatte leurs consciences). En compensation, l'énorme majorité (la masse : cinquante millions d'Italiens) est devenue d'une intolérance plus vulgaire, violente et infâme que jamais dans toute l'histoire de l'Italie. Ces dernières années a eu lieu, anthropologiquement, un énorme phénomène d'abjuration : le peuple italien, en même temps que sa pauvreté de naguère, ne veut plus se rappeler sa « réelle » tolérance, c'est-à-dire qu'il ne veut plus se rappeler les deux phénomènes qui ont le mieux caractérisé son histoire. Cette histoire que le nouveau pouvoir veut terminer à jamais. C'est cette masse (prompte au chantage, à la bagarre et au lynchage des minorités) qui, par décision du pouvoir, dépasse désormais la vieille convention clérico-fasciste et est disposée à accepter la légalisation de l'avortement, et donc l'abolition de tous les obstacles dans les rapports du couple consacré.

Or, tout le monde, des radicaux à Fanfani (qui, cette fois, précédant habilement Andreotti, est en train de jeter les bases d'une très prudente abjuration théologique au nez et à la barbe du Vatican), tout le monde, dis-je, omet, en parlant de l'avortement, de parler de ce qui le précède logiquement, c'est-à-dire le coït.

Omission extrêmement significative ! C'est clair – malgré toute la permissivité du monde –, le coït continue d'être tabou. Mais, en ce qui concerne les radicaux, les choses ne s'expliquent certainement pas par le tabou : elles indiquent, par contre, qu'ils ont omis de se livrer à un examen politique sincère, rigoureux et complet. En effet, le coït est politique. On ne peut donc concrètement et politiquement parler de l'avortement sans considérer le coït comme politique. On ne peut pas voir les signes d'une condition sociale et politique dans l'avortement (ou dans la naissance de nouveaux enfants) sans également les voir dans son précédent immédiat, et même, « dans sa cause », le coït.

Or, le coït d'aujourd'hui devient, politiquement, très différent de celui d'hier. Le contexte politique d'aujourd'hui est déjà celui de la tolérance (et donc le coït est une obligation sociale), tandis que celui d'hier était la répression (et donc le coït, en dehors du mariage, était un scandale). Voici donc une première erreur de *Realpolitik*, de compromis avec le bons sens, que je reconnais dans les actions des radicaux et des progressistes dans leur lutte pour la légalisation de l'avortement. Ils isolent le problème de l'avortement de ses différents faits établis, et, de ce fait, en donnent une optique déformée : celle qui leur convient (mais ils sont de bonne foi, il serait fou d'en douter).

La seconde erreur, plus grave, est la suivante : les radicaux et les autres progressistes qui se battent en première ligne pour la légalisation de l'avortement – après l'avoir distingué du coït – l'introduisent dans une problématique strictement contingente (en l'espèce italienne) et franchement interlocutoire. Ils le réduisent à une affaire de pur avantage pratique qui doit être affronté avec un esprit pratique. Mais cela (comme ils le savent bien) est toujours coupable.

Le contexte dans lequel il faut insérer le problème de l'avortement est bien plus vaste et va bien au-delà de l'idéologie des partis (qui se détruiraient s'ils l'acceptaient, voir *Breviario di ecologia* [1], d'Alfredo Todisco). Le contexte dans lequel s'insère l'avortement est, justement, écologique : c'est la tragédie démographique qui, dans une perspective écologique, se présente comme la plus

1. Précis d'écologie.

grave menace pour la survie de l'humanité. Dans un tel contexte, ce que représente l'avortement – d'un point de vue éthique et légal – change de forme et de nature, et l'on peut, dans une certaine mesure, en justifier une forme de légalisation. Si le législateur n'arrivait pas toujours en retard, et si, pour rester fidèle à son bon sens et à ses abstractions pragmatiques, il n'était pas complètement fermé à l'imagination, il pourrait tout résoudre en insérant le délit d'avortement dans celui, plus vaste, d'euthanasie, et en lui accordant une série particulière de « circonstances atténuantes » précisément de caractère écologique. Ce n'est pas pour autant qu'il cesserait d'être formellement un délit et d'apparaître comme tel à la conscience. Et c'est ce principe-là que mes amis radicaux devraient défendre, au lieu de se jeter (avec une honnêteté donquichottesque) dans un désordre, extrêmement sensé, mais quelque peu piétiste, de filles mères ou de féministes angoissées, en réalité, par « quelque chose d'autre » (et de plus grave et sérieux). Quel est, en réalité, le cadre dans lequel la nouvelle figure du délit d'euthanasie devrait s'inscrire ?

Le voici : autrefois le couple était béni, aujourd'hui il est maudit. Les conventions et les journalistes imbéciles continuent de s'attendrir sur le « bon petit couple » (comme ils disent abominablement) sans s'apercevoir qu'il s'agit là d'un petit pacte criminel. Et les mariages : autrefois, c'était des fêtes, et leur caractère d'institution – si stupide et sinistre – était moins fort du fait qu'il était institué par, précisément, un processus heureux et joyeux. Aujourd'hui, au contraire, les mariages ressemblent à de hâtifs rites funèbres. La cause de toutes les choses terribles que je suis en train de dire est claire : autrefois, l'« espèce » devait lutter pour survivre et, par conséquent le nombre des naissances devait dépasser celui des décès. Aujourd'hui, par contre, l'« espèce », si elle veut survivre, doit s'arranger pour que le nombre des naissances ne dépasse pas celui des décès. Et donc : chaque enfant qui naissait autrefois, représentant une garantie de vie, était béni, tandis que chaque enfant qui naît aujourd'hui, contribuant à l'autodestruction de l'humanité, est maudit.

Nous voici donc arrivés à ce paradoxe que ce que l'on disait contre nature est naturel, et que ce que l'on disait naturel est contre nature. Je voudrais rappeler que De Marsico (collaborateur du code Rocco [1]), dans une brillante plaidoirie pour défendre l'un de mes films, a traité Braibanti de « porc » et déclaré inadmissibles les rapports homosexuels, car ils sont inutiles à la survie de l'espèce ; aujourd'hui, il devrait, pour être cohérent, affirmer le contraire : les rapports hétérosexuels représenteraient un danger pour l'espèce, tandis que les rapports homosexuels seraient sa sécurité.

En conclusion : avant l'univers de l'accouchement et de l'avortement, il y a celui du coït ; c'est lui qui forme et conditionne l'univers de l'accouchement et de l'avortement. Celui qui s'occupe politiquement de l'univers de l'accouchement et de l'avortement ne peut considérer l'univers du coït comme ontologique – et donc ne pas le mettre en discussion – que s'il est indifférentiste et mesquinement réaliste. J'ai déjà ébauché la façon dont se présente aujourd'hui, en Italie, l'univers du coït, mais je voudrais, pour conclure, me résumer sur ce point.

1. Code promulgué sous Mussolini, dont une grande partie est encore en vigueur en Italie [n.d.t.].

Un tel univers comprend une majorité totalement passive et simultanément violente, qui considère ses institutions, écrites ou non, comme intouchables. Son fonds idéologique est encore clérico-fasciste, avec tous les lieux communs que cela implique. L'idée de l'absolu privilège de la normalité est aussi naturelle que vulgaire, et franchement criminelle. Tout est préconstitué, conformiste et se présente comme un « droit » : même ce qui s'oppose à ce « droit » (y compris le caractère tragique et le mystère implicites dans l'acte sexuel) est assumé de façon conformiste. À cause de l'inertie des gens, le guide de cette violence majoritaire demeure l'Église catholique ; même dans ce qu'elle a de plus progressiste et avancé (lisez le petit chapitre, atroce, page 323 de « *La Chiesa e la sessualità* [1] » du progressiste avancé S.H. Pfurtner). Mais… mais, au cours de ces dix dernières années est intervenue la société de consommation, c'est-à-dire un nouveau pouvoir faussement tolérant qui a relancé le couple sur une très grande échelle, en privilégiant tous les droits de son conformisme. Mais ce qui intéresse un tel pouvoir, ce n'est pas un couple générateur d'enfants (prolétaires), mais un couple consommateur (petit-bourgeois) : il a donc déjà *in pectore* l'idée de la légalisation de l'avortement (comme il avait déjà celle de la ratification du divorce).

Il ne me semble pas que les partisans de l'avortement aient mis tout cela en discussion à propos du problème qu'ils posent. Il me semble, en revanche, à propos de l'avortement, qu'ils se taisent sur le coït et que, donc, ils acceptent – je le répète, par *Realpolitik*, et donc avec un

1. En français, « L'Église et la sexualité ».

silence diplomatique, et donc coupable – son caractère d'institution inébranlable et « naturelle ».

Mon opinion extrêmement raisonnable est, par contre, la suivante : plutôt que de lutter sur le plan de l'avortement contre une société qui le condamne et réprime, c'est sur celui de la cause de l'avortement, c'est-à-dire celui du coït, qu'il faut lutter contre elle. Il s'agit – c'est clair – de deux luttes « retardées » : mais au moins, celle qui intervient « sur le plan du coït » a, en dehors de celui d'être plus logique et plus rigoureuse, le mérite de contenir des potentialités d'implications infiniment plus grandes.

Il faut lutter avant tout contre la « fausse tolérance » du nouveau pouvoir totalitaire de la consommation, en s'en écartant avec toute l'indignation du monde ! Puis, il faut imposer à l'arrière-garde, encore clérico-fasciste, de ce pouvoir toute une série de « vraies » mesures libérales concernant le coït (et donc ses effets) : anticonceptionnels, pilules, techniques amoureuses différentes, une moralité moderne de l'honneur sexuel, etc. Il suffirait que tout cela soit démocratiquement diffusé par la presse et surtout par la télévision, et le problème de l'avortement serait en fin de compte résolu ; il n'en resterait alors, comme cela doit être, que la faute, et donc le seul problème de conscience. Tout cela est utopique ? Il est fou de penser qu'une « autorité » fasse sur les écrans de la publicité à des techniques amoureuses « différentes » ? Et alors, ce ne sont certes pas les hommes avec lesquels je polémique qui doivent s'effrayer de cette difficulté ! Pour autant que je sache, ce qui compte pour eux, c'est la rigueur du principe démocratique, et pas le fait établi (comme c'est, brutalement, le cas de n'importe quel parti politique).

Enfin, beaucoup – dénués de la virile et rationnelle capacité de comprendre – accuseront cette intervention d'être personnelle, particulière, minoritaire. Et alors ?

Corriere della Sera,
sous le titre « Je suis contre l'avortement ».

30 janvier 1975
« Sacer »

Cher Moravia, il y a déjà quelques années que je m'interdis de traiter quelqu'un de fasciste (même si, parfois, la tentation est forte) ; et, en second lieu, je m'interdis de traiter quelqu'un de catholique. Dans tout Italien, on trouve quelques *traits* fascistes ou catholiques. Mais se traiter de fascistes ou de catholiques – en privilégiant ces *traits*, souvent négligeables – deviendrait un jeu désagréable et obsessionnel.

C'est à coup sûr par un vieil automatisme acritique – et certes non sans grâce et amitié – que tu t'es justement laissé aller à me traiter de « catholique » (oui de « catholique », et non de « chrétien » ou de « religieux »). Et tu l'as fait parce que, scandalisé, tu as trouvé en moi (me semble-t-il) un traumatisme à cause duquel la « majorité » considère – consciemment ou inconsciemment, comme Himmler – que ma vie est « indigne d'être vécue » ; autrement dit, tu as trouvé que c'est mon blocage sexuel qui me rend « différent ». Le corollaire de ce blocage sexuel étant une certaine traumatique et profonde « sexophobie » incluant la prétention – tout aussi traumatique et profonde – à la virginité ou tout du moins à la chasteté de la part de la femme. Tout cela est vrai, et même trop vrai. Mais c'est aussi une tragédie privée, sur laquelle il me semble un peu dépourvu de générosité de fonder des inférences idéologiques. D'autant plus que ces inférences me semblent fausses.

Avant tout, l'axiome : « le catholique est sexophobe, et donc qui est sexophobe est catholique » est un axiome que je trouve absurde et déraisonnable. Il y a une sexophobie protestante, une sexophobie musulmane, une sexophobie hindoue, une sexophobie sauvage. Tu remontes à la sexophobie de saint Paul (qui – ce n'est aucunement réfuté, même par des penseurs catholiques avancés – paraît avoir été homosexuel) : mais la sexophobie de saint Paul n'est justement pas catholique, mais judaïque. À travers saint Paul, elle est passée au catholicisme (si tant est que l'on puisse parler de catholicisme à propos de saint Paul), et c'est tout ; aujourd'hui, la sexophobie catholique, contre-réformiste, est celle de toutes les religions officielles. Je me distingue nettement avant tout parce que, dans mon enfance, je n'ai pas eu une éducation catholique (je n'ai même pas reçu la confirmation), et ensuite parce que mes choix, dès le début de la puberté, ont été consciemment laïques et enfin, chose la plus importante, parce que ma « nature » est idéaliste (pas au sens philosophique, mais existentiel). Toi-même, tu m'accuses d'idéalisme ; et c'est une accusation que j'accepte, car elle est vraie. Tu ne sais pas combien j'ai toujours envié ton manque de mauvais idéalisme.

Mais aujourd'hui, il est de fait que l'on peut tout dire de l'Église catholique, sauf qu'elle est idéaliste. Elle en est même tout le contraire : elle est non idéaliste et, en revanche, absolument pragmatiste. Les prêtres sont, plus que quiconque, ceux qui, avec un profond pessimisme, voient le monde comme il est : personne n'est plus habile et subtil pour saisir le *statu quo* et en rendre compte.

Relis l'*opus* grandiose et du plus pur pragmatisme (Dieu n'y est même pas nommé, sauf dans les formulaires) que constituent les sentences de la Rote Sacrée. Donc, si je suis idéaliste, je ne suis pas catholique ; et si tu es pessimiste et pragmatiste, tu es catholique. Comme tu le vois, il est bien trop facile de retourner des accusations de ce genre.

Pour en rester à la partie théorique de ton discours, tu plaisantes sur le fait que « depuis quelque temps ma bête noire est la consommation » : ta façon de plaisanter me semble un peu indifférentiste par la façon qu'elle a de restreindre le problème. Je le sais, tu es pragmatiquement partisan d'accepter le *statu quo*, mais moi, qui suis idéaliste, non. « La consommation existe, que veux-tu y faire ? » sembles-tu vouloir me dire. Alors laisse-moi te répondre : pour toi, la consommation existe, et c'est tout ; elle ne te touche pas, sinon, comme on dit, moralement, tandis que d'un point de vue pratique elle te touche comme elle touche tout le monde. Ta vie personnelle profonde en est indemne. La mienne non. En tant que citoyen, c'est vrai, j'en suis touché comme toi, et, comme toi, je subis une violence qui m'offence (par là nous sommes unis, nous pouvons penser ensemble à un exil commun) : mais en tant que personne (tu le sais bien), je suis infiniment plus impliqué que toi. La consommation consiste, en effet, en un pur et simple cataclysme anthropologique ; et je *vis*, existentiellement, ce cataclysme qui, du moins pour l'instant, n'est que dégradation : je le vis chaque jour, dans les formes de mon existence, *dans mon corps*. Comme ma vie sociale bourgeoise s'épuise dans le travail, ma vie sociale en général dépend totalement de ce que sont les gens. Je dis « les gens » en connaissance de cause, car j'entends par là ce qu'est la société, le peuple, la masse, au moment où elle entre existentiellement (et peut-être uniquement visuellement) en contact avec moi. C'est de cette expérience, existentielle, directe, concrète, dramatique, *corporelle*, que naissent en conclusion tous mes discours idéologiques. Parce qu'elle est transformation (pour l'instant dégradation) anthropologique des gens, la consommation est pour moi une tragédie, qui se manifeste par une désillusion, une colère, un *taedium vitae*, une paresse et, enfin, une révolte idéaliste, un refus du *statu quo*. Je ne vois pas comment un ami peut plaisanter sur tout cela.

Venons-en à l'avortement. Tu dis que la lutte pour la prévention de l'avortement que je suggère comme première est vieille, dans la mesure où sont vieux les « anticonceptionnels » et vieille l'idée de techniques amoureuses différentes (et peut-être vieille la chasteté). Mais je ne mettais pas l'accent sur les moyens, mais plutôt sur la diffusion de la connaissance de ces moyens, et surtout sur leur acceptation morale. Pour nous autres – hommes privilégiés – il est facile d'accepter l'emploi scientifique des anticonceptionnels et, surtout, d'accepter moralement les techniques amoureuses les plus différentes et les plus perverses. Mais pour les masses petites-bourgeoises et populaires (bien que déjà « consommatrices »), ce n'est pas encore le cas. Voilà pourquoi j'incitais les radicaux (à l'intention desquels a eu lieu tout mon discours, qui ne prend son sens plein que si on le tient pour une conversation avec eux) à lutter pour la diffusion de la connaissance des moyens d'un « amour non procréant », puisque (disais-je) procréer est aujourd'hui un délit écologique. Si, pendant un an, on faisait à la télévision une campagne de propagande sincère, courageuse et obstinée pour ces moyens, les naissances non voulues diminueraient de façon décisive au regard du problème de l'avortement. Toi-même, tu dis que, dans le monde moderne, il y a deux types de couple : le couple bourgeois privilégié (hédoniste) qui « conçoit le plaisir comme distinct et séparé de la procréation », et le couple populaire, qui « par ignorance et bêtise ne parvient pas à une telle conception ». Eh bien, je posais justement ceci comme exigence première à la lutte progressiste et radicale : essayer d'abolir – par les moyens auxquels le pays a démocratiquement droit – cette distinction de classe.

Bref, je le répète, la lutte pour la non-procréation doit intervenir au stade du coït, et non à celui de l'accouchement. Pour ce qui concerne l'avortement, j'avais suggéré paradoxalement de faire entrer ce délit dans le cadre de celui d'euthanasie, en inventant à son intention une série de circonstances atténuantes à caractère écologique. Paradoxalement. En réalité, ma position sur ce point – avec toutes les implications et la complexité qui sont typiques d'un intellectuel et non d'un groupe – coïncide avec celle des communistes. Je pourrais souscrire mot pour mot à ce qu'a écrit Adriana Seroni dans *Epoca* (25 janvier 1975). Il faut *d'abord* éviter l'avortement, et si l'on y parvient, essayer de le rendre légalement possible seulement dans quelques cas « responsablement appréciés » (en évitant donc, j'ajoute, de se jeter dans une campagne hystérique et terroriste pour sa totale légalisation, ce qui enlèverait son caractère de délit à une faute).

Alors que pour le « référendum » sur le divorce, j'étais en total désaccord avec les communistes (qui en avaient peur), car j'avais prévu la victoire à laquelle on a assisté ; alors que je suis en désaccord avec les communistes sur les « huit référendums » proposés par les radicaux, car là aussi je prévois une victoire (qui ratifierait dans les faits une réalité existante), je suis par contre d'accord avec les communistes sur l'avortement. Ici, il s'agit de la vie humaine ; et je ne dis pas cela parce que la vie humaine est sacrée. Elle l'a été et son caractère sacré a été sincèrement ressenti dans le monde anthropologique de la pauvreté, parce que chaque naissance était une garantie pour la continuité de l'homme. Aujourd'hui, elle n'est plus sacrée, sinon au sens de maudite (*sacer* a les deux sens), parce que chaque nouvelle naissance représente une menace pour la survivance de l'humanité. Ainsi donc, quand je dis « il s'agit de la vie humaine », je parle de *cette* vie humaine – *celle-ci*, cette vie concrète – qui *en ce moment* se trouve dans le ventre de *cette* mère.

C'est à cela que tu ne réponds pas. Ça fait bien d'être de façon acritique et extrémiste aux côtés des partisans de l'avortement ? Il ne faut même pas s'en expliquer ? On peut tranquillement glisser sur un cas de conscience personnel concernant la décision de faire ou de ne pas faire venir au monde quelqu'un qui veut absolument y venir (même si c'est pour n'être qu'à peine plus que rien) ? Il faut à tout prix créer le précédent « inconditionné » d'un génocide, uniquement parce que le *statu quo* le veut ? Bon, d'accord, tu es cynique (comme Diogène, comme Ménippe… comme Hobbes), tu ne crois à rien, la vie du fœtus est une affectation romanesque, et faire un cas de conscience de ce problème une sottise idéaliste… Mais ce ne sont pas là de bonnes raisons.

Corriere della Sera,
sous le titre « Pasolini réplique sur l'avortement ».

25 janvier 1975

« Thalassa »

Cher directeur,

Je vous envoie à part, avec une dédicace qui est le signe de ma sincère amitié – même si, en l'occurrence, elle n'est pas exempte de sous-entendus et de longs accents allusifs – *Thalassa*, de Ferenczi. Ce n'est pas un texte sacré. Pourtant, je suis certain que, par exemple, Marcuse, Barthes, Jakobson ou Lacan l'aiment. C'est un livre sur les « origines » de la psychanalyse, et l'on ne peut pas ne pas l'aimer. Lisez-le. Priez aussi quelques-uns de vos collaborateurs de le lire. Il n'y a pas de quoi être gêné : ne pas l'avoir lu ne constitue pas une si grave lacune. Je me réfère à un article paru dans le *Paese sera* du 21 janvier 1975, « Les cendres de Soljenitsyne », qui seraient aussi les miennes : il semble que l'on veuille décidément me voir réduit en cendres, si l'on tient également compte de l'article d'Eco dans le *Manifesto* du même jour, « Les cendres de Malthus », qui, lui aussi, et par personne interposée, parle de mes cendres. Je suis là pour essayer encore une fois de renaître précisément de mes cendres : qui, comme on le sait, constituent ce qu'il reste d'un bûcher sur lequel on brûle généralement les idées. À ce propos, je voudrais tout de suite dire que l'une des luttes les plus pleines de tension des hommes de gauche est celle qu'on livre contre la série d'alinéas du code Rocco (au sujet duquel j'ai écrit ici, dans le *Paese sera*, il y a bien une quinzaine d'années, et le premier, des phrases « extrémistes » que l'on n'a alors même pas perçues) qui ont pour objet le « délit d'opinion ».

Croyez-vous à cet égard que ce qui nous indigne dans ces alinéas de notre code, ce soit la « punition » qui est prévue ? Ces fameux mois avec sursis que nous risquons chaque jour ? Je ne crois pas. Ce qui compte, c'est la condamnation. La condamnation publique. Le fait d'être montré du doigt à l'opinion publique comme « coupable » d'idées contraires à la communauté. Votre collaborateur Nello Ponente ne fait rien d'autre que de prononcer une telle condamnation à mon égard : il m'accuse – devant une « communauté » – celle des intellectuels de gauche et des travailleurs – de « délit d'opinion ».

Mon opinion, dans ce cas précis, est que je considère l'« avortement » comme une faute. Mais pas moralement, de cela on ne peut même pas discuter. Moralement, je ne condamne aucune femme qui recourt à l'avortement, ni aucun homme qui est d'accord pour ce faire. J'en fais et j'en ai fait une question non pas morale, mais juridique.

La question morale concerne uniquement les « auteurs » : c'est une question qui se pose à qui avorte, qui aide à avorter, qui est d'accord avec cet avortement, à leur conscience. Et je ne voudrais surtout pas m'en mêler. Si je l'ai fait concrètement, j'ai toujours naturellement choisi le moindre mal, c'est-à-dire l'avortement. Mais j'ai commis une faute. Dans la vie, dans la « pragma », la moralité est pratique, il n'y a pas à sortir de là. Mais dans l'acte de penser à la vie et à son inéluctable déroulement pragmatique, ce qui compte, c'est la raison : qui ne se contredit jamais, ni ne compose avec quoi que ce soit. Elle sanctionne les principes, par les faits, même si elle ne peut partir que des faits… C'est un certain « praticisme », étranger à leur « rigueur démocratique » toujours très vivement rationnelle et rationnellement extrémiste, que, dans mon intervention sur le *Corriere*, j'ai noté chez mes amis radicaux.

Il n'existe aucune bonne raison pratique qui justifie la suppression d'un être humain, même dans les premiers stades de son évolution. Je sais que dans aucun autre phénomène de l'existence on ne trouve une aussi furieuse, totale et essentielle volonté de vie que dans le fœtus. Sa volonté d'actualiser la potentialité qu'il est, en reparcourant avec une rapidité foudroyante l'histoire du genre humain, a quelque chose d'irrésistible et par là d'absolu et de joyeux. Même si c'est un imbécile qui va naître.

Telle est mon « opinion », personnelle s'entend. Comme le veulent être toutes les opinions. Avec cette « opinion », j'ai peut-être mis en danger le PCI, la culture de gauche, la lutte ouvrière ? J'ai été « déviant » ? J'ai trahi le peuple ? De toute façon, le verdict de Nello Ponte est plus ou moins celui-là. Il est vrai que le texte de sa condamnation est totalement dénué de la lucidité bureaucratique des condamnations des tribunaux d'État. Elle est quelque peu plus vive, et aussi notablement plus confuse.

Notre ami Nello Ponte ignore tout de la psychanalyse et veut, virilement, l'ignorer. Il n'a évidemment pas lu Freud, ni Ferenczi, ni tous les autres représentants particulièrement méprisables de la « sous-culture » à laquelle je m'honore d'appartenir. Nello Ponte (comme, semble-t-il, Giorgio Manganelli) n'a jamais rêvé d'être plongé dans l'océan – et c'est indubitablement assez pour réduire à néant des dizaines de recherches psychanalytiques sur ce problème.

En conséquence, il confond le souvenir des eaux prénatales avec le « mamisme », qui est la « fixation » d'une période de la vie dans laquelle l'enfant déjà naturellement né s'attache à sa mère. Nello Ponte, toujours virilement, méprise (toujours comme Giorgio Manganelli) les « mamans ». Pour ma part, je ne vois aucune raison, sinon conformiste, d'être gêné d'avoir pour ma mère, ou mieux, pour ma « maman », un fort sentiment d'amour. Qui a duré toute ma vie, parce qu'il a été confirmé par l'estime que j'ai toujours pour la tendresse et l'intelligence de la femme qui est ma mère. J'ai été cohérent avec cet amour. D'une cohérence qui, en d'autres temps, a pu mener aux Lagers, et qui, de toute façon, fait marquer d'infamie. Nello Ponte, avec cette même délicatesse qui indique au peuple pour le bûcher Freud, Ferenczi et toute la psychanalyse, m'offre à son mépris comme « mamiste ». Naturellement, son mépris pour la sous-culture aura empêché Nello Ponte de lire la longue série de poésies que j'ai dédiées à ma mère de 1942 à aujourd'hui. Je le défie de démontrer qu'il s'agit de poésies écrites par un « mamiste », pour employer sa vulgaire, conformiste et dégradante définition d'homme interchangeable qui se trouve au niveau de n'importe quel bien-pensant, main dans la main avec ceux qui ont besoin d'appartenir à une bande.

Et mieux, à ce propos, je voudrais déclarer ici publiquement que je ne suis pas, que je n'ai jamais été et que je ne serai jamais un « compagnon de route » d'un homme aussi ignorant et aussi fier de son ignorance. En effet, son interchangeabilité, conformiste et bien-pensante, ne peut qu'être le signe d'une « continuité » : la « continuité » de la petite-bourgeoisie italienne et de sa conscience malheureuse (refus de la culture, souci anxieux de la normalité, indifférentisme physiologique, chasse aux sorcières). Ce n'est pas pour rien que, dans le texte en question, Napolitano est défini comme le ferait un homme de pouvoir devant qui on « accuserait », comme s'il s'agissait de Bottai ou d'un cardinal.

Le conformisme est toujours déplorable, mais celui qui se trouve du côté de la raison (c'est-à-dire, pour moi, le « conformisme de gauche ») est particulièrement douloureux. Bien évidemment, mon article « contre l'avortement » est incomplet et passionnel, je le sais. L'une de mes amies, Laura Betti, m'a fait remarquer qu'il y manque physiologiquement la femme ! Elle a raison. Alberto Moravia a dit que le fond de mes arguments est paulinien : c'est-à-dire que chez moi, comme chez saint Paul, on trouve la prétention inconsciente à la chasteté de la part de la femme. Il a raison, lui aussi. J'ai davantage mis l'accent sur l'enfant que sur sa mère dans la mesure où, dans ce cas, il s'agit d'une mère hostile. Je ne pouvais pas ne pas l'écarter et privilégier son fruit. Ce que fait le cardinal Florit quand, parlant à juste titre de massacre des innocents (les fœtus), il ignore le massacre des innocentes (les femmes en tant que citoyens inférieurs). Mais de même que l'on dira « fortuite » mon éventuelle concordance idéologique avec Nello Ponte, on dira tout aussi « fortuite » la coïncidence de mon opinion sur l'avortement avec celle du cardinal Florit. En effet, j'exclus que l'on ait le droit de parler de massacre d'innocents si l'on n'a pas parlé *tout aussi publiquement et explicitement* des massacres, par exemple, des juifs, et plus encore, si l'on n'a pas parlé *tout aussi publiquement et explicitement* des massacres culturels et humains du nouveau pouvoir (que, par ailleurs, un cardinal ne peut pas ne pas confirmer, sans solution de continuité avec le précédent pouvoir).

Enfin, quant à mon opinion, je n'attends rien d'autre, sinon que l'on me convainque qu'elle est fausse. Je ne pourrais qu'être heureux de me trouver sur ce plan aussi aux côtés d'hommes avec qui, pour l'essentiel (en dépit de la force centrifuge, hérétique et déviante qui est l'une des caractéristiques de mon état d'intellectuel), je suis d'accord et, si je peux employer ce mot, je lutte. J'attends que l'on me convainque rationnellement, et non à travers des inférences reposant sur ma personne ou sur la « correction » de mon idéologie.

Paese sera, sous le titre « Une lettre de Pasolini : "opinions" sur l'avortement ».

Février 1975

Chiens

Dans une lettre au *Corriere*, le théologien Don Giovanni Giavini demande ce qu'il y a de vrai dans mon affirmation (dans un article de ce même *Corriere*, 30 janvier 1975) que saint Paul fut homosexuel et que, de la part des catholiques informés, il n'y a pas de scandale à ce sujet. (Du reste, même Don Giovanni Giavini ne se scandalise pas ; je rappellerais, par ailleurs, que l'homosexualité de saint Augustin est désormais, et même depuis toujours, acceptée, dans la mesure où c'est saint Augustin lui-même qui la confesse.) Pour saint Paul, qui était vraisemblablement inconscient de cette différence (qui, refoulée, suscitait précisément en lui cet état pathologique qui est universellement admis, et qu'il a à son tour confessé dans ses Épîtres), l'intervention de la psychanalyse a été nécessaire pour en interpréter les symptômes et en tenter un diagnostic. Voyez, pour les catholiques « désobéissants », le *Saint Paul ou le colosse aux pieds d'argile* d'Émile Gillabert, éditions Métanoïa, 1974 ; pour les catholiques « obéissants », je citerais : « Si, dans sa jeunesse, il a fréquenté le stade, ces escapades clandestines qui constituaient un péché contre la loi – ces concessions à la fascination du fruit défendu – seraient à mettre parmi celles qu'on lit en filigrane dans la page pathétique de l'Épître aux Romains et dans laquelle certains psychanalystes ont tout bonnement voulu voir, à la lumière de leur “art” et en les reliant à d’autres indications contenues dans les Épîtres, une tendance à la pédérastie… » (Jean Colson, *Saint Paul apôtre martyr*, Mondadori éditeur, 1974, et éditions du Seuil, Paris, 1971).

Dans l’article que la personne chargée des titres au *Corriere* a intitulé : « Je suis contre l’avortement » – alors qu’il devait l’intituler mieux « Je suis contre une lutte triomphaliste pour la légalisation de l’avortement » – je n’ai pas résisté à la tentation d’ouvrir une brève, et donc schématique, parenthèse écologique. C’est dans cette parenthèse qu’est intervenue une observation sur l’amour appelé « contre nature » (mais pas nécessairement homosexuel), et j’en ai profité pour m’offrir une petite vengeance contre De Marsico, qui avait traité Braibanti de « porc » et condamné l’amour homosexuel parce que, n’étant pas procréateur, il serait nocif pour la continuation de l’espèce. Le contexte dans lequel cette petite vengeance intervenait était pourtant strictement fonctionnel, puisque aussi bien De Marsico a été l’un des collaborateurs les plus autorisés du code Rocco, c’est-à-dire du code fasciste.

Nul doute que De Marsico n’aurait jamais pu imaginer que les voix de toute une meute de gens éclairés et de progressistes se lèveraient pour le défendre.

Natalia Ginzburg, se tirant de son état naturel de demi-sommeil, a visiblement entendu quelque ami commun s’écrier que je suggérais l’amour contre nature comme remède au problème de l’avortement : un peu comme si je suggérais l’emploi de l’huile d’arachide pour résoudre le problème de la crise économique, ou celui de l’espéranto pour résoudre le problème de la langue.

D'accord, Natalia est candide. Seulement il n'y a pas de candeur qui justifie, disons, le manque d'information. Il est vrai que si Natalia m'a pris pour quelqu'un qui croit à la solution de l'huile d'arachide ou de l'espéranto, cela veut dire que, durant les vingt années de notre amitié, non seulement je n'ai pas su me faire estimer par elle, mais encore lui faire comprendre que je ne suis pas un poète fou, ni un dilettante imbécile ; mais elle pouvait au moins lire mes articles en question. Car dans ce cas, elle se serait facilement rendu compte qu'elle est à la lettre d'accord avec moi, c'est-à-dire contre les formes rhétoriques de lutte pour la légalisation de l'avortement, et que, dans la circonstance, elle est, comme moi, avec les communistes au lieu d'être avec les radicaux.

Dans sa candide intervention, Natalia accomplit un forfait linguistique significatif (c'est un écrivain, et donc, pour elle, ce propos est pertinent sans restriction). Elle emploie à l'égard du rapport homosexuel l'adjectif « sordide », c'est-à-dire l'adjectif toujours, systématiquement, mécaniquement, grossièrement employé dans les faits divers de toute une presse italienne en cela bien demarsicienne [1].

Cette banale, et donc vulgaire, aigreur anti-homosexuelle de Natalia me semble gravement attenter à la pureté de sa candeur. Mais ce n'est pas tout. Natalia a été sortie de son sommeil (dont je ne mets pas en doute la sincérité des rêves : mais la sincérité ne suffit pas) par les paroles persuasives de Franco Rodano (*Paese sera*, 28 janvier 1975), qui l'ont enthousiasmée. Tellement enthousiasmée qu'elle fait à cet article de Rodano (j'allais, instinctivement, écrire du Père Rodano) des

1. Allusion à De Marsico, voir plus haut [n.d.t.].

compliments franchement embarrassants : compliments sur son honnêteté, sa propreté morale, sa compréhension, etc. Or, dans cet article, Rodano me traite de « clérical ». C'est-à-dire qu'il viole le code du moindre respect entre personnes convenables. L'accusation lancée à quelqu'un d'être « clérical » est l'une de ces accusations purement nominalistes que l'on peut se renvoyer sans fin. Le langage débonnaire, compréhensif mais pas exempt de la sévérité nécessaire, de Rodano est en effet profondément ecclésiastique : ce qu'il dit est, linguistiquement, purement et simplement une semonce. Italiens (et toi donc aussi Natalia) je vous exhorte à employer une langue correcte ! Que je suis « clérical », cela semble exhaustivement démontré à Rodano par le fait que je suis vénitien. Et maintenant, où est-elle, l'honnêteté de Rodano tant vantée par Natalia ? Les moralistes sont toujours mal informés. Je suis né à Bologne, Bologne la rouge, et, ce qui compte, dans Bologne la rouge j'ai passé mon adolescence et ma jeunesse, mes années de formation. C'est là que je suis devenu antifasciste, pour avoir lu à seize ans un poème de Rimbaud. C'est là que j'ai écrit mes premières poésies en dialecte frioulan (chose non admise par le fascisme). J'ai dit *frioulan*, chère Natalia. Et il n'y a rien de commun entre la Vénétie et le Frioul. Absolument rien. J'allais dans le pays frioulan de ma mère un mois chaque été, en vacances (quand nos moyens nous le permettaient). Et, en réalité, je ne savais pas le frioulan. Je me le rappelais mot après mot tandis que je mettais au point mes poésies. Je l'ai appris par la suite, quand, en 1943, j'ai dû « évacuer » à Casarsa. Où j'ai d'abord vécu l'existence réelle de ceux qui le parlaient, c'est-à-dire la vie paysanne, puis la Résistance, et enfin les luttes politiques des ouvriers agricoles contre la grande propriété foncière. Dans le Frioul, j'ai donc d'abord connu un monde paysan et catholique, qui n'a rien à voir avec le monde vénitien (aujourd'hui, au Frioul, il n'y a pas, ce n'est pas concevable, un complot noir [1]), puis, avec les ouvriers agricoles, je suis devenu communiste. Dans le Frioul, j'ai lu Gramsci et Marx. Voilà pour mon « cléricalisme vénitien ».

Deux autres personnes sont également venues en même temps et en parfait accord défendre De Marsico, Umberto Eco (*Il Manifesto*, 2 février 1975) et L. (*Il Messagero*, 21 janvier 1975). Umberto Eco est un intellectuel de gauche intelligent et cultivé que j'ai toujours estimé et même aimé ; L., un misérable rédacteur de « billets » qui s'acharne contre moi depuis des années, quand *Il Messagero* était clérico-fasciste. Le texte d'Eco et celui de L. sont parfaitement identiques, dans le contenu comme *dans la langue*. En voici un bref essai d'analyse comparée.

Eco : « Mais dans sa substance (sacrée) la thèse est très claire. Ce n'est pas de l'avortement qu'il nous faut discuter, c'est du coït ; lequel, à cause de l'oppression et de la répression fasciste-consommatrice, est toujours imposé comme coït entre homme et femme… L'argumentation se présente comme une défense des droits des minorités “différentes”, et nul n'ignore l'opportunité de donner à toutes les minorités, y compris la minorité sexuelle, le droit à leurs propres pratiques préférées… »

L. : « Et puis l'amour normal (mon Dieu ! quelle chose vulgaire !) procrée et, s'il procrée, il faut en accepter les conséquences. Toujours d'après Pasolini, les rapports normaux, c'est-à-dire non “mixtes”, seraient encouragés… Il demande respect et tolérance pour les

1. D'extrême droite [n.d.t.].

"minorités sexuelles". C'est une demande légitime. Nous y souscrivons. »

Eco : « Mais l'argumentation de Pasolini ne tient pas, parce que, même si pour des raisons écologiques il semblait utile de conseiller le coït homosexuel [...], dans un tel cas, ne fût-ce que pour une petite minorité d'hétérosexuels invétérés, le problème de la conception se poserait encore. »

L. : « Mais pourquoi ne pas avoir une certaine miséricorde pour les gens "normaux" qui seront presque certainement la "minorité" de demain ? »

Eco : « Pasolini... laisse entrevoir sa volonté répressive de piétiner les droits d'une future minorité, quand la nouvelle majorité aura triomphé... »

L. : « Vous avez compris ? Quand il arrive que l'on aille au lit avec une femme, il faut maintenant, en dehors de tout le reste, prendre garde aux malédictions de Pasolini... »

Eco : « Ce qui n'était pas venu à l'idée même de Huxley, d'Orwell, même de Hitler, de Fanfani... »

J'ai « comparé » des phrases d'une certaine complexité syntaxique : si j'avais « comparé » isolément les « lazzi », l'identité linguistique entre les textes du *Manifesto* et celui du *Messagero* aurait été encore plus impressionnante.

Mais qu'ont fait les deux compères de De Marsico ?

Premièrement : ils ont accompli la même inférence que Natalia : c'est-à-dire qu'ils ont fait un faux procès (et voulu, comme le loup avec l'agneau) à mes intentions, en m'attribuant un argument auquel pouvait seul recourir un « fou » ou un « dilettante imbécile ».

Deuxièmement : ils ont isolé l'« état d'âme », atrocement douloureux, qui peut avoir influencé mon attitude à propos de l'avortement (c'est une faute, même si la pratique conseille de le dépénaliser) ; et, au lieu d'exprimer leur solidarité avec cet « état d'âme », ils en ont fait un objet d'affreuses railleries d'étudiants.

Troisièmement : ils ont incidemment feint une compréhension, purement verbale, pour les minorités sexuelles, qui, en réalité, consiste à concéder à ces minorités un ghetto où elles s'adonneraient à leurs pratiques (avec qui ?), mais d'où il serait interdit d'exprimer publiquement une opinion même vaguement influencée par l'« état d'âme » qui naît fatalement quand, justement, on vit une expérience minoritaire. Le « point de vue » doit forcément être majoritaire, même sentimentalement. Sous peine de chasse aux sorcières, sinon pour les « pratiques », du moins pour le sentiment et le genre de vie qui en découlent.

Quatrièmement : ils ont organisé une chasse aux sorcières – qui, comme toujours, sème la terreur chez les pauvres sorcières – en recourant, en lieu et place des châtiments corporels dont ils ne disposent plus, à la pure vulgarité.

En même temps que d'autres, sur lesquels, pour des raisons de place et de mésestime, je passe, Giorgio Boca (*L'Espresso*, 9 février 1975) est également intervenu pour défendre De Marsico. Ce n'était pas imprévisible. Le sexe, avec ses féroces intolérances, est une zone inculte de notre conscience et de notre savoir. Le puritanisme de Bocca est bien connu. Et donc, sur ce terrain, il ne peut que recourir aux lieux communs, qui sont toujours rassurants. Cela confère à sa langue quelque chose de barbare, et apparaissent – comme le « sordide » de Natalia – « maîtres à penser [1] » et « sprint » : la vulgarité de

1. En français dans le texte.

la langue vient directement de la mauvaise conscience, qui, à son tour, vient du recours aux lieux communs. En outre, sont également explicitement vulgaires les allusions aux groupes ou aux clans auxquels j'appartiendrais. Ce sont là des arguments de journal littéraire de province, en vaine de moralisme punitif. Naturellement, il n'y a aucune démonstration à caractère tant pratique (mes plus grandes peines dans cette polémique me sont précisément venues des quelques amis que j'ai) que profond. Bocca n'a pas médité un instant sur ce qu'il allait dire : il a impétueusement et intrépidement pris la décision de dire la chose la plus universellement reconnue comme évidente. Il ne fait aucun doute, par exemple, que d'affirmer qu'« en Italie, on parle italien » est une vérité évidente, commune, majoritaire, consacrée et indiscutable. Mais si Bocca – avec son air de s'être décidé à dire une bonne fois la sacro-sainte vérité – s'en va dire : « En Italie, on parle italien » à un habitant du Haut-Adige ou à un Frioulan, c'est justement qu'on lui répondra : « Va te faire f… » Le fait est qu'en Italie, on parle italien *et* allemand, italien *et* frioulan. Qui ne sait et n'admet cela à chaque instant de sa vie, ne sait pas ce qu'est un rapport démocratique, ou humain, avec les autres. Aussi, quand Bocca affirme : « La majorité des habitants de l'Italie considère l'étreinte entre homme et femme comme le moyen naturel de faire l'amour », outre que c'est dire une vérité ridicule, c'est recourir exactement à ce principe offensant sur lequel se fonde la notion de « sentiment commun de la pudeur » du code fasciste de Rocco et De Marsico.

Inédit

Cœur

Que le lecteur me pardonne, mais je voudrais revenir sur le problème de l'avortement, ou mieux, sur les problèmes que le fait de discuter de l'avortement a suscités. En effet, ceux qui comptent véritablement sont les problèmes du coït, et non ceux de l'avortement.

L'avortement contient en lui-même quelque chose qui déchaîne en nous des forces « obscures » encore antérieures au coït : c'est notre Éros dans ce qu'il a d'illimité qu'il met en discussion ou dont il impose la discussion. En ce qui me concerne, et comme je l'ai clairement déclaré – l'avortement me renvoie obscurément à l'offensant naturel avec lequel on conçoit généralement le coït. Un si offensant naturel rend le coït si ontologique qu'il le rend inutile. La femme semble être enceinte comme si c'était pour avoir bu un verre d'eau. Ce verre d'eau est, bien sûr, la chose du monde la plus simple pour qui l'a, mais pour celui qui se trouve seul au milieu d'un désert, ce verre d'eau représente tout, et il ne peut qu'être offensé par ceux qui disent que ce n'est rien.

Les partisans extrémistes de l'avortement (c'est-à-dire presque tous les intellectuels « éclairés » et les féministes) en parlent comme d'une tragédie féminine, dans laquelle la femme est seule avec son terrible problème, comme si, à ce moment-là, tout le monde l'avait abandonnée. Je comprends. Mais je pourrais ajouter que, quand la femme était au lit, elle n'était pas seule. En outre, je me demande comment il se fait que les extrémistes refusent la rhétorique épicisante de la « maternité » avec un dégoût si ostentatoire, alors qu'ils acceptent de façon totalement acritique la rhétorique apocalyptique de l'avortement.

Pour le mâle, l'avortement a une signification symbolique de libération : être inconditionnellement favorable à l'avortement lui semble être un brevet d'intelligence éclairée, de progressisme, d'absence de préjugés et de capacité de provocation. C'est, en somme, un très beau jouet (qui fait plaisir). Voilà pourquoi l'on a tant de haine pour qui rappelle qu'une grossesse non voulue peut être, sinon toujours coupable, du moins coupable par imprudence. Et que si la pratique conseille à juste titre de dépénaliser l'avortement, ce n'est pas pour cela qu'il cesse d'être une faute pour la conscience. Ce n'est pas l'anticonformisme qui justifie cette idée : et qui d'anticonformiste ne possède qu'un abortisme fanatique, en est à coup sûr irrité et fâché. Il recourt alors aux méthodes les plus archaïques pour se débarrasser d'un adversaire qui le prive du plaisir de se sentir sans préjugés et d'avant-garde. Ces méthodes archaïques, ce sont celles, infâmes, de la « chasse aux sorcières » : l'instigation au lynchage, l'insertion dans la liste des parias, l'offre au mépris public.

La « chasse aux sorcières » est un phénomène typique des cultures intolérantes, c'est-à-dire clérico-fascistes. Dans un contexte répressif, l'objet de la « chasse aux sorcières » (le « différent ») est d'abord destitué de son humanité, ce qui rend, par la suite, licite son exclusion effective de toute fraternité et de toute pitié : et, généralement, dans la pratique, cela précède sa suppression physique (Himmler, les Lagers).

Mais j'ai dit et répété que la société italienne d'aujourd'hui n'est plus clérico-fasciste : c'est une société de consommation permissive. Donc le fait qu'une campagne de persécution prenant les caractères archaïques du clérico-fascisme puisse s'y développer semblerait contredire mes affirmations. Mais la contradiction n'est qu'apparente. En effet : premièrement, les auteurs de cette vulgaire et méprisable campagne contre la « différence » sont presque tous des hommes d'autrefois, formés avant l'époque de la société de consommation et de la prétendue permissivité ; deuxièmement, comme je l'ai précisément dit et répété – la consommation n'est, dans ses effets, qu'une nouvelle forme de totalitarisme – en tant que complètement totalisante et qu'aliénante jusqu'à l'extrême limite de la dégradation anthropologique, jusqu'au génocide (Marx). Sa permissivité est donc fausse : c'est le masque de la pire répression qu'un pouvoir ait jamais exercée sur les masses.

En effet (c'est une réplique de l'un des personnages de mon prochain film, tiré de Sade et situé dans la République de Salo) : « Dans une société où tout est interdit, on peut tout faire ; dans une société où quelque chose est permis, on ne peut faire que ce quelque chose. »

Que permet la société permissive ? Elle permet la prolifération du couple hétérosexuel. C'est beaucoup et c'est juste. Seulement il faut voir comment cela s'effectue concrètement. Premier point, cela s'effectue en fonction de l'hédonisme de la consommation (pour employer des mots « clairs » à peine mieux que des sigles) : ce qui fait ressortir à l'extrême le caractère social du coït. De plus, le coït est obligatoire : qui n'est pas dans un couple n'est pas un homme moderne, comme qui ne boit pas Petrus ou Cynar. Et puis cette société impose une précocité génératrice de névroses. Gamins et gamines à peine pubères ont – dans l'espace obligé d'une permissivité qui rend la normalité paroxystique – une expérience du sexe qui leur enlève toute exaltation dans ce domaine, toute possibilité de sublimation dans les autres. On pourrait dire que les sociétés répressives avaient besoin (comme le disait un slogan fasciste ridicule) de soldats, ainsi que de saints et d'artistes – tandis que la société permissive n'a besoin que de consommateurs. De toute façon, en dehors de ce « quelque chose » que la société permissive permet, tout est replongé – à la grande honte des idéaux progressistes et de la lutte des gens concernés – dans l'enfer du non-permis, du tabou qui suscite rire et haine. On peut continuer à parler des « différents » avec la même brutalité qu'à l'époque clérico-fasciste : sauf que, hélas, cette brutalité est accrue, en raison de l'accroissement de la permissivité à l'égard du coït normal. J'ai déjà eu l'occasion de dire que, en face d'une certaine *élite* [1] de personnes tolérantes (qui ainsi flattent leur conscience démocratique), il y a en Italie cinquante millions de personnes intolérantes et prêtes au lynchage. Ce qui n'a jamais été le cas dans l'histoire de l'Italie. Mais, aujourd'hui, j'ajoute que ces *élites* [2] de personnes tolérantes ont clairement démontré que leur tolérance n'était que verbale et qu'en réalité l'idée d'un ghetto, où l'on reléguerait les « différents » (avec qui feraient-ils l'amour ?) et où on les regarderait comme des « monstres » tolérés, à propos desquels les plaisanteries les plus vulgaires seraient autorisées, les satisfait pleinement. Voyez le cas de Maria

1. En français dans le texte.
2. En français dans le texte.

Schneider, envers qui toute la presse italienne s'est comportée de la façon la plus effrontément canaille et la plus étourdiment fasciste.

Mais il y a une autre série de considérations – qui me tiennent encore plus à cœur – nées de l'amère méditation de ces dernières semaines.

J'ai dit qu'être inconditionnellement favorable à l'avortement garantit un brevet de rationalité, d'intelligence éclairée et de modernité, etc. Cela garantit, dans ce même cas, un certain manque « supérieur » de sentiment : ce qui comble de satisfaction les intellectuels (appelons-les ainsi) pseudo-progressistes (mais certainement pas les communistes sérieux et les radicaux). Du type Dino Origlia, pour citer un nom.

L'affirmation de ce manque « supérieur » de sentiment à propos de l'avortement, la plus grande partie de mes adversaires l'ont, sans vergogne, hystériquement et sans le vouloir, proclamée à mon égard. Une seule intervention à ce sujet a été correcte et réellement rationnelle : celle d'Italo Calvino (*Corriere della Sera*, 9 février 1975). C'est de celle-là que je voudrais discuter.

Comme moi, Calvino a vécu sa formation et, on peut le dire maintenant, sa vie entière, sous des régimes traditionnellement clérico-fascistes.

Quand nous étions adolescents, c'était le fascisme, puis la première Démocratie chrétienne, qui en était la continuation littérale. Il était donc juste que nous réagissions comme nous avons réagi. Il était donc juste que nous recourions à la raison pour déconsacrer toute la merde que les clérico-fascistes avaient consacrée. Il était donc juste que nous fussions laïques, éclairés et progressistes à tout prix.

Or Calvino – quoique indirectement et avec tout le respect d'une polémique polie – me reproche un certain sentiment « irrationaliste », à savoir un caractère sacré injustifié de la vie.

Pour m'en tenir à une discussion directe, limitée à l'avortement, je voudrais confirmer à Calvino que je n'ai jamais parlé d'une vie en général, mais toujours de *cette* vie, de *cette* mère, de *ce* ventre, de *cet* enfant à naître. J'ai évité toute généralisation (et si j'ai employé le qualificatif « sacrée » à propos de la vie, c'était évidemment une citation, non dépourvue d'ironie). Mais là n'est pas l'important. Le problème est bien plus vaste et entraîne toute la manière de concevoir notre façon d'être des intellectuels : elle consiste avant tout en un devoir de toujours remettre en cause notre fonction, surtout là où elle semble la plus indiscutable, c'est-à-dire dans nos présupposés d'intelligence éclairée, de laïcité et de rationalisme.

Par inertie, par paresse, par inconscience – par le fatal devoir de s'engager de façon cohérente – beaucoup d'intellectuels comme Calvino et moi-même risquent d'être dépassés par une histoire réelle qui les vieillit d'un coup, en les transformant en statues de cire.

Le pouvoir n'est, en effet, plus clérico-fasciste, n'est plus répressif. Nous ne pouvons plus employer contre lui des arguments – auxquels nous étions si habitués et presque attachés – que nous avons employés tant et plus contre le pouvoir clérico-fasciste, contre le pouvoir répressif.

Le nouveau pouvoir de consommation permissif s'est purement et simplement servi de nos conquêtes mentales de laïques, d'intellectuels éclairés, de rationalistes, pour édifier son voligeage de faux laïcisme, de fausse intelligence éclairée, de fausse rationalité. Il s'est servi de nos déconsécrations pour se libérer d'un passé qui, avec toutes ses sottes et atroces consécrations, ne lui servait plus.

Toutefois, par compensation, ce nouveau pouvoir a développé au maximum sa seule possibilité de sacré : le caractère sacré de la consommation comme rite et, naturellement, de la marchandise comme fétiche. Rien ne s'oppose plus à tout cela. Le nouveau pouvoir n'a plus aucun intérêt (ni nécessité) à se déguiser avec Religions, Idéaux et autres choses du genre, tout ce qu'en somme Marx a démasqué.

Pareils à des poulets de basse-cour, les Italiens ont immédiatement absorbé la nouvelle idéologie irréligieuse et antisentimentale du pouvoir ; elle est la force d'attraction et de conviction de la nouvelle qualité de vie que promet le pouvoir, et telle est, simultanément, la force des moyens de communication (avant tout la télévision) dont dispose le pouvoir ! Pareils à des poulets de basse-cour, les Italiens ont, ensuite, accepté le nouveau caractère sacré, non nommé, de la marchandise et de sa consommation.

Dans un tel contexte, nos vieux arguments de laïques, d'hommes éclairés et de rationalistes sont non seulement émoussés et inutiles, mais encore ils font le jeu du pouvoir. Dire que la vie n'est pas sacrée et que le sentiment est chose stupide, c'est faire une immense faveur aux producteurs. C'est cela, faire aller la pierre au tas. Les nouveaux Italiens ne savent que faire du sacré, ils sont tous, sinon dans leur conscience, du moins pragmatiquement, très modernes ; et quant au sentiment, ils sont en train de s'en libérer rapidement.

Qu'est-ce qui, au vrai, rend réalisables – dans le concret, en actes, dans leur exécution – les massacres politiques après qu'on en a eu l'idée ? C'est terriblement évident : le manque du sentiment que la vie d'autrui est sacrée, et la fin de tout sentiment en soi. Qu'est-ce qui rend réalisables les affreuses entreprises de ce phénomène imposant et décisif qu'est la nouvelle criminalité ? C'est encore terriblement évident : le fait que l'on considère que la vie d'autrui n'est rien et notre propre cœur un simple muscle (comme le dit un de ces intellectuels qui font le plus aller la pierre au tas, en considérant avec condescendance, commisération et dédain du centre de l'« histoire » les malheureux de mon genre qui, désespérés, errent dans la vie). Je voudrais dire pour finir que, si de la majorité silencieuse devait renaître une forme de fascisme archaïque, ce dernier ne pourrait renaître que du choix scandaleux que cette majorité silencieuse ferait (et fait déjà en réalité) entre, d'une part, le caractère sacré de la vie et les sentiments, et, d'autre part, l'argent et la propriété privée – en faveur de ce second terme du dilemme. À l'inverse de Calvino, je pense donc que – sans manquer à notre tradition intellectuelle d'humanisme et de rationalisme – il ne faut pas avoir peur – comme cela a, justement, été le cas à une certaine époque – de ne pas assez discréditer le sacré ou d'avoir un cœur.

Corriere della Sera,
sous le titre « Ne pas avoir peur d'avoir un cœur ».

1er février 1975

L'article des lucioles

« La distinction entre fascisme adjectif et fascisme substantif remonte à rien moins qu'au journal *Il Politecnico*, c'est-à-dire à l'immédiat après-guerre… » Ainsi commence une intervention de Franco Fortini sur le fascisme (*L'Europeo*, 26 décembre 1974) : intervention à laquelle, comme on dit, je souscris complètement et pleinement. Je ne peux pourtant pas souscrire à son tendancieux début. En effet, la distinction entre « fascismes » faite dans le *Politecnico* n'est ni pertinente, ni actuelle. Elle pouvait encore être valable jusqu'à il y a une dizaine d'années : quand le régime démocrate-chrétien était encore la continuation pure et simple du régime fasciste.

Mais, il y a une dizaine d'années, il s'est passé « quelque chose ». Quelque chose qui n'existait, ni n'était prévisible, non seulement à l'époque du *Politecnico*, mais encore un an avant que cela ne se passât (ou carrément, comme on le verra, pendant que cela se passait).

La vraie confrontation entre les « fascismes » ne peut donc pas être « chronologiquement » celle du fascisme fasciste avec le fascisme démocrate-chrétien, mais celle du fascisme fasciste avec le fascisme radicalement, totalement et imprévisiblement nouveau qui est né de ce « quelque chose » qui s'est passé il y a une dizaine d'années.

Puisque je suis un écrivain et que je polémique ou, du moins, que je discute avec d'autres écrivains, que l'on me permette de donner une définition à caractère poético-littéraire de ce phénomène qui est intervenu en Italie en ce temps-là. Cela servira à simplifier et à abréger (et probablement aussi à mieux comprendre) notre propos.

Au début des années 1960, à cause de la pollution atmosphérique et, surtout, à la campagne, à cause de la pollution de l'eau (fleuves d'azur et canaux limpides), les lucioles ont commencé à disparaître. Cela a été un phénomène foudroyant et fulgurant. Après quelques années, il n'y avait plus de lucioles. (Aujourd'hui, c'est un souvenir quelque peu poignant du passé : un homme de naguère qui a un tel souvenir ne peut se retrouver jeune dans les nouveaux jeunes, et ne peut donc plus avoir les beaux regrets d'autrefois).

Ce « quelque chose » qui est intervenu il y a une dizaine d'années, nous l'appellerons donc la « disparition des lucioles ».

Le régime démocrate-chrétien a connu deux phases complètement distinctes, qui, non seulement, ne peuvent être confrontées l'une à l'autre, ce qui impliquerait une certaine continuité entre elles, mais encore qui sont devenues franchement incommensurables d'un point de vue historique.

La première phase de ce régime (comme, à juste titre, les radicaux ont toujours tenu à l'appeler) est celle qui va de la fin de la guerre à la disparition des lucioles, et la seconde, celle qui va de la disparition des lucioles à aujourd'hui. Observons-les l'une après l'autre.

Avant la disparition des lucioles

La continuité entre le fascisme fasciste et le fascisme démocrate-chrétien est totale et absolue. Je ne parlerai pas de ceci, dont on parlait aussi à l'époque, peut-être dans le *Politecnico* : l'épuration manquée, la continuité des codes [1], la violence policière, le mépris pour la Constitution. Et je m'arrête à ce fait qui, par la suite, a compté pour une conscience historique rétrospective : la démocratie que les antifascistes démocrates-chrétiens ont opposée à la dictature fasciste était effrontément formelle.

Elle se fondait sur une majorité absolue obtenue par les votes d'énormes strates de classes moyennes et d'immenses masses paysannes, guidées par le Vatican. Cette direction du Vatican n'était possible que si elle se fondait sur un régime totalement répressif. Dans un tel univers, les « valeurs » qui comptaient étaient les mêmes que pour le fascisme : l'Église, la patrie, la famille, l'obéissance, la discipline, l'ordre, l'épargne, la moralité. Ces « valeurs » (comme d'ailleurs sous le fascisme) étaient « aussi réelles », c'est-à-dire qu'elles faisaient partie des cultures particulières et concrètes qui constituaient l'Italie archaïquement agricole et paléo-industrielle. Mais au moment où elles ont été érigées en « valeurs » nationales, elles n'ont pu que perdre toute réalité, pour devenir atroce, stupide et répressif conformisme d'État : le conformisme du pouvoir fasciste et démocrate-chrétien. Ne parlons pas du provincialisme, de la grossièreté et de l'ignorance des *élites* [2] qui, à un

1. Allusion au code Rocco [n.d.t.].
2. En français dans le texte.

niveau différent de celui des masses, furent les mêmes durant le fascisme et durant la première phase du régime démocrate-chrétien. Le paradigme de cette ignorance, ce furent le pragmatisme et le formalisme du Vatican.

Tout cela semble clair et incontestable aujourd'hui parce que les intellectuels et les opposants d'alors nourrissaient des espérances insensées. Ils espéraient que tout cela ne fût pas complètement vrai et que la démocratie formelle comptât au fond pour quelque chose.

À présent, avant de passer avant la seconde phase, il me faut consacrer quelques lignes au moment de transition.

Pendant la disparition des lucioles

À cette époque, la distinction entre fascisme et fascisme du *Politecnico* pouvait aussi s'opérer. En effet, aussi bien le grand pays qui était en train de se constituer dans le pays – la masse paysanne et ouvrière organisée par le PCI – que les intellectuels les plus avancés et les plus critiques, ne se sont pas aperçus que « les lucioles étaient en train de disparaître ». Ils connaissaient assez bien la sociologie (qui, dans ces années-là, avait provoqué la crise de la méthode d'analyse marxiste), mais c'était des connaissances encore non vécues, essentiellement formelles. Personne ne pouvait soupçonner quelle serait la réalité historique du futur immédiat, ni identifier ce que l'on appelait alors le « bien-être » avec le « développement » qui devait réaliser pour la première fois pleinement en Italie ce « génocide » dont Marx parlait dans son *Manifeste*.

Après la disparition des lucioles

Les « valeurs », nationalisées et donc falsifiées, du vieil univers agricole et paléocapitaliste d'un seul coup ne comptent plus. Église, patrie, famille, obéissance, ordre, épargne, moralité, ne comptent plus. Elles ne survivent même plus en tant que fausses valeurs. Elles survivent dans le clérico-fascisme émargé (même le MSI les répudie pour l'essentiel). Les remplacent les « valeurs » d'un nouveau type de civilisation, complètement « autre » par rapport à la société paysanne et paléo-industrielle. Cette expérience a déjà été faite par d'autres États. Mais, en Italie, elle est entièrement particulière, parce qu'il s'agit de la première « unification » réelle subie par notre pays, alors que dans les autres pays elle se superpose, avec une certaine logique, à l'unification monarchique et aux unifications ultérieures de la révolution bourgeoise et industrielle. Le traumatisme italien dû au choc entre l'« archaïsme » pluraliste et le nivellement industriel n'a peut-être qu'un seul précédent : l'Allemagne d'avant Hitler. Là aussi, les valeurs des différentes cultures particularistes ont été détruites par l'homologation violente que fut l'industrialisation, avec pour conséquence la formation de ces gigantesques masses, non plus antiques (paysannes, artisanes) et pas encore modernes (bourgeoises), qui ont constitué le sauvage, l'aberrant, l'imprévisible corps des troupes nazies.

Il se passe quelque chose de semblable en Italie, et avec une violence encore plus grande, dans la mesure où l'industrialisation des années 1960-1970 constitue également une « mutation » décisive par rapport à celle de l'Allemagne d'il y a cinquante ans. Nous ne sommes plus, comme chacun le sait, en face de « temps nouveaux », mais d'une époque nouvelle de l'histoire humaine, de cette histoire humaine dont les cadences sont millénaristes. Il était impossible que les Italiens réagissent plus mal qu'ils ne l'ont fait à ce traumatisme historique. Ils sont devenus (surtout dans le Centre-Sud) en quelques années un peuple dégénéré, ridicule, monstrueux, criminel – il suffit de descendre dans la rue pour le comprendre. Mais, bien entendu, pour comprendre les changements des gens, il faut les comprendre. Moi, malheureusement, je l'aimais, ce peuple italien, aussi bien en dehors des schèmes du pouvoir (au contraire, en opposition désespérée avec eux) qu'en dehors des schèmes populistes et humanitaires. C'était un amour réel, enraciné dans mon caractère. J'ai donc vu avec « mes sens » le comportement imposé par le pouvoir de la consommation remodeler et déformer la conscience du peuple italien, jusqu'à une irréversible dégradation ; ce qui n'était pas arrivé pendant le fascisme fasciste, période au cours de laquelle le comportement était totalement dissocié de la conscience. C'était en vain que le pouvoir « totalitaire » répétait et répétait ses impositions de comportement : la conscience n'était pas impliquée. Les « modèles » fascistes n'étaient que des masques que l'on mettait et enlevait tour à tour. Quand le fascisme fasciste est tombé, tout est redevenu comme avant. On l'a aussi vu au Portugal : après quarante années de fascisme, le peuple portugais a célébré le 1er mai comme si le dernier qui eût été célébré avait été le précédent.

Il est donc ridicule que Fortini antidate la distinction entre fascisme et fascisme à l'immédiat après-guerre : la distinction entre le fascisme fasciste et le fascisme de la deuxième phase du pouvoir démocrate-chrétien n'a aucun terme de comparaison dans notre histoire ; non seulement dans notre histoire, mais aussi probablement dans toute l'histoire.

Mais je n'écris pas uniquement le présent article pour polémiquer à ce propos, même s'il me tient beaucoup à cœur ; je l'écris, en réalité, pour une raison très différente. La voici :

Tous mes lecteurs se seront certainement aperçus du changement des dignitaires démocrates-chrétiens : en quelques mois, ils sont devenus des masques funèbres. C'est vrai, ils continuent à étaler des sourires radieux d'une sincérité incroyable. Dans leurs pupilles se grumelle un vrai, un béat éclat de bonne humeur, quand ce n'est pas celui, goguenard, du mot d'esprit et de la rouerie. Ce qui, semble-t-il, plaît autant aux électeurs que le vrai bonheur. En outre, nos dignitaires continuent imperturbablement d'émettre leurs verbiages incompréhensibles où flottent les *flatus vocis* de leurs habituelles promesses stéréotypées.

En réalité, toutes ces choses sont bel et bien des masques. Je suis certain que, si on les enlevait, on ne trouverait même pas un tas d'os ou de cendres : ce serait le rien, le vide.

L'explication est simple : il y a, en réalité, aujourd'hui en Italie un dramatique vide du pouvoir. Mais c'est ceci qui compte : pas un vide du pouvoir législatif ou exécutif, pas un vide du pouvoir de direction, ni, enfin, un vide du pouvoir politique dans n'importe quel sens traditionnel ; un vide du pouvoir en soi.

Comment en sommes-nous arrivés à ce vide ? Ou, mieux, « comment les hommes du pouvoir en sont-ils arrivés là » ?

L'explication est, encore une fois, simple : les hommes du pouvoir démocrate-chrétien sont passés de la « phase des lucioles » à celle de la « disparition des lucioles » sans s'en rendre compte. Pour aussi quasiment criminel que cela puisse paraître, leur inconscience a été sur ce point absolue : ils n'ont en rien soupçonné que le pouvoir, qu'ils détenaient et géraient, ne suivait pas simplement une « évolution » normale, mais qu'il était en train de changer radicalement de nature.

Ils se sont leurrés à l'idée que, dans leur régime, rien n'évoluerait véritablement, que, par exemple, ils pourraient compter à jamais sur le Vatican, sans se rendre compte que le pouvoir, qu'eux-mêmes continuaient à détenir et à gérer, ne savait plus que faire du Vatican, ce foyer de vie paysanne, rétrograde, pauvre. Ils ont eu l'illusion de pouvoir compter à jamais sur une armée nationaliste (exactement comme leurs prédécesseurs fascistes) : ils n'ont pas vu que le pouvoir, qu'eux-mêmes continuaient à détenir et à gérer, manœuvrait déjà pour jeter les bases d'armées nouvelles transnationales, presque des polices technocratiques. Et l'on peut dire la même chose pour la famille, contrainte, sans solution de continuité avec le temps du fascisme, à l'épargne et à la moralité : aujourd'hui, le pouvoir de la consommation lui a imposé des changements radicaux, jusqu'à l'acceptation du divorce et à présent, potentiellement, tout le reste sans limites (ou du moins dans les limites autorisées par la permissivité du nouveau pouvoir, qui est plus que totalitaire puisqu'il est violemment totalisant).

Les hommes du pouvoir démocrate-chrétien ont subi tout cela, alors qu'ils croyaient l'administrer. Ils ne se sont pas aperçus qu'il s'agissait d'« autre chose » d'incommensurable non seulement avec eux mais encore avec toute forme de civilisation. Comme toujours (voir Gramsci), il n'y a eu de symptômes que dans le langage. Pendant la phase de transition – à savoir « durant la disparition des lucioles » – les hommes du pouvoir démocrate-chrétien ont presque brusquement changé leur façon de s'exprimer, en adoptant un langage complètement nouveau (du reste aussi incompréhensible que le latin) : spécialement Aldo Moro – c'est-à-dire (par une énigmatique corrélation) celui qui apparaît comme le moins impliqué de tous dans les actes horribles organisés de 1969 à aujourd'hui dans le but, jusqu'à présent formellement atteint, de conserver à tout prix le pouvoir.

Je dis « formellement » parce que, je le répète, dans la réalité, les dignitaires démocrates-chrétiens, avec leurs démarches d'automates et leurs sourires, cachent le vide. Le pouvoir réel agit sans eux et ils n'ont entre les mains qu'un appareil inutile, qui ne laisse plus de réels en eux que leurs mornes complets vestons.

Toutefois, dans l'histoire, le « vide » ne peut demeurer ; on ne peut l'affirmer que dans l'abstrait ou dans un raisonnement par l'absurde. Il est probable qu'en effet le « vide » dont je parle soit déjà en train de se remplir, à travers une crise et un redressement qui ne peuvent pas ne pas ravager tout le pays. L'attente « morbide » d'un coup d'État en est, par exemple, un indice. Comme s'il s'agissait seulement de « remplacer » le groupe d'hommes qui nous a effroyablement gouvernés pendant trente ans, en menant l'Italie au désastre économique, écologique, urbaniste, anthropologique ! En réalité, le faux remplacement de ces « têtes de bois » par d'autres « têtes de bois » (non pas moins, mais encore plus funèbrement carnavalesques), réalisé par le renforcement artificiel du vieil appareil du pouvoir fasciste, ne servirait à rien (et qu'il soit clair que, dans un tel cas, la « troupe » serait, de par sa composition même, nazie). Le pouvoir réel, que depuis une dizaine d'années les « têtes de bois » ont servi sans se rendre compte de sa réalité – voilà quelque chose qui pourrait avoir déjà rempli le « vide » (en rendant également vaine la participation possible au gouvernement du grand pays communiste qui est né au cours de la dégradation de l'Italie : car il ne s'agit pas de « gouverner »). De ce « pouvoir réel », nous nous faisons des images abstraites et, au fond, apocalyptiques : nous ne savons pas quelles formes il prendrait pour directement remplacer les serviteurs qui l'ont pris pour une simple « modernisation » de techniques. De toute manière, en ce qui me concerne (si cela peut intéresser le lecteur), que ceci soit net : je donnerai toute la Montedison, encore que ce soit une multinationale, pour une luciole.

Corriere della Sera,
sous le titre « Le vide du pouvoir en Italie ».

18 février 1975

Les Nixon italiens

J'ai vu à la télévision, pendant quelques instants, la salle dans laquelle étaient réunis en conseil les démocrates-chrétiens qui nous gouvernent depuis quelque trente ans. De la bouche de ces vieux messieurs, obsessionnellement égaux à eux-mêmes, il ne sortait pas un seul mot qui eût quelque rapport avec ce que nous vivons et connaissons. On aurait dit des pensionnaires d'hospices habitant depuis trente ans dans un univers concentrationnaire ; il y avait quelque chose de mort dans leur gravité même, dont, toutefois, le sentiment se dégageait encore de leurs corps. Les rappels à *l'ancien régime* [1] de Fanfani, pleins d'une absence de scrupules ampoulée, étaient si insincères qu'ils frisaient le délire ; la description des jeunes que donnait Moro était de ces fantasmes qui ne peuvent être imaginés qu'au fond d'une fosse à serpents ; le silence d'Andreotti se colorait d'un sourire cireux d'astuce terriblement peu sûre d'elle-même et d'une timidité désormais sans remède…

Oui, Andreotti. C'est à sa réponse que je devrais répliquer. Mais, naturellement, non sans hésitations. Ce que je crains, c'est qu'il ait fait exprès – avec l'habileté naturelle du pouvoir – de m'entraîner dans ces marécages.

---

1. En français dans le texte [n.d.t.].

Donc, si, dans ce marécage, dans cette grisaille, je lui réponds, je fais son jeu.

Mais si je ne réponds pas, je ne fais pas le mien.

En quoi donc consiste l'habileté d'Andreotti (si habileté il y a ?). Dans le fait d'avoir répondu à un article *que je n'ai pas écrit.* En effet, il ne pourrait même pas me venir à l'esprit d'écrire quelque chose sur le mauvais gouvernement ou sur le sous-gouvernement. Il y a des centaines de journalistes et d'hommes politiques beaucoup plus informés que moi qui écrivent, et depuis trente ans, sur le mauvais gouvernement et le sous-gouvernement démocrates-chrétiens. D'après l'hypothèse que je suis en train de formuler, Andreotti aurait *feint* de me ranger parmi ceux qui écrivent sur le mauvais gouvernement et le sous-gouvernement démocrates-chrétiens, et aurait écrit en conséquence une *fausse* défense de sa fonction. Et je n'aurais pu que me perdre dans ce « jeu de feintes ».

Mais je veux écarter – du moins pour l'instant – cette hypothèse très vraisemblable d'un « jeu de feintes » dans lequel, non sans aménité, Andreotti m'aurait fait patauger ; je veux accepter la lettre de sa réponse, je veux croire à sa sincérité. Je veux croire que, si nous avions parlé face à face – et avec la certitude hypothétique de sa plus grande bonne foi – il m'aurait fait la réponse qu'il m'a faite publiquement dans le *Corriere.*

Dans ces cas, il *n'aurait pas feint de ne pas avoir compris* ce que j'ai écrit à propos de la Démocratie chrétienne : il *n'aurait réellement pas compris* ce que j'ai écrit.

En quoi consiste, en effet, honnêtement, sa défense de la Démocratie chrétienne (contre quelqu'un qui n'a jamais envisagé de l'attaquer sur ce plan) ? C'est une longue, prévisible et appliquée liste des mérites de la

Démocratie chrétienne. Cette liste n'est pas, techniquement, dépourvue d'une certaine *allure*[1] liturgique : on sait que toutes les religions ont un faible pour les listes, dont le modèle est le commandement, la litanie, le rosaire. Cela plaide dans un certain sens en faveur d'Andreotti, car cela démontre sans équivoque possible – comme toute preuve linguistique – que sa bonne foi catholique, qui remonte à l'enfance, a quelque chose de sincère.

Néanmoins, en ce qui me concerne, cette liste andreottienne des mérites de la Démocratie chrétienne se présente essentiellement, et fatalement, comme une liste des Œuvres du Régime. Je ne le dis pas tant pour polémiquer (mais je le fais aussi, bien sûr, puisque j'ai sincèrement voulu accepter la sincérité de la réponse d'Andreotti) que pour relever un phénomène qui est objectivement commun à toutes les Œuvres du Régime ; c'est le suivant : les Œuvres du Régime ne sont pas les Œuvres du Régime. Ce sont seulement des Œuvres que le Régime ne peut pas ne pas faire. Il les fait, naturellement, de la pire façon (et en cela la Démocratie chrétienne ne se distingue pas des autres régimes) mais, je le répète, il ne peut pas ne pas les faire. En Italie, n'importe quel gouvernement aurait, vers la fin des années 1930, assaini les Marais pontins : le régime fasciste a inscrit cet assainissement d'administration ordinaire sur la liste de *ses* œuvres. On pourrait dire la même chose de toutes les Œuvres qu'Andreotti note liturgiquement comme Œuvres méritoires du Régime démocrate-chrétien : le Régime démocrate-chrétien ne pouvait pas ne pas les faire. Et, je le répète, il les a faites très mal. Mais je

1. En français dans le texte [n.d.t.].

ne m'occupe ni de mauvais gouvernement, ni de sous-gouvernement. Seulement, si je m'occupais de mauvais gouvernement ou de sous-gouvernement, je pourrais noter comment, dans la liste d'Andreotti, il n'y a aucune allusion aux hôpitaux et aux écoles (elle fait allusion à la « population scolaire » avec une position de principe : les Italiens seraient rendus meilleurs par les écoles italiennes, et non pires).

Je vais prendre deux des Œuvres les plus considérables énumérées par Andreotti : la construction de maisons (« les Italiens qui habitent une maison dont ils sont propriétaires ont dépassé 50 % ») et le déplacement de grandes masses des campagnes vers les villes (« des millions de paysans sont passés au travail industriel ou indépendant »).

Il s'agit de deux phénomènes qu'Andreotti considère d'un point de vue strictement pragmatique, factuel, matériel, et je dirais presque de nomenclature. Ils se présentent dans sa liste comme tout bonnement privés de sens en dehors du simple fait qu'ils existent (ou qu'ils sont actuels). C'est un pur nominalisme administratif. Andreotti ne se préoccupe pas, presque comme si ce n'était pas son affaire, des effets humains, culturels et politiques de ces phénomènes. Il semble même qu'il n'ait jamais entendu parler de la dégradation anthropologique qui provient d'un « développement sans progrès » – ce qu'a été le développement italien avec ses maisons et son urbanisme. Sans parler du fait que les maisons construites en Italie pendant les trente années de Démocratie chrétienne sont une honte, et que les conditions de vie auxquelles sont contraints les paysans émigrés au Nord ou en Allemagne sont atroces. (Mais je ne suis pas quelqu'un qui s'occupe de mauvais gouvernement ou de sous-gouvernement.) Donc, pour en rester au niveau d'un jeu que je ne devrais en réalité pas accepter, je ferai les observations suivantes à propos des deux phénomènes pris comme exemples.

À propos de la construction de maisons et de l'abandon des campagnes, on peut vérifier avec une précision particulière et une grande pertinence – je crois également statistiquement – les deux « phases des lucioles » dont j'ai parlé dans mon *vrai* article.

En effet, au cours de la « phase de la présence des lucioles » (années 1950), les bâtiments que la Démocratie chrétienne a fait construire à travers une série de scandales mémorables sont une œuvre à laquelle la Démocratie chrétienne a été contrainte par la lutte des classes la plus normale et traditionnelle. De même pour la politique agraire. Ce que la Démocratie chrétienne y a mis de personnel, d'original, oui, c'est la spéculation et les coups de feu de la police.

Durant la « phase de la disparition des lucioles » (années 1960 et 1970) s'est accompli un brusque renversement de situation : cette « solution de continuité » que je n'ai pas hésité, et que je n'hésite toujours pas, à déclarer millénariste – le passage d'une époque humaine à une autre, dû à l'avènement de la consommation et de son hédonisme de masse : c'est un événement qui, surtout en Italie, a constitué une véritable révolution anthropologique. Dans cette « phase », cela n'a pas été (sinon relativement, au début) la classe ouvrière guidée par le PCI qui a poussé la Démocratie chrétienne à accomplir des Œuvres : ce sont, au contraire, les patrons, avec leur irrépressible « expansion économique ». Cette dernière a construit – par l'intermédiaire d'une Démocratie chrétienne grisée – des myriades de bâtiments et arraché des millions de paysans à leur campagne.

La Démocratie chrétienne n'a rien à voir avec cela non plus, tellement rien à voir que (semble-t-il) elle ne s'est aperçue de rien. Elle ne s'est pas aperçue qu'elle n'est devenue, presque d'un seul coup, rien d'autre qu'un instrument de pouvoir formel en état de survivance, par l'intermédiaire duquel un nouveau pouvoir réel a détruit le pays. Dans sa réponse à mon article, Andreotti ne consacre naturellement que deux mots à l'Église. Mais l'Église est justement l'une de ces valeurs que le nouveau pouvoir a détruites, en accomplissant un pur et simple génocide des prêtres, qui s'insère dans le cadre d'un bien plus imposant et dramatique génocide de paysans.

Je n'entends pas passer du côté de l'Église et des valeurs analogues pragmatiquement détruites par le « développement ». Mais Andreotti ne peut certes pas m'accuser de ne pas en faire un problème. En effet, lui rit des lucioles, moi, non.

Mais, ayant rempli mon triste devoir, le moment est venu de retourner à la première hypothèse que j'ai formulée : celle, beaucoup plus divertissante, selon laquelle Andreotti a *feint* de ne pas m'avoir compris en me donnant une réponse qui a détourné et enterré les problèmes. Qu'une telle hypothèse ait de bonnes chances d'être juste, cela peut se démontrer par le fait qu'Andreotti – vers la fin de son intervention – dans le passage le plus rhétoriquement délicat, celui qui précède la péroraison, a fait une allusion obscure au sort de Nixon.

Le sens diplomatique de cette allusion obscure est toutefois clair, c'est le suivant : ici, en Italie, mes chers amis, il ne peut pas se passer ce qui s'est passé en Amérique avec Richard Nixon, c'est-à-dire que soit chassé qui s'est rendu responsable de graves violations de la règle démocratique – ici, en Italie, les dignitaires démocrates-chrétiens sont inamovibles.

Il y a un défi quasiment diabolique dans cette allusion obscure au sens si clair d'Andreotti. Les dignitaires démocrates-chrétiens sont comparables (et même comparés) à Nixon : et alors ?

Non seulement – semble dire Andreotti – les successeurs de Nixon suivent la même politique que Nixon et continuent donc à soutenir, en ce qui concerne l'Italie, les semblables de Nixon ; non seulement, ici, en Italie, il n'y aurait pas de médiocre prêt à éventuellement remplacer nos Nixon (tout le monde sait ce que c'est devenu que de faire une carrière politique en Italie, et combien les avocaillons provinciaux et vulgaires élus députés jusqu'à il y a une dizaine d'années sont des géants par rapport à leurs successeurs possibles d'aujourd'hui), non seulement cela, mais encore nos Nixon sont infiniment plus puissants que le Nixon américain : ils ont justement trouvé, semble-t-il, le moyen de se rendre inamovibles.

Le lien qui unit cette *allusion* d'Andreotti à l'une de ses *omissions* tout aussi significatives est d'une parfaite logique. Je veux dire que – quoique faisant allusion à la criminalité, de droit commun comme politique, qui, comme tombée du ciel, caractérise la vie italienne d'aujourd'hui – Andreotti a omis, dans son article, de parler de la « stratégie de la tension » et des massacres.

Donc, les hommes qui déterminent la politique italienne – et en définitive notre vie – premièrement : ne savent rien, ou *feignent de ne rien savoir* de ce qui a radicalement changé dans le « pouvoir » qu'ils servent, puisqu'ils le détiennent et le gèrent pratiquement. Deuxièmement : ils ne savent rien, ou *feignent de ne rien savoir* de l'unique « continuité » de ce pouvoir, c'est-à-dire des séries de massacres. Cela est scandaleux. Et j'en suis scandalisé : au risque d'être dépourvu de générosité et conformiste (comme est toujours quelqu'un de scandalisé, qui se fait donc ainsi le porte-parole d'un sentiment commun et majoritaire non dénué d'indifférentisme). Il est, de toute façon clair que, tant que les dignitaires démocrates-chrétiens se tairont sur le changement du monde survenu sous leurs yeux, un dialogue avec eux sera possible.

Et il est tout aussi clair que, tant que les dignitaires démocrates-chrétiens se tairont sur ce qui, en revanche, constitue la continuité de ce changement, à savoir la criminalité d'État, non seulement un dialogue avec eux sera impossible, mais encore leur permanence à la direction du pays sera inadmissible. Du reste, il faut se demander ce qui est le plus scandaleux : la provocante obstination à rester au pouvoir des dignitaires, ou l'apolitique passivité du pays qui accepte leur présence (…« quand le pouvoir a osé au-delà de toute limite, on ne peut plus le changer, il faut l'accepter comme il est », éditorial du *Corriere della Sera*, 9 février 1975).

Corriere della Sera,
sous le titre « Les inamovibles Nixon italiens ».

Pièces à conviction

Sandro Penna :
Un peu de fièvre [1]

Quel pays merveilleux que l'Italie durant la période fasciste et immédiatement après ! La vie était la même que celle que l'on avait connue enfants, et pendant vingt, trente ans, rien n'a changé : je ne dis pas ses valeurs – car c'est un mot trop haut et trop idéologique pour ce que je veux simplement dire – mais les apparences semblaient avoir le don d'éternité. On pouvait passionnément croire à la révolte ou à la révolution qui ne modifieraient pas beaucoup la merveilleuse forme de vie que nous menions. On pouvait se sentir héros du changement et de la nouveauté, parce que, pour nous donner courage et force, on avait la certitude que les villes et les hommes ne changeraient jamais dans leur caractère profond et beau. Seules seraient à juste titre améliorées leurs conditions économiques et culturelles, qui ne sont rien par rapport à la vérité préexistante qui laisse merveilleusement immuables les gestes, les regards et les attitudes corporelles d'un homme ou d'un gamin. Les villes se terminaient par de grands boulevards entourés de maisons, de petites villas ou de petits immeubles populaires « aux aimables et vives couleurs » dans la campagne immense : juste après les terminus des trams ou des autobus commençaient les champs de blé, les canaux avec

1. Éditions Garzanti, 1973.

leurs rangées de peupliers ou de sureaux, ou les inutiles et merveilleuses taches de cassis ou de mûre. Les villages étaient encore intacts, sur de verts plateaux, ou sur les sommets de vieilles collines, ou des deux côtés de petits cours d'eau. Les gens portaient des vêtements grossiers et pauvres (peu importait que les pantalons soient rapiécés, s'ils étaient propres et repassés [1] ; les jeunes gens étaient tenus à l'écart des adultes, qui éprouvaient à leur égard comme une sorte de honte en face de leur virilité naissante et effrontée, quoique pleine de pudeur et de dignité, avec leurs chastes pantalons à poches profondes ; et les jeunes gens, obéissant à la règle tacite qui voulait qu'on les ignore, se taisaient à l'écart, mais il y avait dans leur silence une intensité et une humble volonté de vie (ils ne voulaient pas autre chose que prendre la place de leurs pères, avec patience), un tel éclat dans leurs yeux, une telle pureté dans tout leur être, une telle grâce dans leur sensualité, que, pour qui savait le voir, ils finissaient par construire un monde à l'intérieur du monde. Il est vrai que les femmes étaient injustement tenues à l'écart de la vie, et pas seulement dès qu'elles étaient jeunes filles. Mais elles étaient tenues à l'écart injustement, elles aussi, tout comme les jeunes gens et les pauvres. Leur grâce et leur humble volonté de s'en tenir à un idéal ancien et juste de protagonistes les faisait rentrer dans le monde. Car qu'attendaient-ils, ces jeunes gens un peu rudes, mais droits et gentils, sinon le moment d'aimer une femme ? Leur attente était aussi longue que l'adolescence – quoiqu'il y eût quelques exceptions, qui étaient de merveilleuses fautes – mais ils savaient attendre avec

1. Extrapolation sur un propos, évidemment oral, de Ninetto Davoli [note de Pasolini].

une patience virile : et quand le moment venait, ils étaient mûrs et devenaient de jeunes amants ou époux avec toute la lumineuse force d'une longue chasteté, remplie par les amitiés fidèles de leurs copains.

Ils allaient en groupes, à pied ou en tram, à travers ces villes intactes et aux limites avec la campagne précises : ils n'avaient rien à faire et étaient disponibles, ce qui les rendaient purs. Leur sensualité naturelle, qui restait miraculeusement saine en dépit de sa répression, les rendait simplement prêts à toute aventure, sans qu'ils perdissent rien de leur rectitude et de leur innocence. Même les voleurs et les délinquants avaient une qualité merveilleuse : ils n'étaient jamais vulgaires. Ils étaient comme pris d'une soudaine inspiration pour violer les lois, et acceptaient leur destin de bandits en sachant (avec insouciance et vieux sentiment de culpabilité) qu'ils étaient en tort envers une société dont ils ne connaissaient personnellement que les bons côtés, l'honnêteté de leurs pères et mères. Le pouvoir qui, avec ses mauvais côtés, les aurait justifiés, était si formaliste et si éloigné qu'il n'avait aucun poids réel dans leur vie.

Aujourd'hui que tout est hideux et envahi d'un monstrueux sentiment de culpabilité – et que les jeunes gens, laids, pâles et névrosés ont rompu l'isolement auquel les condamnait la jalousie de leurs pères pour, stupides, présomptueux et ricanant, faire irruption dans un monde dont ils se sont emparés et contraindre les adultes au silence ou à l'adulation – un regret scandaleux est né : celui de l'Italie fasciste, ou détruite par la guerre. Les délinquants au pouvoir – aussi bien à Rome que dans les mairies des grandes provinces agricoles – ne faisaient pas partie de la vie. Le passé qui déterminait leur vie (et qui n'était certes pas ce stupide passé « archéologique » dont ils parlaient) ne déterminait que leurs fatales personnes de criminels destinés à détenir le pouvoir dans de vieux et pauvres pays.

Dans le livre de Sandro Penna, *Un peu de fièvre*, cette Italie est évoquée. Le choc est grand. Impossible de ne pas être bouleversé. À la lecture de ces pages, une émotion qui fait trembler vous saisit ; elle donne aussi une certaine envie de s'en aller de ce monde, avec ces souvenirs-là. En effet, ce n'est pas un changement d'époque que nous vivons, mais une tragédie. Ce qui nous bouleverse, ce n'est pas la difficulté de nous adapter à une époque nouvelle, mais une inguérissable douleur semblable à celle qu'ont dû éprouver les mères qui voyaient leurs fils partir pour émigrer, en sachant qu'elles ne le reverraient jamais plus. La réalité nous lance un regard de victoire, intolérable : son verdict est que tout ce que nous avons aimé nous est enlevé à jamais.

Dans le livre de Penna, ce monde apparaît encore dans toute sa stabilité et son éternité ; c'était « Le » monde, et rien n'aurait jamais pu faire soupçonner qu'il changerait. Penna le vivait avidement et *totalement*. Il avait compris qu'il était superbe. Rien ne le distrait de cette merveilleuse aventure qui se répète chaque jour : se réveiller, sortir, prendre un tram au hasard, marcher là où le peuple vit, dense et bruyant sur les places, dispersé et occupé à ses travaux quotidiens dans les lointaines périphéries, le long des champs, ou sous le soleil qui protège tout de sa lumière silencieuse, ou sous une sublime et impalpable pluie de printemps, ou à respirer dans la première et exaltante obscurité d'une lente soirée ; et, enfin, rencontrer – ce qui ne manque jamais d'arriver – un jeune garçon que l'on aime tout de suite pour l'innocente disposition de son cœur, pour ses habitudes d'obéissance et de respect non servile, pour sa liberté due à sa grâce naturelle : pour sa droiture.

Il semble que Penna ne pouvait jamais être trahi dans ses espérances de telles rencontres, qui conféraient à une existence quotidienne déjà exaltante en soi la joie miraculeuse de la révélation, ou plutôt de la répétition.

Dans les pages de ces brefs récits – écrits avec une habileté narrative qui n'a rien à envier au Bassani de *L'Odeur du foin* ou au Parise de *Syllabaire* – et, je le dis parce que Penna écrivain, c'est une nouveauté et une surprise – est contenue toute la réalité de cette forme de vie dans laquelle la joie promise et obtenue était devenue une obsession. Au point qu'il est difficile de parler d'*Un peu de fièvre* comme d'un livre : c'est un morceau de temps retrouvé, quelque chose de matériel. Un très délicat objet, fait de lieux citadins d'asphalte et d'herbe, de crépis de maisons pauvres, d'intérieurs aux meubles modestes, de corps de jeunes gens avec leurs chastes vêtements, d'yeux brûlants de pureté et d'innocente complicité. Et comme est sublime le complet, le total désintérêt de Penna pour tout ce qui se passait en dehors de cette existence au milieu du peuple. Rien n'a été plus antifasciste que l'exaltation de Penna dans l'Italie fasciste perçue comme un lieu d'ineffable beauté et de bonté. Penna a ignoré la stupidité et la férocité du fascisme : il n'a pas accepté son existence. Il ne pouvait pas – innocemment – inventer pire insulte. Comme Penna est cruel ! Il n'a aucune pitié pour ce qui n'est pas un tant soit peu investi de la grâce et de la réalité, c'est-à-dire de ce qui est en dehors ou contre. Sa condamnation – non prononcée – est absolue, implacable et sans appel.

Dans son peu de motifs et de problèmes, dans le peu d'espace qu'il s'accorde, ce livre est, en réalité, rempli d'un immense et débordant sentiment de la vie. La joie y est grande jusqu'à être douloureuse. Une douleur infinie, pressentiment de la perte de cette joie, se contient difficilement. Ce caractère illimité du sentiment fait également entrevoir dans ce poète, qui (avec peut-être Bertolucci) est *réellement* le plus grand poète italien vivant – le poète qu'il n'a pas été : un poète qui serait en dehors des limites qu'il s'est imposées avec une touchante et très pure rigueur. Un poète qui peut perdre son *humour* [1] délicieux et désespéré, mettre à mal les limites de la forme, se répandre dans le cosmos, délirer (voyez les pages 88, 89 et 90). Que le lecteur m'excuse si, ayant pris ce ton, je ne fais plus la critique des mérites de ce livre en l'analysant. Il est en dehors de la littérature, c'est, je le répète, quelque chose d'autre qu'un livre (ou un livre unique). Non que je polémique contre la littérature ; je la considère, au contraire, comme une grande invention et une grande occupation de l'homme. Et Penna est un grand écrivain. Mais je préfère terminer ma note de lecture en parlant de l'émotion que ce livre a suscitée en moi au simple moyen d'une poétique presque évidente (adjectifs accolés aux substantifs, quelques inversions, exclusion des paroles banales, employées seulement à quelques reprises, par un soudain besoin de réalisme ou d'expressionnisme) : il laisse au lecteur des larmes brûlantes, bien qu'il ne soit jamais, à aucun moment, sentimental.

Tempo, 10 juin 1973

1. En français dans le texte [n.d.t.].

Andrea Valcarenghi : *Underground à poing serré* [1]

Évitant de s'exprimer à travers un discours qui ne fût pas uniquement politique, les jeunes de 1968 et après ont été jugés à travers leur présence physique, leur comportement et leurs actes ; c'est-à-dire qu'on les a jugés à travers leur langage non verbal.

Le code du « langage de la présence physique » (cheveux, habillement, expression du visage, etc.) n'est pas un code sûr : il ne peut pas fournir d'interprétations objectives.

Le code du « langage du comportement » est plus sûr ; mais il ne nous a donné que des informations négatives sur les jeunes : ils « ne » se comportent « pas » comme ces pères bourgeois désignés de façon manichéenne par le simple adjectif « leurs », et c'est tout. Mais au moment où le langage de leur comportement allait éventuellement offrir quelques indications positives – quand en somme il se présenta comme « alternatif » – il a été soustrait à toute interprétation par ce nouveau genre d'ambiguïté que fut la dérision (souvent – mais volontairement – dévoyée).

Le « langage de la présence physique », comme le « langage du comportement » (dont la réalité comme

1. Éditions Arcana, 1973.

« système de signes » s'est révélée et objectivée à travers la conscience qu'en ont donnée les moyens de communication audiovisuelle, cinéma et télévision) offre surtout des informations à caractère psychologique ou moral. Leur sens n'est qu'indirectement politique.

Le « langage de l'action », enfin, donne, au contraire, des informations à caractère directement politique (psychologie et éthique en étant la toile de fond). D'autant plus que, en l'espèce, l'action des jeunes a été avant tout, et même exclusivement, politique.

Ce que nous a dit, à propos des jeunes, leur « langage de l'action » est, d'une manière générale, à présent connu de tous. L'opinion publique dans ce qu'elle a de pire a condamné de façon vulgaire, et a déjà tout oublié (en en gardant un souvenir désagréable, en même temps que la haine que suscite la peur). L'opinion publique dans ce qu'elle a de meilleur – celle des intellectuels, des dirigeants et des plus intelligents des jeunes eux-mêmes – ne s'est pas encore directement prononcée. L'adulation des jeunes, d'une part, et, de l'autre, la timidité due à leur attitude terroriste, ont empêché les intellectuels de se prononcer sincèrement et avec la liberté critique nécessaire.

Comme je l'ai dit, pour donner des informations réelles sur eux-mêmes – qu'elles soient politiques ou sociologiques et psychologiques – les jeunes possèdent également leur langage politique « verbal », tant oral qu'écrit. Ce langage – examiné en tant justement que langage verbal – révèle deux caractéristiques apparemment opposées et inconciliables : d'une part, un canon rhétorique caractérisé par l'hyperbole et le simplisme (on dit « assassin » pour dire « indirectement responsable politiquement d'un assassinat » : ce que les juges de nos tribunaux – ignorants de toute subtilité linguistique étrangère au barreau – n'ont même pas vaguement soupçonné) ; d'autre part, l'emploi de termes techniques.

Ces termes techniques ont été pris non pas tant dans les textes marxistes (qui sont scientifiques et non techniques), mais dans les textes sociologiques. La sociologie est une science bourgeoise. Ses modèles sont anglo-saxons et français. Du reste, la rhétorique fondée sur l'« hyperbole simpliste » a, elle aussi, un caractère délicieusement bourgeois ; voyez, par exemple, le langage du futurisme (fasciste).

Le langage de *Lotta continua*[1] et (à un niveau très inférieur) celui de *Potere operaio*[2] sont un mélange d'« écriture » paradoxale et à scandales de caractère marinettien[3] et d'« écriture » sociologique anglo-américaine. Par ailleurs, pour être linguistiquement « populaires », ces journaux adoptent (j'espère que c'est du moins avec cynisme, bien que le cynisme, dans ce qu'il a de réaliste, soit la pire caractéristique du prétendu « révisionnisme ») la façon de parler de la télévision et du journalisme le plus banal (y compris celui du *Borghese*[4] quand ce n'est pas celui des bulletins paroissiaux).

Mais la masse des jeunes, dont la multitude s'est mystérieusement groupée en 1968 puis tout aussi mystérieusement dispersée, est restée sans explication, justement parce qu'elle n'a pas « parlé ».

Le premier document « parlé » d'un certain relief que je connaisse sort aujourd'hui, et c'est une espèce de

1. Revues d'extrême gauche.
2. Revues d'extrême gauche.
3. De Marinetti, fondateur du futurisme italien [n.d.t.].
4. Hebdomadaire néofasciste.

mémorial ou de journal d'Andrea Valcarenghi (l'un des fondateurs du « Roi nu ») : il s'agit d'un livre, c'est-à-dire d'un document « écrit », mais c'est en réalité une transcription presque parfaitement fidèle d'un langage « oral ». Bref, Andrea Valcarenghi a « parlé ». Nous pouvons donc le juger.

Ingénument, il ne fait rien pour éviter d'être jugé. Il est vrai qu'il appartient (et continue d'y opérer) à ce que, dans un appendice à son livre, l'un de ses camarades du même âge plus cultivé, Carlo Silvestro, appelle la « saison de l'irrévérence ». Valcarenghi a été et est irrévérencieux par parti pris : il n'est donc pas au fond capable de jouer le petit jeu de la fuite dans l'ambiguïté au moyen de l'irrévérence. Il est nu, en face de nous, comme son roi. Il raconte ses entreprises dévoyées et donc ambiguës (je ne mets *a priori*, dans ce cas précis, aucune connotation négative, ni dans le terme de « dévoyé », ni dans celui de « ambigu »), à la façon élémentaire d'un « cœur simple ».

Ses entreprises dévoyées de caractère marinettien apparaissent – avec une grossièreté qui est typique de la psychologie des jeunes de l'époque de la technique et du bien-être néocapitaliste – à Valcarenghi comme une sorte d'*epos* si « autoghettisé [1] » (pour employer l'incroyable expression de Goffredi Fofi dans un autre appendice à ce livre) qu'il n'a plus aucun rapport avec la moindre réalité ambiante.

Valcarenghi a vécu depuis 1966 dans une sorte de cauchemar amusant, qui était si fermé et qui se suffisait tant à lui-même, qu'il se présentait comme une totalité. Il a été un « contestataire » à l'état pur : il a pris part à toutes

1. Sans doute vaut-il mieux préciser la structure du mot : autoghetto [n.d.t.].

les formes de contestation et à aucune. Son enthousiasme pour la « lutte contre le système » n'avait pas de limites. Il a fait sien tout ce qui se présentait à lui, mouvement étudiant aussi bien que communautés « beats », « lotta continua » ou « provos », pourvu qu'il y eût des cheveux longs, des slogans révolutionnaires et, surtout, de grandes actions sans envergure contre le système. Che Guevara et les pacifistes, Notarnicola et Pannella, les staliniens et les antistaliniens, coexistaient tranquillement : l'important était que tout soit lieu commun.

Valcarenghi a écrit ses mémoires sur ses années mémorables. Il ne s'est naturellement pas posé le problème de savoir comment les écrire : il a écrit, je le répète, comme il parle. Il a pensé que le fait d'écrire créerait un éloignement et donc une fixation de sa matière ? Non, imperturbable, il écrit comme si la matière de son livre n'était pas derrière lui, mais *hic et nunc*, comme en 1966, en 1968 ou en 1969. Aujourd'hui, en 1973, la fonction de son action révolutionnaire semble être la libération du temps libre et la diffusion de l'usage de la drogue : donc, aucun arrêt dans sa lutte.

Le langage « oral » de Valcarenghi, qui, enregistré, se réfléchit dans son langage « écrit », est un argot. La spécialisation de l'existence de Valcarenghi est ainsi démontrée sans confusion possible. Cet argot est constitué d'un fond de langue « vif », par ailleurs très pauvre, d'aspect milanais petit-bourgeois (pas populaire !), qui s'est formé au début des années 1960, auquel vient se mélanger la pulvérisation du langage politique gauchiste devenu « bavardage », c'est-à-dire une série de phrases toutes faites, de lieux communs et de pures indications.

Au début, la lecture du livre de Valcarenghi est intolérable. Les descriptions du « cast » sont horripilantes de misère et de vulgarité linguistiques. À propos de Paolo Melchiore Gerbino : « beatnick sicilien émigré il y a longtemps en Suède, épouse la blonde Suédoise… » ; à propos de Vittorio Di Russo : « c'est le "leader" charismatique des chevelus milanais… » ; à propos d'Ombra alias Giorgio Cavalli : « il se transforme graduellement de bon petit étudiant en "beat" de premier plan… »

À propos de Pinky (une des plus belles figures de l'expérience « beat » italienne) : « Beaucoup se rappellent le moment où il s'est mis à danser comme King Kong entre les autos devant Montecitorio pendant qu'une dizaine de flics essayaient de l'attraper… » ; à propos d'Angelo Quattrochi : « Il a le charme du scorpion, comme signe zodiacal… Opportuniste et mégalomane, il est aussi très sympa. Son chef-d'œuvre, c'est quand il s'est présenté aux élections de 1970 sur la liste du "Parti hippy" eh oui ! » ; à propos d'Emanuele Criscione : « nerveux et toujours en rogne… » ; à propos d'Adriano Sofri : « je ne l'ai jamais connu personnellement, mais j'essaye de dire un truc sur lui par rapport à sa réputation. Par exemple que c'est un génie pour faire des analyses ; le plus grand théoricien européen, quelqu'un qui est capable d'aller au fond des problèmes. Malheureusement, il semble qu'il va aussi au fond des petites putes… » ; à propos de Gianni Emilio Simonetti : « peintre et curieux intellectuel d'extrême gauche… » ; à propos de Furio Colombo : « … bref, un peu comme Eco… »

Valcarenghi continue comme cela jusqu'à dépasser toutes limites imaginables, jusqu'au délire. Son compte-rendu d'humble serviteur, qui parle, en mimant leur langage, de ses patrons adorés, comme de *Giornalino di*

Gian Burrasca ou, encore, un bulletin de pères missionnaires (niveau, celui-là, carrément atteint dans la revue *Le Roi nu*), a quelque chose d'énorme et d'irrépressible. On le lit presque dans un état de *raptus*, sans en croire ses yeux : car la répétition de lieux communs atteint une telle intensité et une telle implacabilité qu'elle fait de ce livre un *unicum* dans l'histoire de l'italien écrit. Personne n'a sans doute jamais imaginé de grouper deux cents pages (organisées selon un lien logique) de courrier des lecteurs de quelque magazine féminin du plus bas niveau. Parfaitement acritique à l'égard du rétrécissement de son microcosme, Valcarenghi ne s'arrête sur rien : et, en effet, il ne sait rien.

Il ne sait pas, par exemple, une chose fondamentale : que plaisanter sur tout, en réduisant la portée de tout, comme il le fait même à propos des événements les plus tragiques et difficiles, c'est la caractéristique première du rapport linguistique à la réalité du petit-bourgeois. Qu'il se coupe les cheveux, mette une tenue de « beat » modéré, fréquente les jeunes intégrés de son âge et, plus encore, ceux qui sont un peu plus vieux que lui et les pères : on ne l'entendra que jacasser et plaisanter. La première règle de leur comportement est de ne jamais rien dire sérieusement, de tout réduire par l'humour ; et, *a fortiori*, vulgairement.

Ce que ce livre, de par son langage, révèle est donc une épouvantable misère culturelle. C'est formellement le produit de la plus pure sous-culture. Notre Valcarenghi n'a non seulement jamais « pensé » à ce qu'est la petite-bourgeoisie contre laquelle il se révolte, mais il n'a jamais vraiment « pensé » à ce qu'est la contestation. Toutes ses opinions sont automatiques et glissent sur une réalité qui n'offre aucune résistance. Mais pensez que, dans ce pauvre livre dégradé, il y a un très grand moment, presque solennel : « Je me souviens de Pinelli en 1967, le jour où j'ai participé à une réunion avec les "provos" au point de la Ghisolfa. Avant de partir, il m'a dit : "Ces mecs doivent lire, sinon, d'ici deux ans, quand la mode sera passée, on les verra plus." »

Comme exemple de cette mode (qui finalement, s'est manifestée en parlant), Valcarenghi révèle, en même temps que le caractère de sa culture, les caractères de sa psychologie. Exactement comme un Italien d'autrefois, c'est quelqu'un de bon. Un jeune chiot qui, échappé par hasard à la laisse, s'en est est allé errer à travers le monde (ou plutôt, entre Milan et Rome) à la recherche de nouveau maître à qui faire des fêtes. Son humilité essentielle rend absolument mécaniques toutes ses attitudes dévoyées. Sa révolte est purement mimétique. Et, c'est cela l'important, il est trop bon pour savoir se moquer. Il plaisante, sourit, rit, mais est absolument incapable de se moquer. S'il le fait, c'est de façon organisée, collective. C'est un bon fils, qui aime beaucoup ses parents abolis, obéissant et loyal (souvent, en effet, il se souvient de sa vraie famille avec une affection non dissimulée). C'est sans doute à cause de cette bonté et de cette simplicité (son épouvantable vulgarité de langage est sociale, pas personnelle) qu'il a gagné l'estime et l'amitié de Marco Pannella, qui a préfacé ce livre.

La préface de Marco Pannella, dix pages, est en fin de compte le texte d'un manifeste politique du radicalisme – qui constitue un événement dans la culture italienne de ces dernières années. On ne peut l'ignorer. La définition qui s'y trouve des révolutionnaires, de la non-violence, du pouvoir, de la gauche traditionnelle et de la nouvelle gauche (« assez de cette gauche qui n'est grande qu'aux enterrements, qu'aux commémorations, que dans les protestations et les célébrations – toutes choses, celles-là aussi, "noires" »), du fascisme et, surtout, de façon sublime, de l'antifascisme (« mais qui sont-ils donc ces fascistes contre lesquels vous vous constituez depuis vingt ans, en union sacrée, en sombre et lâche armée du salut ? », « … où sont-ils donc les fascistes, sinon au pouvoir et au gouvernement ? Ce sont les Moro, les Fanfani, les Rumor, les Colombo, les Pastore, les Gronchi, les Segni et – pourquoi pas ? – les Tanassi, les Cariglia et, peut-être, les Saragat et les La Malfa » ; « sous le drapeau antifasciste continue de s'effectuer une tragique opération de digression » ; « dans toute votre histoire antifasciste, je ne sais pas où réside le plus grand mal : dans la récupération d'une culture violente, antilaïque… pour laquelle l'adversaire doit être tué ou exorcisé comme le démon… ; ou dans le service politique indirect et immense que vous rendez à l'État d'aujourd'hui et à ses patrons, en déchargeant sur leurs tueurs à gages… la force… du vrai antifascisme… » ; « le fascisme est quelque chose de plus grave, de plus sérieux et plus important, avec lequel nous avons, assez fréquemment, des rapports d'intimité »).

Le registre parénétique, ou d'intervention, que, par la force des choses, le livre dont je me suis occupé a imposé à ma note critique, me pousse inévitablement à conclure en exhortant le lecteur à ne pas laisser passer ces pages de Pannella. Qui, jusqu'à présent, sont les seules en Italie à définir de l'intérieur une période de la contestation et à en délimiter une continuité possible.

Tempo, 4 novembre 1973

Expériences de recherche sur les toxicomanies chez les jeunes en Italie, présenté par Luigi Cancrini [1]

Jusqu'à il y a quelques années, les pauvres d'entre les pauvres, les plus pauvres des pauvres étaient des modèles purs du comportement de la société pauvre : d'autant plus purs, justement, qu'ils étaient pauvres. On les appelait alors sous-prolétaires. Ils étaient porteurs des valeurs des vieilles cultures particularistes (le plus souvent régionales) ; ils étaient les « parlants » par définition de langues autonomes, dont eux seuls connaissaient l'esprit, qu'ils savaient recréer à travers une perpétuelle régénération (sans infractions) de son code. Leur vie se déroulait à l'intérieur de ces cultures qui, dans l'optique bourgeoise, étaient d'énormes ghettos (le mauvais bourgeois trouvait cela naturel, le bon s'en affligeait). En réalité, celui qui vivait dans ces « réserves » était pauvre mais absolument libre. Ce qui le conditionnait, c'était sa pauvreté, c'est-à-dire quelque chose qui lui était intérieur, qui faisait partie de son monde, qui n'avait de solution de continuité ni dans son passé ni, vraisemblablement, dans son avenir.

Il ne pouvait pas voir les limites que lui imposait une autre culture, pour la simple raison qu'il ne la connaissait

1. Éditions Mondadori, 1973.

pas (il la percevait seulement comme quelque chose d'étranger, d'incommensurable avec la sienne). Ne travaillant ni dans l'industrie, ni dans les grandes entreprises privées ou publiques (ces pauvres étaient paysans ou manœuvres, ou petits artisans, petits commerçants), ils n'étaient même pas touchés par la bourgeoisie et son esprit à travers une condition de « prolétaires ». À la différence des ouvriers, les sous-prolétaires sont demeurés parfaitement étrangers à l'histoire bourgeoise, et ce jusqu'à il y a deux ou trois ans. Donc, jusqu'à il y a deux ou trois ans, la figure de l'« inadapté » trouvait facilement sa place ; elle était prévue par un ordre social ancien, précis, fatal et humain comme la nature. Les « plus pauvres d'entre les pauvres » – les orphelins, les enfants abandonnés, les sans pères, les enfants de parents séparés – tous ceux que leur naissance ou leur petite enfance avaient « marqués », se tenaient en marge d'une société qui était elle-même en marge (une immense marge, d'ailleurs) et, là, s'attachaient à se conformer à des modèles bien précis. Ils devenaient bandits, délinquants. Ou même simplement des misérables, ou, encore plus simplement, ils parvenaient à devenir, après quelques frasques de jeunesse, des pauvres « comme les autres ».

Aujourd'hui, l'émigration, pareille à des alluvions, a rompu les digues qui retenaient le peuple des pauvres dans les anciennes réserves. Des fleuves de jeunes pauvres sont passés par ces digues emportées pour peupler d'autres mondes : des mondes de prolétaires ou de bourgeois. Un type nouveau d'« inadapté » s'est créé, qui n'a pas de modèle auquel se conformer, ce qui lui aurait donné une sorte d'équilibre consacré. Dans le même temps s'est effectuée une expansion irrésistible du centre vers les marges : les vieilles infrastructures (train, tramway, bicyclette, charrette, poste) ont été à leur tour emportées et remplacées par des moyens rapides (motorisation, et, spécialement, télévision). Une fois détruits (aussi bien de l'intérieur que de l'extérieur) les murs qui divisaient la ville des riches de la ville des pauvres, la mentalité de la classe dominante s'est répandue. En très peu d'années, ou mieux en peu de mois, elle a réduit les vieilles cultures particulières à l'état d'épaves et relégué les dialectes à l'état de fossiles, de pure vocalité sans âme (argots et expressivité ont dépéri à une vitesse telle qu'ils en disparaissent : un code phonétique ne peut plus être recréé par quelqu'un qui ne le considère plus comme son « seul et véritable » moyen de communication). C'est ainsi que les pauvres se sont tout d'un coup retrouvés privés de leur culture, privés de leur langue, privés de leur liberté : en un mot, privés des modèles dont la réalisation représentait la réalité de la vie sur cette terre.

En dehors de ceux qui sont partis d'autres « inadaptés » sont nés parmi ceux qui sont restés. Les « plus pauvres d'entre les pauvres » – les orphelins, les enfants de familles désunies, etc. – qui déjà sortent d'un type d'existence plus que bouleversée, alors que, autrefois, ils devenaient pour ainsi dire les « modèles des modèles » créativement populaires, deviennent aujourd'hui les « modèles des modèles » d'une crise dans laquelle le peuple le plus pauvre (ce sous-prolétariat qui n'est plus le même) entre en contact avec la culture (c'est-à-dire la sous-culture) bourgeoise.

Que font les gamins que l'on considérait autrefois, sans en faire un drame, comme des « inadaptés » ? Ils font tout ce que, à leur avis, les fils de riches, les étudiants, font. Ce sont eux qui leur présentent les modèles vivants à réaliser. Et comme ces gamins, « plus pauvres d'entre les pauvres », sont effectivement des errants et qu'ils n'ont pas de foyer domestique, la vie protestataire, c'est évident, les arrange beaucoup, et ils en empruntent – mais eux, ils y sont contraints par la nécessité – des attitudes qui sont tout de suite inauthentiques : cheveux longs, contestation, drogue. Ce sont eux qui mélangent tout cela et, une fois de plus, ils sont l'objet de la haine raciste des bien-pensants.

Dans le même temps que ces nouveaux types humains naissaient au sein du sous-prolétariat, de nouveaux types humains apparaissaient au sein de la bourgeoisie. Relativement nouveaux. Ils suivent, en réalité, des schémas assez bien connus : les missionnaires, les utopistes, les anarchistes, certains révolutionnaires, etc. Ce qui est assez nouveau, c'est leur type de comportement et de langage, et, surtout, objectivement, ce dont ils doivent s'occuper.

La rencontre d'un groupe de jeunes « inadaptés » sous-prolétaires – névrosés, incapables d'être joyeux, dévorés par une toxicomanie pratiquée comme forme de comportement, aphasiques, ou même imitateurs du langage d'autrui – avec un groupe de jeunes bourgeois qui contestent violemment leur propre classe – névrosés eux aussi, incapables d'être joyeux eux aussi, et, sinon aphasiques et misérablement mimétiques, du moins employant un langage comme appris par cœur, capables de rendre « parlable » toute chose – pourrait faire le thème d'un grand livre.

C'est dans cette optique que je n'ai pu me passer de lire le rapport publié par Luigi Cancrini et dû à une recherche de groupe sur les toxicomanies chez les jeunes en Italie.

Guido, Giorgio, Franco, Luigi, Filippo, Roberto, Marcello, Vincenzo, Gianni, Mario, Furio, Pietro, Nicoletta, Piero, Alberto, Maria, d'une part, Grazia Cancrini Coletti, Maurizio Coletti, Giuseppe Costi, Andrea Dotti, Silvana Ferraguti, Gianni Fioravanti, Grazia Fischer, Marisa Malogoli Togliatti, Remo Marcone, Silvana Popazzi, Maura Ricci, Pierluigi Scapicchio, de l'autre, se sont donc rencontrés. Ils venaient de milieux opposés, de mondes inconciliables. Pleins de bonne volonté (surtout, n'en doutons pas, les seconds), ils ont recherché le dialogue et se sont réunis pour débattre collectivement de problèmes qui étaient existentiels pour les premiers et culturels pour les seconds.

Il en est sorti cette « recherche » (comme elle-même s'intitule). Les jeunes « inadaptés » ont raconté leurs expériences en demandant implicitement qu'on les aide et les jeunes intellectuels bourgeois les ont écoutés et ont essayé de les aider. Si cette recherche était un roman, on ne saurait comment il se termine. Mal, sans doute. Il ne suffit pas de penser que, même dans les cas les plus graves, les « inadaptés » sont récupérables pour les récupérer. Et puis les récupérer pour quoi ? Les jeunes bienfaiteurs bourgeois (qui n'aimeraient certainement pas qu'on les définisse ainsi) auront certainement senti l'atroce amertume de la désillusion et de ce qui la console. Les « inadaptés » auront poursuivi leur route et seront encore là, dans la vie misérable des bas-fonds culturels et des nuits d'une ville devenue irrémédiablement laide, vide et féroce.

Deux d'entre eux sont morts tragiquement. La « recherche » parle de l'un avec un courage laconique ; pour l'autre, Eros Alesi, nous le savons par une anthologie publiée il y a quelques mois chez Mondadori, qui contenait quelques-uns de ses pauvres vers.

Dans une langue anonyme et informe de travail technique, l'éditeur de la recherche, Cancrini, déclare d'emblée quels sont les buts, les limites et les caractères du livre. Il en montre aussi la méthode. Le tout selon la tradition des livres « scientifiques » – en l'espèce sociologiques ou anthropologiques – anglo-américains. Sauf en ceci que les introductions de ces derniers sont généralement pleins *d'humour* [1], ou, plutôt, à vrai dire, de bonne humeur se mêlant à une déclaration de modestie (due à la confiance en soi), tandis que celle de Cancrini est sérieuse, sèche, cassante, d'une froideur presque haineuse, et donc présomptueuse (à cause, bien sûr, du manque de confiance). De la dédicace au « peuple vietnamien » à l'aveu que son travail a été financé par la fondation Agnelli [2] de Turin en passant par les renseignements qu'il donne sur les modalités de la recherche, Cancrini semble vouloir cacher son exaspération derrière un comportement linguistique absolument inexpressif et qui ne soit que faits et information.

Que, de plus, ce livre soit tendancieux, passionnel, furieux presque jusqu'à la rancœur, c'est évidemment et immédiatement clair. Et pourtant, il n'a de cesse de prétendre à se présenter comme une recherche scientifique et donc impartiale. Tableaux, statistiques, listes et données le démontrent. Les jeunes toxicomanes que Cancrini et son équipe ont approchés, selon les normes d'une rencontre qui s'est réalisée d'elle-même (la « Commune » de Piazza Bologna), tendent à se présenter comme d'obscures présences existentielles dans un concret énoncé mais jamais représenté et, simultanément,

1. En français dans le texte.
2. Directeur de Fiat [n.d.t.].

comme des présences mythiques : leurs actes et leurs paroles acquièrent – à travers le détachement scientifique avec lequel elles nous sont communiquées par Cancrini et son équipe – une espèce de détachement plein de respect, comme si leurs interlocuteurs, après les avoir connus physiquement, étaient demeurés victimes d'un retour de bâton de cette dissociation de classe pour laquelle « il leur était interdit de les connaître ».

Mais la qualité d'« objets de recherche » des jeunes gens en question finit par l'emporter sur celle de « présences existentielles » et de « présences mythiques ». Tout cela crée une désagréable confusion. En tant que personnages réels, Guido, Giorgio, Franco, Lucio, Filippo, etc., sont réduits à de simples *flatus vocis* ; en tant que personnages mythiques, ils appartiennent à la rhétorique. En tant qu'« objets » de recherche médicale ou sociologique, ils ne pouvaient être « valables » que s'ils étaient réussis en tant que personnages réels ou mythiques. Pourquoi ? Eh bien ! justement parce que ce livre n'est pas une recherche scientifique au sens habituel du terme (c'est-à-dire objective, mais dans le système) : c'est une recherche partisane, qui veut démontrer les torts de l'objectivité (qui peut, à l'ombre du pouvoir, se permettre de parler des êtres humains comme s'il s'agissait de données).

Une recherche « gauchiste » qui s'oppose violemment à la recherche typique du « système » ne peut adopter les habitudes linguistiques ou, justement, méthodologiques de celui-ci. Un roman de Dario Bellezza qui parle de ces Guidi, Giorgi, Franchi, Luci, Filippi, etc., est infiniment plus valable, même sociologiquement, que ce rapport sociologique. Cancrini et son équipe sont naturellement du côté des jeunes « déviants » et contre une société qui les engendre, puis les condamne. Mais leur sympathie est aprioriste et indiscriminée. Et de ce fait factieuse. Un exemple : ils semblent approuver inconditionnellement le comportement des jeunes modèles bourgeois – auxquels ces tout petits-bourgeois et ces sous-prolétaires se conforment – dans toutes ses manifestations. Si la caractéristique majeure de ce comportement est « ironie et mépris », il ne me semble pas juste que l'on doive l'approuver ou la justifier en bloc : elle doit être soumise à un jugement critique, comme n'importe quel autre phénomène. L'ironie et le mépris, par exemple, que ce soit chez un étudiant qui conteste la société avec une certaine maturité ou chez ses pauvres imitateurs, sont des sentiments en tout et pour tout dignes de la société qu'ils condamnent. Seuls les vrais enfants de cette société sont capables de nourrir ironie et mépris, sentiments qui retombent sur qui les fait siens à chaque instant.

Quant à la toxicomanie des « objets de recherche », elle est, elle aussi, acceptée de façon aprioriste et indiscriminée : on en prend note au début en dehors de tout préjugé. Et c'est juste. Mais quel jugement opposer à celui du « système » ? On ne peut pas passer ce point sous silence et présenter de la sorte la toxicomanie comme parfaitement ontologique. Sans doute est-il difficile de la définir, surtout en tant que « comportement » (parce que c'est là que, consciemment ou inconsciemment, intervient un jugement moral). Et sans doute Cancrini et son équipe n'ont-ils pas osé se poser un problème aussi énorme. Mais ils ont polémiqué – sur le ton extrémiste, quoique non verbaliste, à la mode – contre les « thérapies » du « système », et c'est là qu'ils auraient dû ressentir l'obligation devant laquelle ils étaient de faire suivre leur condamnation de ces thérapies d'au moins l'hypothèse d'une thérapie autre.

Le sort que l'État réserve aux inadaptés est affreux. Mais que faire ? Le « système » n'est pas tombé du ciel, mais, au contraire, les hommes l'ont exprimé ; et les hommes sont, malgré eux, réalistes. Le fait de déclarer « irrécupérables » quelques jeunes particulièrement « déviants » est, en effet, réaliste. Les jeunes déviants ont en général, justement à cause de leur « dégradante » diversité, des personnalités très fortes et originales. Ils possèdent un mode de réaction sentimentale et intellectuelle très raffiné. Il y a dans leur intelligence quelque chose de démoniaque, comme chez un homme politique, un intellectuel ou un savant. Aucun homme politique, aucun intellectuel, aucun savant ne voudrait renoncer même à la plus infime des caractéristiques qui font de lui ce qu'il est. Il se considère comme irrécupérable pour d'autres formes de vie : bien plus, il considère cette irrécupérabilité comme son droit le plus sacré. Eux aussi, délinquants, bandits et toxicomanes – quand ils ont dépassé un certain stade – sentent ce droit désespéré de rester, malgré tout et au prix fort de n'importe quelle douleur, eux-mêmes. Donc, déclarer quelqu'un irrécupérable, c'est sanctionner ce fait établi et définir une forme de liberté. Que cela se produise dans les misérables lieux du pouvoir est atroce : mais il faut instaurer un rapport intelligent (même, et spécialement, dans la lutte ouverte) avec le pouvoir, et non se limiter à le charger de tous les maux en cherchant avant tout à rendre cette opération d'autant plus méritoire qu'elle est plus extrémiste.

Tempo, 11 novembre 1973

Développement et progrès

Deux mots reviennent fréquemment dans les conversations ; ce sont même les mots clefs des conversations. Il s'agit de « développement » et de « progrès ». Deux synonymes ? Ou, sinon, deux mots qui indiquent des moments différents d'un même phénomène ? Ou bien désignent-ils deux phénomènes différents qui pourtant s'intègrent nécessairement ? Ou, encore, désignent-ils deux phénomènes *seulement partiellement* analogues et synchroniques ? Il faut absolument éclaircir le sens de ces deux mots et leurs rapports, si nous voulons nous comprendre dans une discussion qui concerne de très près notre vie quotidienne et physique.

Voyons : le mot « développement » a aujourd'hui tout un réseau de références qui concerne un contexte indubitablement de « droite ».

Qui veut en effet le « développement » ? Je veux dire, qui le veut de façon non pas abstraite et idéale, mais concrètement et pour des raisons d'intérêt économique immédiat ? C'est évident : ce sont ceux qui produisent qui veulent ce « développement-là » ; les industriels. Et puisque le « développement » en Italie est *ce* développement, ce sont, en l'espèce, et pour être précis, les industriels qui produisent les biens superflus. La technologie (application de la science) a créé la possibilité d'une industrialisation pratiquement illimitée et dont les caractères sont déjà concrètement transnationaux. Les consommateurs de biens superflus sont, pour leur part, irrationnellement et inconsciemment d'accord pour vouloir le « développement » (*ce* « développement »). Pour eux, il signifie promotion sociale et libération, avec pour conséquence l'abjuration des valeurs culturelles qui leur avaient fourni les modèles du « pauvre », du « travailleur », de l'« épargnant », du « soldat », du « croyant ». La « masse » est donc pour le « développement » : mais elle ne vit cette idéologie qu'existentiellement, et c'est existentiellement qu'elle est porteuse des valeurs nouvelles de la consommation. Cela n'empêche pas son choix d'être décisif, triomphaliste et violent.

Qui, par contre, veut le « progrès » ? Ceux qui n'ont pas d'intérêts immédiats à satisfaire à travers le « progrès » : les ouvriers, les paysans, les intellectuels de gauche. Le veulent ceux qui travaillent, et qui sont donc exploités. Quand je dis « le veulent », je le dis dans un sens authentique et total (il peut aussi y avoir quelques « producteurs » qui veuillent, qui sait, sincèrement, le progrès : mais leur cas ne fait pas loi). Le « progrès » est donc une notion idéale (sociale et politique), alors que le « développement » est un fait pragmatique et économique.

C'est maintenant cette dissociation qui nécessite un « synchronisme » entre « développement » et « progrès », étant donné qu'un vrai progrès n'est pas (à ce qu'il semble) concevable sans l'apparition des prémisses économiques nécessaires à son actualisation.

Quel a été le mot d'ordre de Lénine dès la victoire de la révolution ? Cela a été un mot d'ordre invitant à l'immédiat et grandiose « développement » d'un pays sous-développé. Soviet et industrie électrique… Maintenant qu'était gagnée la grande lutte des classes pour le « progrès », il fallait en gagner une autre, sans doute plus obscure, mais pas moins grandiose, pour le « développement ». Mais je voudrais ajouter – non sans hésitation – que cela n'est pas une condition nécessaire pour appliquer le marxisme révolutionnaire et réaliser une société communiste. L'industrie et l'industrialisation, ce ne sont ni Marx, ni Lénine, qui les ont inventées : c'est la bourgeoisie. Industrialiser un pays communiste paysan signifie entrer en compétition avec les pays bourgeois déjà industrialisés. Et c'est ce que, en l'espèce, a fait Staline. Et, du reste, il n'avait pas le choix.

Donc : la droite veut le « développement » (pour la simple raison qu'elle le fait) ; la gauche veut le « progrès ».

Mais quand la gauche remporte la lutte pour le pouvoir, voilà qu'elle aussi veut – pour pouvoir réellement progresser d'un point de vue social et politique – le « développement ». Mais un « développement » dont la configuration est désormais formée et fixée dans le contexte de l'industrialisation bourgeoise.

Toutefois, ici, en Italie, le cas est historiquement différent. Aucune révolution n'a vaincu. Ici, la gauche qui veut le « progrès », si elle accepte le « développement », c'est *ce* « développement » qu'elle doit accepter : le développement de l'expansion économique et technologique bourgeoise.

Est-ce une contradiction ? Un choix qui pose un cas de conscience ? Probablement. Mais il s'agit du moins d'un problème qu'il faut se poser clairement : c'est-à-dire sans jamais confondre, pas même pendant un instant, l'idée de « progrès » avec la réalité de *ce* « développement ». En ce qui concerne la base de la gauche (disons même la base électorale, pour parler de millions de citoyens), la situation est la suivante : un travailleur vit dans *sa conscience* l'idéologie marxiste et par conséquent, parmi d'autres valeurs, il vit dans *sa conscience* l'idée de « progrès » ; mais, dans le même temps, il vit dans *son existence* l'idéologie de la consommation et par conséquent, *a fortiori*, les valeurs du « développement ». Le travailleur est donc dissocié de lui-même. Mais il n'est pas le seul.

Même le pouvoir bourgeois classique est en ce moment complètement dissocié : pour nous autres Italiens, ce pouvoir bourgeois classique (c'est-à-dire politiquement fasciste), c'est la démocratie chrétienne.

Je voudrais à présent laisser de côté la terminologie dont je (artiste !) me sers et prendre un exemple vivant. La dissociation qui fend désormais en deux le vieux pouvoir clérico-fasciste peut être figurée par deux symboles opposés et bien évidemment inconciliables : « Jésus » (le Jésus du Vatican) d'une part, les « blue-jeans Jesus » de l'autre. Deux formes de pouvoir face à face : à ma gauche, la multitude des prêtres, des soldats, des bien-pensants et des tueurs à gages ; à ma droite, les « industriels » producteurs de biens superflus et les grandes masses consommatrices, laïques et, sans doute sottement, irréligieuses. Il y a eu combat entre le « Jésus » du Vatican et le « Jesus » des blue-jeans. Au Vatican – à l'apparition de ce produit et de ces affiches sur nos murs – des plaintes se sont élevées. De grandes plaintes, auxquelles d'ordinaire faisait suite l'action du bras séculier qui s'occupait de l'élimination des ennemis qu'une Église qui se bornait à se plaindre ne nommait pas. Mais, cette fois, rien n'a succédé aux plaintes. La *longa manus* est restée inexplicablement inerte. L'Italie est tapissée d'affiches représentant des derrières revêtus de blue-jeans sur lesquels on lit « qui m'aime me suive ». Le Jésus du Vatican a perdu.

Aujourd'hui, le pouvoir démocrate-chrétien et clérico-fasciste est déchiré entre ces deux « Jésus », l'ancienne forme de pouvoir et sa nouvelle réalité…

Inédit

Les gens cultivés et la culture populaire [1]

Il ne pouvait évidemment pas en aller autrement, et ce n'est donc pas la peine de s'en plaindre, mais il est vraiment dommage que De Martino ne se soit pas occupé de la culture populaire de Naples au lieu de celle de la Lucanie. Du reste, aucun ethnologue ou anthropologue ne s'est occupé des cultures populaires urbaines avec la précision scientifique employée à l'égard des cultures populaires paysannes. Une étude comme celle que Lévi-Strauss a consacrée à quelques petits peuples sauvages – isolés et purs – est inconcevable pour, par exemple, le peuple de Naples. L'impureté des « structures » de la culture populaire napolitaine est faite pour décourager un structuraliste qui, évidemment, n'aime pas l'histoire et sa confusion. Quand il a identifié les « structures » d'une société dans leurs perfections, sa soif de réorganisation du connaissable est épuisée. Justement, les « structures » de la culture populaire napolitaine ne peuvent être ramenées à aucune perfection. Un petit peuple enfermé depuis des millénaires ou des siècles dans ses signes vit encore, dans l'acception des ethnologues, *in illo tempore* : il n'a pas de stratifications ; la conventionnalité, du reste très rigide, des rapports sociaux n'a

1. Salvatore Di Giacomo, *Lettere a Elisa*, Enzo Siciliano (éd.), éditions Garzanti, 1973 ; Abele De Blasio, *La Camora à Naples*, éditions del Delfino, 1973.

qu'une strate : des possibilités d'infraction ne sont pas concevables, ni prévues. Dans leurs manifestations expressives – chants, danses, cérémonies, etc. – les inventions n'impliquent pas une évolution de l'*inventum*. Par contre, dans une culture populaire urbaine, l'histoire de la culture dominante est continuellement intervenue et avec violence, en lui imposant et en déposant en elle ses valeurs : l'« anhistoricité » de la culture populaire qui est essentiellement « fixatrice », a ainsi été contrainte à d'incessants changements auxquels elle a dû systématiquement appliquer les caractères de la « fixation ».

Les nouveautés historiques ne sont reçues dans l'univers de la culture populaire urbaine (et aussi, depuis le XIXe siècle, paysanne) que si elles sont immédiatement traduites dans ses termes traditionnels non dialectiques. Ce n'est que ces dernières années que les cultures populaires urbaines, extrêmement compliquées, aussi bien que paysannes – demeurées assez pures, comme ces petits peuples sauvages étudiés par les ethnologues – ont été bouleversées radicalement par le nouveau type de culture du pouvoir. L'émigration vers les villes industrielles et surtout la consommation, avec les nouveaux modèles humains qu'elle impose, ont créé avec les anciennes cultures populaires un rapport *complètement* nouveau et donc, à l'intérieur de l'univers capitaliste, révolutionnaire.

Il y a deux ans, à un éventaire de Porta Portese, un marchand ambulant napolitain a vendu des « vieux papiers » à un acheteur cultivé. Les marchands ambulants qui remontent de Naples à Porta Portese appartiennent encore, dans les limites du possible, à la vieille culture populaire : dans leur tête, la connexion des pensées, des jugements, des évaluations et des rapports sociaux obéit à des règles dont le bourgeois ne connaît que la lettre et, bien sûr, le contingent culturel imposé par sa classe, au moins depuis le XVIIe siècle et particulièrement depuis quelques décennies. Quoi qu'il en soit, le rapport entre le marchand ambulant napolitain de Porta Portese et l'acquéreur cultivé se révèle presque absolument typique : il s'agit, en effet, de l'achat et vente d'un objet de provenance douteuse. Le malandrin napolitain restera certainement convaincu d'avoir « eu » son « gogo » d'acheteur intéressé par les « vieux papiers », tandis que l'acheteur demeurera satisfait d'un achat exceptionnel, ou de s'être honnêtement comporté avec ce « type » napolitain. Les « vieux papiers » en question étaient un paquet de lettres amoureuses de Salvatore Di Giacomo et Elisa Avigliano, sa future épouse. Enzo Siciliano, qui est devenu possesseur du gros manuscrit, l'a publié – en le précédant d'une pointilleuse introduction où le désaccord entre la thèse philologique (un peu impersonnelle) et un réel intérêt, absolument pas dénué de personnalité, pour l'éros de Di Giacomo produit des hiatus presque stridents en dépit de la délicate élégance du tout. La quantité de choses que nous ne savons pas est immense, pratiquement illimitée ; on a l'habitude de poser sur ce manque une petite quantité de connaissances et d'informations que nous croyons être notre culture. Un exemple : j'avais lu les livres de poèmes de Di Giacomo, et je pensais donc le connaître. Il s'agissait en réalité d'une connaissance de facilité, au fond irrespectueuse et intéressée. Ces lettres de fiançailles qui ont duré vingt ans roulent comme des alluvions sur la connaissance facile que j'avais de Di Giacomo. C'est vrai, elles ne remettent pas en cause mon jugement final et synthétique sur sa poésie. Mais elles le rendent « autre ».

La rencontre de classes qui s'est produite dans l'anecdote des lettres de Di Giacomo à Elisa retrouvées à Porta Portese est en réalité à l'origine de toute la poésie digiacomienne.

Ces lettres révèlent en effet un Di Giacomo terriblement petit-bourgeois, au meilleur et au pire sens du mot. La langue italienne qui y est employée exclut, je dirais théologiquement, le dialecte. C'est la langue du privilège si bien assimilé qu'il est innocent et oublieux. Et c'est aussi la langue d'une psychologie viciée qui fait des angoisses d'un narcisse petit-bourgeois le centre de l'univers, sans espace pour autrui, sur fond de Naples bourgeoise et cultivée (bibliothèques, cafés, théâtres, éditeurs, le golfe vu avec les yeux « aliénés » d'un étranger par la langue). Fort est également ce goût pour l'exotisme qui distingue la culture bourgeoise napolitaine de la culture bourgeoise italienne : son internationalisme historique, ses rapports directs avec la France et l'Allemagne, etc. Les quelques citations exquises de la poésie de Di Giacomo que Siciliano fait dans sa préface suffisent à la faire lire sous une lumière nouvelle. La vraie « structure première » de cette poésie, c'est le rapport entre le bourgeois Di Giacomo et la culture napolitaine prise dans sa strate supérieure – le seul endroit où était possible la rencontre de classe, apparemment amoureuse. L'ingénuité et la pureté de Di Giacomo sont merveilleusement mimétiques ; mais elles miment un modèle inventé.

En réalité, tout son monde populaire est de manière, ou du moins vu uniquement dans la strate supérieure où Di Giacomo pouvait le connaître, et où la culture de la classe dominante est *en train* de donner ses valeurs à la culture de la classe dominée, tandis que celle-ci est *en train* de les faire siennes. La transsubstantiation n'est pas encore effectuée. Il n'y a donc pas, chez Di Giacomo, de descriptions du « sous-développement » napolitain et de sa culture « sauvage ». Cette description se trouve, en revanche, du moins partiellement, chez Ferdinando Russo, poète plus irrégulier mais pas moins grand que Di Giacomo. Ferdinando Russo a effectué la descente aux enfers (du « sous-développement ») que Di Giacomo n'a pas cru opportun d'effectuer. Les deux poètes sont complémentaires. Et c'est à eux deux qu'est dédiée l'œuvre d'Abale De Blasio (*La Camorra de Naples*, qui se compose de quatre volumes : *Les Mœurs des camorristes*, *Le Pays de la camorra*, *Le Milieu à Naples*, *Tatouage*).

Abele De Blasio a mené ses recherches exactement à l'époque où Di Giacomo et Russo poétisaient, selon une méthode de recherche dont le maître était Lombroso et les *lucernae* d'autres anthropologues pour ainsi dire « véristes » aujourd'hui oubliés. Sa vulgarité est donc extrême. Ses rapports avec la « plèbe » napolitaine étaient ceux des écrivains « d'histoires de la patrie » diffusées dans toutes les provinces italiennes ; c'est pourquoi, en face des choses les plus atroces, Abele De Blasio ne manque pas de curieux mouvements de bienveillance et de fierté : à la fin des fins, il s'agit de gloires folkloriques. Il se comporte à l'égard des Napolitains pauvres comme un entomologiste qui parle en plaisantant des us et coutumes des insectes : ils les anthropomorphisent. Par ailleurs, il y a un motif qui revient dans ces pages : il compare la culture populaire napolitaine à la culture sauvage des peuples exotiques. En dehors de tout principe de valeur, ce point de départ était au fond correct. *His fretus*, avec beaucoup de modestie et d'esprit. (Abele De Blasio accumule – avec même beaucoup de répétitions – dans ses livres un précieux matériel de nouvelles et d'informations. Et c'est l'enfer ! Du moins pour un progressiste moyen. Le « niveau de vie » de quelques centaines de milliers d'hommes, de femmes et d'enfants se révèle presque inconcevable à l'esprit humain.)

C'était au temps où Naples s'était débarrassée de la domination espagnole et des Bourbons. Les caractéristiques de la culture populaire – « autre » que la culture bourgeoise (qui avait plus ou moins évolué) et presque « étrangère » à elle parce que possédée d'une conscience idéologique – étaient alors codifiées dans les « règles d'honneur » de la camorra. Un code très rigide. Et même écrit, du moins en ce qui concerne les « pinasses » camorristes (les « frieni »). C'est l'absolu naturel avec lequel les Napolitains vivaient ce code qui les rendait étrangers au pouvoir et à tous ceux qui, d'une façon ou d'une autre, lui appartenaient. Il s'agissait d'un univers « réel » à l'intérieur d'un univers qui, pour lui, était « irréel » – même si ce dernier représentait en réalité le cours logique de l'histoire. Le renversement de perspective du Napolitain qui voit le monde de l'intérieur de son univers *réel mais anhistorique* représente un échec de l'histoire. S'il n'en était pas ainsi, le monde populaire napolitain n'aurait pas la vitalité et le prestige nécessaires pour carrément se présenter comme une effrayante alternative : aujourd'hui que l'alternative est monopolisée par la « conscience de classe » prolétarienne (qui déteste les sous-prolétaires et donc, bourgeoisement, les « cultures populaires », pour lesquelles elle n'a jamais exprimé de politique décente), cela demeure. Rien n'a beaucoup changé aujourd'hui par rapport à l'époque de De Blasio. Il suffit de se rendre à Naples (ou peut-être de lire le très beau document sur Naples qu'Antonietta Macciocchi a écrit il y a quelques années). Argot, tatouages, loi du silence, mimique, structures du milieu et tout le système de rapports avec le pouvoir sont restés inaltérés. Même l'époque révolutionnaire de la consommation – qui, elle, a radicalement changé les rapports entre culture centraliste du pouvoir et cultures populaires – n'a fait qu'« isoler » un peu plus encore l'univers populaire napolitain.

....

Tempo, 22 février 1974

L'Église, les pénis et les vagins [1]

L'Église ne peut être que réactionnaire ; l'Église ne peut être que du côté du pouvoir ; l'Église ne peut qu'accepter les règles autoritaires et formelles de la société ; l'Église ne peut qu'accepter les sociétés hiérarchisées dans lesquelles la classe dominante garantit l'ordre ; l'Église ne peut que détester toute forme de pensée ne serait-ce que timidement libre ; l'Église ne peut qu'être opposée à toute innovation antirépressive (ce qui ne signifie pas qu'elle ne puisse pas accepter des formes, programmes d'en haut, de tolérance ; une tolérance pratiquée en réalité depuis des siècles, a-idéologiquement, d'après les lois d'une « Charité » dissociée – a-idéologiquement, je le répète – de la Foi) ; l'Église ne peut qu'agir complètement en dehors de l'enseignement de l'Évangile ; l'Église ne peut prendre des décisions pratiques qu'en se référant formellement au nom de Dieu, et quelquefois en oubliant de le faire ; l'Église ne peut imposer l'Espérance que verbalement, parce que son expérience propre des actions humaines lui interdit de nourrir toute espèce d'espérance ; l'Église ne peut (pour en venir à des thèmes d'actualité) que considérer éternellement valable et paradigmatique son concordat avec le fascisme. Tout cela ressort à l'évidence d'une vingtaine de sentences

1. *Vingt sentences de la Rote sacrée*, Stelio Raiteri (éd.), préface de Giorgio Zampa, éditions Giorgio Borletti, 1974.

« typiques » de la Rote Sacrée, prises dans les cinquante-cinq volumes des *Sacrae Romanae Rotae Decisiones* publiés à la Libreria Poliglotta Vaticana de 1912 à 1972.

Il n'était certes pas nécessaire de lire ce florilège pour savoir tout ce que je viens d'énumérer sommairement. Toutefois, cette confirmation concrète – dans ce cas-ci, la « vivacité » involontaire des documents – redonne force à de vieilles convictions qui tendaient à l'inertie. En ce qui concerne une lecture littéraire, ces « sentences » ont également de notables éléments objectifs d'intérêt (comme l'observe le préfacier du livre, Giorgio Zampa). Elles font allusion avec la violence de l'objectivité – ou mieux de la référence à une matrice commune – à toute une série de situations romanesques : Balzac (« Émile Raulier avait décidé de s'associer avec un certain Joseph Wingesteiln, mais il n'avait pas le capital nécessaire… "Si papa Planchut me donnait la somme…" »), Bernanos, ou Piovene (« Frida… fut orpheline de ses deux parents alors qu'elle était encore une petite fille ; son grand-père, qui lui servait de père, l'avait envoyée à l'école des sœurs de N. N., où elle resta jusqu'à ses quinze ans… »), Sologub (« Comme elle était très riche, à peine avait-elle passé la puberté que beaucoup, dont des hommes de vieilles et nobles familles, la demandèrent en mariage à son grand-père… »), Pouchkine (« Bouche bée, les paysans admiraient de loin l'éclat nocturne des noces célébrées dans la chapelle privée de la propriété entre Maria et le sous-lieutenant Michele, vers la minuit du 8 juin 19… [1] »), Pirandello, Brancati et Sciascia (« Fascinée par le charme de Giovanni, un garçon de vingt-huit ans, élevé selon la religion, Renata, sa cadette de huit ans,

---

1. [*Sic*], [n.d.t.].

élevée selon des principes et des habitudes libérales, en tomba amoureuse... », « Elle contracta donc mariage pour satisfaire sa luxure, et ne pouvait pas faire autrement puisqu'il était, du moins d'un point de vue formel, catholique et pratiquant »).

J'avoue que c'est en romancier, et peut-être même en réalisateur de cinéma, que j'ai lu ce livre ; la casuistique y est telle que l'on ne peut pas le considérer comme une lecture ordinaire. J'ai été scandalisé (dans ma très professionnelle lecture) du visage que l'Église révèle à travers ce livre. Pour la première fois, elle se révèle, même formellement, complètement détachée de l'enseignement de l'Évangile. Je ne dis pas une page, mais pas même une ligne, un mot, dans tout le livre, ne rappelle, fût-ce dans une citation rhétorique ou édifiante, l'Évangile. Le Christ y est lettre morte. On l'appelle Dieu, c'est vrai : mais dans une seule formule (« ayant invoqué le nom du Christ devant les yeux de Dieu »), ou à peine plus, et toujours avec une solennité liturgique sans vie et qui ne distingue en rien ces « sentences » d'un texte sacerdotal pharaonique ou d'une sourate coranique. La référence est simplement autoritaire et, précisément, nominale. Dieu ne pénètre jamais dans les raisonnements qui portent les « auditeurs » à annuler ou à confirmer un mariage, ni, donc, dans le jugement prononcé à propos de l'homme et de la femme qui demandent le « divorce » et de la foule de témoins et parents qui remplissent leur vie sociale et familiale. Ce que les juges ont en main, c'est un code ; et c'est tout ! Cela peut s'expliquer par le fait que le code est spécifique et spécialisé. Mais, de toute façon, il n'est jamais lu ni appliqué chrétiennement : ce à quoi l'on attache de l'importance, ce sont ses normes ;

or, il s'agit de normes purement pratiques et qui traduisent en un seul sens des concepts irréductibles comme par exemple, « sacrement ».

La platitude logique qui en découle est digne des pires tribunaux bourboniens (si l'on enlève aux tribunaux méridionaux leur passion bouillonnante et leur amour pour le droit formel). L'épouvantable grisaille ecclésiastique est bien plus sombrement dépourvue de « chaleur humaine » que celle des Bourbons. Les hommes apparaissent aux yeux des juges de la Rote Sacrée comme destitués non seulement de toute inclination à faire le bien, mais, ce qui est pire, de toute vitalité quand ils font le mal (ou le non-bien). Comme on connaît leurs faiblesses depuis toujours, il n'y a rien de nouveau. Leur désir désespéré d'obtenir de la vie le peu qu'ils peuvent, peut-être par le mensonge, l'hypocrisie, le calcul, les réserves mentales, etc. (tout l'attirail qui, en somme, rend les hommes frères) ne semble être un sujet ni de réflexion, ni de commotion, ni d'indignation pour les juges de la Rote Sacrée. Les seuls accents d'indignation dans toutes ces sentences sont de caractère idéologique : ils ont pour cible la culture laïque et libérale, et, naturellement, pire encore, la culture socialiste. Il y a aussi des mots pour condamner le fascisme : mais il s'agit d'une condamnation objective prononcée indifféremment contre toutes les faiblesses humaines et les péchés. Fascisme et faiblesses humaines font, indistinctement, partie d'une réalité, fondée sur des pouvoirs institués, la seule que l'Église semble reconnaître. Par ailleurs, ces jugements ne se laissent jamais aller au moindre élan de sympathie ou d'approbation. Les seuls où cela est sont, là aussi, purement formels. Par exemple, on considère avec sympathie et on approuve les personnes qui, socialement, sont considérées comme « catholiques pratiquantes ». Sur ce point, les juges de la Rote Sacrée ne connaissent pas de retenue : ils sont prêts à n'importe quelle dissociation et à n'importe quelle contradiction et abandonnent toute possibilité de casuistique jésuite (qui semble être leur modèle logique premier). Par exemple, une jeune fille est incapable d'avoir des rapports sexuels à cause d'une contraction vaginale à caractère hystérique. Cela les juges le savent, ils en tiennent même compte ! Mais ils ne songent pas, même vaguement, à relier cette forme monstrueuse d'hystérie avec l'éducation rigidement catholique que cette jeune fille a reçue dans une école de sœurs, ce pour quoi les juges ont des paroles d'indiscutable éloge. Ailleurs, dans une affaire d'annulation de mariage due à l'impuissance, cette fois, de l'homme, ils n'épargnent à ce malheureux aucune des plus atroces condamnations par lesquelles on marque, on met en marge et lynche un impuissant, quand cette impuissance est due à l'homosexualité. Ils semblent tout simplement prêts à le mettre entre les mains d'un bourreau qui le jetterait dans un Lager, en attendant de l'éliminer dans quelque four crématoire ou quelque chambre à gaz.

Mais ils n'ont pas cherché à savoir si, par hasard, il n'avait pas étudié dans un collège de prêtres (avec la répression sexuelle qui en découle), ils ne se sont pas demandé si, par hasard, sa tentative de mariage n'avait pas pour but de mendier un brevet d'honorabilité ou de normalité à ses voisins, ou si ce n'était pas carrément la recherche tâtonnante d'une situation maternelle.

Ils ne se sont, par ailleurs, même pas demandé s'il s'était marié par intérêt, par misérable calcul (se protéger en se faisant entretenir, pauvre diable), non.

La seule chose qui ait intéressé les juges, c'est le simple fait de son indignité sociale : la malédiction qui le voue à être en dehors d'une réalité humaine dans laquelle faiblesses humaines, péchés et fascisme trouvent la possibilité objective d'exister. Mais ce qui frappe (qui scandalise) le plus en lisant ces sentences sacrées, c'est la dégénérescence de l'Amour. J'ai dit comment les rédacteurs de ces textes ne se réfèrent *jamais* sincèrement, ou du moins avec une certaine passion, à Dieu et à ses caractérisants : Foi et Espérance n'apparaissent qu'en tant que fondements de règles – des fondements auxquels ne remonte jamais une responsabilité du fait, que l'on défère devant les autorités – saint Thomas ou quelques lumières du droit canonique dont nous ne connaissons pas les noms. Quant au rapport entre Foi et Espérance et les codes qui en sont nés (en l'espèce les codes qui réglementent les annulations de mariage, et qui donc le définissent), les juges n'abordent *jamais* le sujet. Il est vrai que le niveau purement pratique auquel ils opèrent pourrait leur fournir une justification à cet égard ; mais s'il est vrai qu'à ce niveau pratique, ils peuvent ignorer Foi et Espérance, ils ne peuvent pourtant pas ignorer l'Amour.

Et c'est là l'horreur de la chose ! L'Amour, qui est le plus élevé des sentiments évangéliques, et le seul qui soit autonome (on peut donner de l'Amour sans Foi ni Espérance, mais, sans Amour, la Foi et l'Espérance peuvent même être monstrueuses), est ici dégradé et devient une pure mesure pragmatique d'un indifférentisme et d'un cynisme parfaitement scandaleux. L'Amour semble ne servir qu'à découvrir les hommes dans leur plus misérable et atroce nudité de créatures ; et, après les avoir si cruellement mis à nu, on ne leur pardonne pas, on ne les comprend pas. Le pessimisme à propos de l'homme est trop total pour laisser la place d'intervenir à la fougue du pardon et de la compréhension. Il jette une indistincte couleur de plomb sur tout. Et je ne vois rien de moins religieux, et même de plus répugnant, que cela.

Tempo, 1er mars 1974

La prison et la fraternité de l'amour homosexuel

Le prétexte à cette intervention est un article paru dans un journal qui appartient à cette idéologie instituée comme opposition à laquelle j'appartiens moi-même ; il est probablement dû à un collaborateur complètement innocent, qui ne s'est pas rendu compte de l'énormité qu'il disait, et que, par conséquent, je n'ai pas envie d'attaquer dans une polémique directe.

Le thème de cet article : « le sexe dans les prisons italiennes », un thème qu'a suggéré au rédacteur une récente affaire. Un garçon de quinze ans de Milan a été pris alors qu'il commettait un petit vol et, au lieu de le mettre dans une prison pour mineurs, on l'a, par manque de place, envoyé à San Vittore. Dans la cellule à l'intérieur de laquelle il était enfermé, il y avait deux détenus (certains journaux disent âgés, d'autres mineurs eux aussi, ou du moins très jeunes), qui tentèrent d'abuser de lui. Il s'est rebellé et a dû subir leur réaction violente. Tout le monde sait qu'il n'est point dessein de bourreau qui ne lui soit suggéré par le regard de la victime (et que, disons, Maria Coretti est autant responsable de son sacrifice que son sacrificateur). Cela n'empêche pas cet incident de la prison San Vittore d'être brutal, offensant et odieux ; comme tout ce qui réduit un « homme » à l'état de « chose ». Il en serait bien sûr allé de même (selon une gradation sans aucun sens en cette matière) si, au lieu d'un garçon, il s'était agi d'une jeune fille, d'une femme ou d'un homme adulte. Il s'est, en effet, agi d'une manifestation schizoïde d'un pouvoir (en l'espèce du pouvoir archaïque et individuel de la force physique) qui dissocie l'autre de soi et le prive de ce minimum essentiel de liberté qu'est la liberté du corps.

Il y a des lois pour punir dans ce genre d'affaire, et le code pénal italien – qui, dans ce cas, est d'une sagesse surprenante, peut-être en dépit de mon ami De Marsico – ne fait pas de distinction de sexes. J'aimerais que, quand les progressistes italiens parlent de réforme du code, ils ne parlent pas de façon réactionnaire à cet égard. Ils en seraient capables, à en juger par l'article auquel j'ai fait allusion (qui n'est certes pas un phénomène épisodique, au contraire).

Je voudrais à ce propos dire ceci.

Le monde intellectuel italien « progressiste », après avoir enterré 1968 avec soulagement, en a conservé certaines caractéristiques, qui étaient, évidemment, faites pour lui ; l'impatience de la revendication, l'anxiété névrotique de l'immédiateté des réformes en est une. L'origine culturelle de cette impatience est noble ; c'est le « Paradise now » de la Nouvelle gauche américaine précontestatrice (c'est-à-dire un univers culturel typiquement « réformiste »). Le verbalisme et le terrorisme à travers lesquels s'exprime aujourd'hui (c'est le cas dans l'article en question) normalement cette impatience ont, en revanche, une origine moins noble ; ils viennent directement des inclinations culturelles d'une petite-bourgeoisie italienne que sa « conscience malheureuse » obsède et pousse à l'action. « Conscience malheureuse » qui la rend frénétique, surexcitée, et fait d'elle une masse changeante et prête à suivre le premier qui affirme la primauté de l'action sur la pensée (une pensée improvisée sur un plan sous-culturel par définition : en elle, on superpose à qui mieux mieux à l'idéologie marxiste les exigences de la sociologie, non marxiste mais à la mode, plus les déchets et affreux lieux communs de l'humanisme indifférentiste et du catholicisme). Avec une insistance aveugle, qui le flatte et pousse les autres à l'imiter, l'intellectuel italien moyen ne laisse pas passer une seule occasion de prendre noblement la défense de toute une série de causes déjà reconnues comme justes par toute l'*intelligentsia* ; peu importe que, jusqu'à hier, il les ait refoulées en lui, ignorées et trouvées utopiques et impopulaires. La réforme des prisons est l'une de ces causes.

Entraîné par une espèce de *raptus*, l'intellectuel italien moyen, comme il sait qu'il est totalement, indiscutablement, du côté de la raison, à peine a-t-il trouvé le moyen, qu'il ne manque pas d'exprimer dans des interventions vibrantes son indignation (je le répète, qui le flatte) à propos de la condition carcérale et, généralement, sa volonté intransigeante de réformes immédiates. Moi aussi, je suis d'accord (j'ai fait un film à ce sujet en 1962) pour que l'on fasse ces réformes, et « immédiatement ». Mais je sais aussi que si je pense et exprime cela aujourd'hui, cela a lieu dans le cadre d'un programme général de tolérance du pouvoir ; dans ce cas précis, il a besoin de mes pensées autonomes, de mon idéologie marxiste et de ma passion radicale, pour réaliser quelques réformes qu'il trouve nécessaires aujourd'hui (et dont il ne peut trouver l'« idéologue » parmi ses hommes traditionnels).

C'est cette tolérance – dans le cadre de laquelle l'opposant peut avoir une indignation très noble et agitée – qu'il faut analyser et démasquer. C'est elle, en dernière instance, la raison de toute une série d'équivoques et d'erreurs d'optique (morale, idéologique, politique). Un exemple : tous les prisonniers sont « bons », ils sont « des nôtres ». Leur lutte pour des réformes n'est pas seulement défendue de façon aveugle, mais encore terroriste. Cela crée des contradictions ridicules. Dans le cas qui nous intéresse, par exemple, les prisonniers qui ont essayé de violenter un garçon sont « méchants », mais « radicalement » « méchants », « méchants » au sens que donne à ce mot la morale la plus rétrograde du vieux pouvoir. Mais alors comment peuvent-ils donc être en même temps ces bons frères dont les luttes pour des réformes suscitent non seulement notre solidarité idéologique, mais aussi notre sympathie humaine ? C'était là l'occasion – pour un intellectuel – d'affronter la contradiction et de ne pas présenter comme des « mauvais » méritant le lynchage ces malheureux (comme dirait Manzoni) qui n'ont trouvé d'autre solution à leur pauvre désir de faire l'amour que d'exercer une abjecte violence sur un gamin. Autre exemple : la tolérance du pouvoir au plan sexuel est univoque (et donc, par essence, plus répressive que jamais) : elle donne au couple hétérosexuel beaucoup plus de droits que par le passé, même en dehors de la convention du mariage ; mais, avant tout, ce « couple » est présenté comme un modèle obsessionnellement obligatoire, exactement comme, par exemple, le couple consommateur-automobile.

Ne pas posséder d'automobile et ne pas être en couple, alors que tout le monde « doit » avoir une automobile et

« doit » être en couple (monstre *bifrons* de la consommation), ne peuvent être considérés que comme un grand malheur, une intolérable frustration. Ainsi l'amour hétérosexuel – tellement permis qu'il en devient obligatoire – est devenu une sorte d'« érotomanie sociale ». Par ailleurs, cette grande liberté sexuelle n'a pas été voulue et conquise par la base, mais, au contraire, concédée par le sommet (à travers de fausses concessions du pouvoir hédoniste de la consommation aux vieilles instances idéales des *élites* progressistes). Enfin, « tout cela concerne uniquement la majorité ». Toutes les minorités – plus ou moins définissables – sont exclues de la grande bouffe névrotique. Ceux qui sont encore classiquement « pauvres », maintes femmes, les gens laids, les malades et, pour en revenir à notre propos, les homosexuels, sont exclus de l'exercice de la liberté d'une majorité qui, tout en profitant d'une tolérance illusoire, n'a jamais, en fait, été aussi intolérante.

Le rédacteur qui, dans l'article en cause, a abordé le problème du sexe dans les prisons en se faisant le porte-parole de cette majorité, s'est comporté en parfait raciste. Homosexuels et homosexualité sont vus comme des formes de « mal », mais d'un mal refoulé et transféré dans un lieu où il est « autre », où il devient monstrueux, démoniaque, dégradant. C'est sans appel : avoir un rapport homosexuel est vu comme une menace apolitique, comme une condamnation définitive qui change radicalement la nature du condamné. La vieille sexophobie catholique se mélange avec le nouveau mépris laïque pour ceux qui ne savent pas apprécier ce qu'a de bon le couple hétérosexuel, en tant que merveilleuse liberté dont jouit rien moins que l'énorme majorité des gens. L'intellectuel progressiste moyen est « glacé » à l'idée que, dans les prisons, il y ait (comme c'est parfaitement naturel) des rapports homosexuels : il a l'impression d'être en face de quelque chose d'intolérable et se comporte avec le calme tragique de qui est profondément ému, mais ne peut pas, comme les autres, ne pas affronter le problème avec gravité. Consterné, il feuillette les statistiques : « 22 % des homosexuels arrivent en prison avec leur anomalie, tandis que 78 % l'y acquièrent ! » « 47 % des détenus admettaient... avoir eu des rapports homosexuels avec d'autres prisonniers ! » Il reste interdit devant le rapport Salierno (qui, à ce sujet, révèle, certes inconsciemment, ses origines culturelles fascistes). Il propose des réformes immédiates (naturellement), c'est-à-dire une forme de « saillie légalisée », sur le modèle, en définitive, des anciennes maisons de tolérance. Mais son intervention, dans la pratique, n'a (j'espère malgré lui) qu'un résultat : il fait le mouchard « public » sur le comportement sexuel des prisonniers pour la police des prisons, et la pousse donc à augmenter surveillance et répression. Et, d'autre part, il contraint les pauvres prisonniers à l'abstinence monastique ou à la pratique de la masturbation. Tout cela est comique, mais aussi tragique. Il est, en effet, tragique qu'un intellectuel qui se trouve avancé, cultivé et humain ne comprenne pas que la seule solution au problème qu'il se pose consistait d'abord à le dramatiser.

Il est tragique qu'il ne comprenne pas – de façon si habituelle et brutalement conformiste – qu'un rapport homosexuel n'est pas le Mal ou, pour mieux dire, qu'il n'y a rien de mal dans un rapport homosexuel.

C'est un rapport sexuel comme un autre.

Où se trouve donc, je ne dis pas la tolérance, mais l'intelligence et la culture si l'on ne comprend pas cela ?

Ce type de rapports ne laisse ni marques indélébiles, ni taches qui font d'un homme un « intouchable », ni déformations racistes. Il laisse l'être tel qu'il était avant. Et même, qui sait, il l'aide à exprimer totalement sa potentialité sexuelle « naturelle », puisqu'il n'existe pas d'être humain qui ne soit « aussi » homosexuel : c'est ça, et rien d'autre, que démontre l'homosexualité des prisons.

Il s'agit, en somme, de l'une des nombreuses formes de libération dont l'analyse et l'acceptation font en général l'orgueil d'un intellectuel moderne. Celui qui a exprimé – même dans une situation d'urgence – son homosexualité (grâce à un courage certes plus populaire que bourgeois – d'où la connotation de classe de la haine de l'homosexualité) ne sera plus, du moins sur ce plan, raciste et persécuteur. Il y aura dans son expérience de la vie un élément de « réelle » tolérance en plus, qui n'y était pas auparavant. Et, dans le meilleur des cas, il aura enrichi sa connaissance des personnes de son sexe, personnes avec lesquelles ses rapports ne peuvent être, fatalement et naturellement, qu'homo-érotiques, tant dans la haine que dans la fraternité.

Il Mondo, 11 avril 1974

Marc Daniel et André Baudry : *Les Homosexuels*[1]

Deux spécialistes français ont écrit un livre pédagogique sur les homosexuels destiné (c'est très utopique) à remplacer dans les kiosques les ouvrages analogues érotiques, commerciaux et à scandale, etc. C'est un livre qui se présente comme honnête, clair, complet, démocratique et modéré ; et, en effet, il l'est. Contrairement à mes habitudes de critique (mais il est clair que je ne joue pas ici au critique littéraire), je commencerai par aligner une série de citations particulièrement efficaces pour introduire le lecteur à un propos qui est toujours « tabou », comme le soutiennent à juste titre les auteurs du petit livre, Daniel et Baudry.

1) « Il faut donc, à tout prix, *débloquer* le tabou. Nous ne sommes plus – tout le monde en conviendra – à l'époque où les problèmes douloureux et délicats pouvaient être passés sous silence ou étouffés… Des sujets qui ont longtemps été interdits, comme la contraception, l'avortement, les relations sexuelles entre adolescents, font aujourd'hui l'objet de retransmissions radiophoniques et télévisées, d'enquêtes dans les journaux. Il serait exagéré de dire qu'il en va de même – du moins en France – pour l'homosexualité. »

1. Éditions Vallechi, 1974.

2) « Une courte phrase de saint Paul, dans son Épître aux Éphésiens, est peut-être à l'origine de tout : “Que vous ne nommiez même pas ces choses-là”. »

3) « Même les organes de presse connus pour leur libéralisme et leur intelligence gardent à ce sujet une attitude surprenante et conformiste. »

4) « Dans d'autres sociétés, bien qu'elles se soient affranchies du christianisme, la vieille condamnation religieuse, qui était trop profondément enracinée pour disparaître, a pris la forme d'un faux rationalisme et conserve toute sa vigueur ; l'URSS, Cuba, ont des lois sévères contre les homosexuels, au nom de la *défense du peuple* contre les vices du capitalisme décadent. »

5) « Il est, à cet égard, significatif que Hitler ait envoyé dans les camps de concentration pour les exterminer trois catégories minoritaires avec la même motivation de *sauvegarde de la défense de la race* : les juifs, les tziganes et les homosexuels, distingués par un triangle rose, étaient l'objet de traitements particulièrement abominables. (Ce sont malgré tout les seuls qui, après la guerre, n'ont jamais eu droit à une pension). » Et même, pouvons-nous ajouter, ce sont les seuls pour qui les choses ont pour l'essentiel continué comme avant, sans le moindre signe d'une forme quelconque de réhabilitation.

6) « Statistiquement parlant, il est donc probable que, sur quinze personnes fréquentées par notre lecteur, l'une au moins soit homosexuelle. C'est une constatation qui mérite réflexion. »

7) « … Il n'est pas d'exemple de jeunes garçons qui, ayant subi des violences sexuelles, soient demeurés homosexuels à cause de ces violences. Le supposer, même un instant, est une absurdité évidente. Au contraire, le

traumatisme est tel qu'il éloigne à jamais de l'homosexualité. À moins que la violence n'ait été qu'une prétendue violence et que le gamin ait, consciemment ou non, cherché ce qui lui est arrivé. »

8) « Rien ne permet… d'affirmer, ni même de soupçonner qu'il y ait le moindre rapport de cause à effet entre homosexualité et névrose : le lien, s'il existe, est dû au fait que la condamnation sociale de l'homosexualité est génératrice de névroses. »

9) « Les juges font souvent preuve d'une surprenante indulgence à l'égard des jeunes accusés d'avoir brutalisé, blessé et quelquefois même tué un homosexuel ; comme si, au fond, ils pensaient : “Bien fait pour lui.” Dans le même temps, il est fréquent qu'un homosexuel accusé d'un délit quelconque se voie condamné pour la simple raison que, étant homosexuel, il est coupable par définition. »

10) « Il faut tenir compte d'une réaction inconsciente bien connue des psychologues : beaucoup parmi ceux qui insultent les homosexuels n'y sont portés que par le refus d'admettre leur propre homosexualité refoulée. Jean-Paul Sartre s'est exprimé avec force sur ce point : “Quant à ceux qui condamnent le plus sévèrement Genêt, je suis convaincu que l'homosexualité est chez eux une tentation constante et constamment reniée, l'objet de leur haine la plus profonde : ils sont heureux de la détester chez autrui, parce qu'ils ont ainsi la possibilité de détourner les regards de sur eux”. »

11) « Le monde de l'homosexualité ou de la drogue (notez le rapprochement significatif) n'a jamais rien à voir avec le mouvement ouvrier », a déclaré Pierre Juquin, membre du Comité central du PCF (*Le Nouvel Observateur*, 5 mai 1972).

12) « … Le bonheur d'un quinzième de l'humanité n'est pas un enjeu dont on puisse se désintéresser d'un cœur léger. »

C'était une douzaine de citations liées au sens général, au minimum et à ce que l'on peut dire d'évident sur cet argument ; le « petit livre » de Daniel et Baudry n'y est pas tout entier. C'est une œuvre de vulgarisation, mais à caractère scientifique et donc complexe.

J'aurais toutefois une série d'observations à faire (le lecteur ne pourra les comprendre qu'après avoir lu le texte dont je m'occupe – ce que je lui recommande chaudement de faire).

Ma première observation concerne Freud. Il est bien connu que seule la psychanalyse est capable d'expliquer ce qu'est l'homosexualité. Même Daniel et Baudry le savent : toutefois, d'une part, ils déclarent, en se fondant outrageusement sur le bon sens, leur insatisfaction à l'égard des explications freudiennes, d'autre part, ils désignent en Freud le principal coupable de l'institution de l'homosexualité comme « anormalité » par rapport à une « normalité » – celle de la société bourgeoise – que Freud accepte passivement et peut-être lâchement. Cela ne me semble pas juste. Quand Freud dit « normalité » (c'est toujours un résultat formel et schématique), il entend essentiellement par là la « normalité » comme *ordo naturae* qui n'a pas de solution de continuité dans l'histoire, ni dans les différentes sociétés. Même dans les sociétés favorables à l'homosexualité, la « normalité » était la « moyenne », c'est-à-dire le comportement sexuel de la majorité. « Anormalité » est un mot comme un autre quand son sens est rationnel (et non positif ou négatif).

Ce « reste » de respect pour les idées du « monde normal » qui demeure dans deux auteurs qui, tout en restant modérés, acceptent pour l'essentiel le rapport « révolutionnaire » du FHAR (*Front homosexuel d'action révolutionnaire* [1]), est également démontré par un autre fait : ils condamnent, en flattant presque l'indignation de la majorité, l'irresponsabilité des « pédérastes libertins » qui exercent leur tendance érotique sur les « éphèbes », les adolescents au seuil de l'âge adulte. L'accusation est toujours la même : on fait pencher vers l'homosexualité un adolescent incertain (bisexué : n° 3 de l'échelle de Kinsey). Mais cela contredit *tout* ce que les auteurs ont dit. Car, s'il est bien bisexué, il le restera de toute façon, et si, pure hypothèse, il devait donner une certaine préférence à l'homosexualité, *cela ne serait pas un mal.*

Par ailleurs, le libertinage n'exclut pas du tout la vocation pédagogique. Socrate *était* libertin : de Lysis à Phèdre, ses amours pour des jeunes gens ont été innombrables. Et même, qui aime les jeunes gens, ne peut qu'aimer *tous* les jeunes gens (et voilà, justement, la raison de sa vocation pédagogique).

Mais, en dehors de cela, pousser un garçon (innocent au point d'y voir une amusante hypothèse) à un rapport homosexuel, ne signifie pas le détourner de l'hétérosexualité. Il est un moment « autonome » de la vie sexuelle : l'autoérotisme, non seulement psychologique, mais aussi physique. Un jeune homme, abandonné sur une île déserte, ne cessera pas d'avoir une vie sexuelle. En ce qui concerne la limite de l'âge de « mineur », Daniel et Baudry se battent vaillamment : un amendement apporté au code français durant la période fasciste de

1. En français dans le texte [n.d.t.].

Vichy fixe la limite de la minorité à vingt et un ans. C'est de la folie pure et simple ! En Italie, où est (miraculeusement sur ce point) en vigueur le code Napoléon, la limite de la minorité est seize ans (et non dix-huit comme l'affirment Daniel et Baudry). Ce « fait » m'amène à une autre considération (polémique à l'égard de ce livre, que la sagesse devrait me conseiller de recommander sans polémique).

Il s'agit de ceci : Daniel et Baudry tentent – en croyant sincèrement que l'idée en est bonne et efficace dans ses effets – d'insérer le problème de l'homosexualité dans le contexte de la tolérance naissante (existentiellement, en pratique, déjà affirmée, même si les lois sont, comme toujours, en retard) ; une tolérance qui concerne les rapports hétérosexuels (contraceptifs, avortement, relations extra-matrimoniales, divorce – en ce qui concerne l'Italie – rapport sexuel entre adolescents). Puis ils rattachent tout cela au problème (politique) des minorités.

Personnellement, je ne crois pas que la forme actuelle de tolérance soit réelle. Elle a été décidée « en haut » : c'est la tolérance du pouvoir de la consommation, qui a besoin d'une élasticité formelle absolue dans les « existences », pour que chacun devienne un bon consommateur. Une société sans préjugés, libre, dans laquelle les couples et les exigences sexuelles (hétérosexuelles) se multiplient, et *par conséquent* avide de biens de consommation. Il est certainement plus difficile de comprendre et de reconnaître cela à une mentalité libérale française, qu'à un progressiste italien, qui sort du fascisme et d'un type de société agricole et paléo-industriel et qui, donc, se trouve « sans défense » face à ce monstrueux phénomène. Être en couple est *désormais* pour un jeune, non plus une liberté, mais une obligation, dans la mesure où il a peur de ne pas être à la hauteur des libertés qu'on lui concède. Il n'y a ainsi plus de limite d'âge. Les codes qui établissent des limites d'âge sont bafoués (et donc ne valent *que* pour les rapports homosexuels). Que les parents bien pensants et romantiques qu'effraie l'idée d'être répressifs ne se fassent pas d'illusions : entre deux adolescents de sexes différents, même très jeunes, carrément impubères, les rapports érotiques sont désormais les mêmes qu'entre deux adultes.

Je veux dire par là que Daniel et Baudry se trompent quand ils espèrent que la tolérance inclue également l'homosexualité parmi ses objectifs : cela serait s'il s'agissait d'une tolérance réelle, conquise par en bas. Mais c'est une fausse tolérance qui est certainement le prélude à une période d'intolérance et de racisme pires (même si moins grandguignolesques) qu'au temps de Hitler. Pourquoi ? Parce que la *vraie* tolérance (que le pouvoir a feint d'assimiler et de faire sienne) est le privilège social des *élites* cultivées, tandis que les masses « populaires » jouissent aujourd'hui d'une horrible larve de tolérance, qui met en eux une intolérance et un fanatisme presque névrotique (ce qui jadis était caractéristique de la petite-bourgeoisie).

Ainsi, par exemple, ce petit livre de Daniel et Baudry ne peut être compris que par les *élites* cultivées et donc tolérantes : elles seules peuvent, peut-être, puisqu'elles ne sont pas atteintes, se libérer du « tabou » qui frappe l'homosexualité. Les masses, en revanche, sont destinées à davantage accentuer leur phobie biblique, si elles l'ont ; si, par contre, elles ne l'ont pas (comme à Rome, dans l'Italie méridionale, en Sicile, dans les pays arabes), elles sont prêtes à « abjurer » leur tolérance populaire et traditionnelle, pour adopter l'intolérance des masses formellement évoluées des pays bourgeois gratifiés de la tolérance.

Ici, le discours devient politique. Même le petit livre de Daniel et Baudry consacre quelques pages au « moment politique » de la question. Mais l'analyse y est dominée par une forme d'anticommunisme qui, s'il est parfaitement justifié à propos de l'homosexualité, est toutefois également suspect, parce qu'il fait partie du désir anxieux de rester modérés et intégrés qui domine pathétiquement tout cet ouvrage. Mais la carence analytique de Daniel et Baudry à propos du rapport entre homosexualité et politique ne dérive pas tant d'une idéologie politique discutable que d'une discutable idéologie à propos de l'homosexualité. En effet, il ressort, du moins implicitement de ce livre, qu'un homosexuel aime, ou fait l'amour avec un autre homosexuel. Or, il n'en va pas du tout ainsi. Un homosexuel, en général (dans l'énorme majorité des cas, du moins dans les pays méditerranéens), aime et veut faire l'amour avec un hétérosexuel disposé à une expérience homosexuelle, mais dont l'hétérosexualité n'est absolument pas mise en question. Il doit être « mâle » (d'où le manque d'hostilité envers l'hétérosexuel qui accepte le rapport sexuel comme simple expérience ou par intérêt : en effet, cela garantit son hétérosexualité). Comme *seul* fait politique important, Daniel et Baudry notent que non seulement les riches et les bourgeois sont homosexuels, mais également les ouvriers et les pauvres. L'homosexualité assurerait donc une sorte d'œcuménisme interclassiste. Cela ne manque pas d'importance, car, d'un point de vue de classe, cela fait de l'homosexualité un problème universel et donc inévitable. Le marxisme qui l'expédie ou le nie (de plus, avec mépris) n'est pas moins dangereux que ce fasciste français qui, au Parlement, a voulu faire définir l'homosexualité comme un « fléau social ». Mais là n'est pas l'important. Il faut rechercher ailleurs le « moment politique » de l'homosexualité, et il importe peu que ce soit en marge, très en marge de la vie publique. Je prendrai l'exemple de l'amour entre Maurice et Alec, dans le superbe roman de Forster de 1914 et celui de l'amour entre l'ouvrier et l'étudiant dans le tout aussi superbe (mais inédit) récit de Saba.

Dans le premier cas, Maurice, un homme de la haute bourgeoisie, vit dans son amour du « corps » d'Alec, un serviteur, une expérience exceptionnelle : la « connaissance » de l'autre classe sociale. Il en va de même, mais en sens inverse, de l'ouvrier et du petit étudiant triestin. La conscience de classe ne suffit pas si elle ne contient pas une « connaissance » de classe (comme je le disais dans une ancienne poésie). Mais, en plus de cet échange de « connaissance de classe », pratique mais aussi mystérieux, qui à moi, et peut-être à moi seul, semble porteur d'une très haute signification – j'opposerai à l'interclassisme de Daniel et Baudry, que j'ai qualifié d'œcuménique, cette phrase de Lénine (après 1917) à propos des juifs : « La majorité des juifs sont ouvriers, travailleurs. Ce sont nos frères opprimés comme nous par le capital, ce sont nos camarades... Les juifs riches, comme nos riches..., oppriment, volent les ouvriers et sèment la zizanie entre eux. » Si l'on veut véritablement faire rentrer les homosexuels dans la « normalité », je ne saurais indiquer de meilleur moyen que celui de Lénine à propos des juifs, qui n'*ouvre* certainement pas sur une fausse perspective de société tolérante. Du reste, Daniel et Baudry semblent avoir oublié ce qui est la plus haute réponse idéologique d'un homosexuel au pogrom servile et féroce des gens soi-disant « normaux », le suicide du personnage homosexuel du *Livre blanc* de Cocteau, qui a mis fin à ses jours parce qu'il avait compris qu'il était intolérable pour un homme d'*être toléré.*

Tempo, 26 avril 1974

Le Génocide [1]

Vous voudrez bien excuser mes quelques imprécisions ou incertitudes terminologiques. Concédez-moi que la matière n'est pas littéraire ; or, par malheur ou par chance, je suis un littéraire et, de ce fait, je ne possède pas, surtout linguistiquement, les termes pour la traiter. Encore une prémisse : ce que je vais dire n'est pas le fruit d'une expérience politique au sens propre et, pour ainsi dire, du métier oratoire, mais bien d'une expérience que je dirais presque existentielle.

Je dirai tout de suite – et vous l'avez déjà deviné – que ma thèse est beaucoup plus pessimiste, plus aigrement et douloureusement critique que celle de Napolitano. Elle a pour thème conducteur le *génocide* : je relève, en effet, que la destruction et le remplacement des valeurs dans la société italienne d'aujourd'hui mènent, sans bourreaux ni exécutions de masse, à la suppression de larges portions de la société elle-même. Ce n'est du reste pas là une affirmation complètement hérétique ou hétérodoxe. On trouve déjà dans le *Manifeste* de Marx un passage qui décrit avec une clarté et une précision extrêmes le génocide perpétré par la bourgeoisie sur des strates déterminées des classes dominées, surtout non ouvrières : le

1. Intervention orale à la fête de *L'Unità* de Milan (été 1974). La version écrite est due à la rédaction de *Rinascita*. On y entend ma « voix » ; c'est pourquoi je n'exclus pas de ce livre cet écrit répétitif et obstiné.

sous-prolétariat et certaines populations coloniales. L'Italie vit aujourd'hui, d'une façon dramatique et pour la première fois, le phénomène suivant : de larges strates, qui étaient pour ainsi dire demeurées en dehors de l'histoire – l'histoire de la domination bourgeoise et de la révolution bourgeoise – ont subi ce génocide, à savoir cette assimilation au mode et à la qualité de vie de la bourgeoisie.

Mais comment s'effectue ce remplacement de valeurs ? Je prétends qu'aujourd'hui il s'effectue clandestinement, au moyen d'une sorte de persuasion occulte. Alors que du temps de Marx c'était la violence explicite, au grand jour, la conquête coloniale, l'imposition par la force, les moyens sont aujourd'hui plus subtils, habiles et complexes, le processus est beaucoup plus techniquement au point, et profond. C'est en cachette que les nouvelles valeurs sont substituées aux anciennes, et peut-être ne faut-il même pas le dire puisque les grands discours idéologiques sont presque inconnus des masses (la télévision, pour prendre un exemple sur lequel je reviendrai, n'a bien sûr pas diffusé le discours de Cefis aux élèves de l'Académie de Modène).

Mon explication sera plus claire si je reprends ma façon de parler habituelle, c'est-à-dire celle d'un écrivain. Je suis en train d'écrire le passage d'une de mes œuvres dans lequel j'affronte ce thème, précisément d'une façon imagée, métaphorique : j'imagine une espèce de descente aux enfers dans laquelle le personnage parcourt la rue principale d'une bourgade proche d'une grande ville méridionale, probablement Rome, pour faire l'expérience du génocide dont j'ai parlé ; toute une série de visions lui apparaît, chacune d'entre elles correspondant à l'une des rues transversales qui débouchent dans la voie centrale. Chacune d'entre elles est une espèce de fosse, de cercle infernal de *La Divine Comédie* : il y a à l'entrée un modèle de vie déterminé, que le pouvoir a mis là en cachette et auquel les jeunes surtout, et plus encore les gamins qui vivent dans la rue, se conforment rapidement. Ils ont perdu leur ancien modèle de vie, celui qu'ils réalisaient en vivant et dont, d'une certaine façon, ils étaient contents, voire fiers, même s'il impliquait toutes les misères et tous les caractères négatifs que l'on y trouvait, ceux – je suis d'accord – qu'énumère Napolitano ; et aujourd'hui, ils cherchent à imiter le modèle nouveau que la classe dominante a mis là en cachette. Naturellement, j'énumère également toute une série de modèles de comportement, une quinzaine, qui correspondent à dix cercles et cinq fosses. Je ne parlerai, par souci de brièveté, que de trois d'entre eux ; mais je tiens à encore préciser que la ville dont je parle se trouve dans le centre-sud et que mon propos ne vaut que relativement pour les gens qui habitent Milan, Turin, Bologne, etc.

Il y a, par exemple, le modèle qui préside à un certain hédonisme interclassiste et qui force les jeunes qui l'imitent à se conformer, dans leur comportement, dans leur façon de s'habiller, de se chausser, de se coiffer ou de sourire, dans leurs actes ou dans leurs gestes, à ce qu'ils voient dans la publicité des grands produits industriels – une publicité qui se rapporte, de façon presque raciste, au seul mode de vie petit-bourgeois. Le résultat est évidemment pénible, parce qu'un jeune pauvre de Rome n'a pas encore la possibilité de réaliser ces modèles et que cela crée en lui anxiétés et frustrations qui le conduisent au seuil de la névrose. Ou encore, il y a le modèle de la fausse tolérance, de la permissivité. Dans les grandes villes et les campagnes du centre-sud était encore en vigueur un certain type de morale populaire, plutôt libre, certes, mais avec des tabous qui lui étaient propres et non ceux de la petite-bourgeoisie, pas l'hypocrisie, par exemple, mais simplement une sorte de code auquel tout le peuple se conformait. À un certain moment, le pouvoir a eu besoin d'un type de sujet différent, qui fût avant tout un consommateur et ce ne pouvait être un consommateur parfait si on ne lui concédait pas une certaine permissivité sur le plan sexuel. À ce modèle-là aussi, le jeune de l'Italie attardée tente de se conformer d'une façon gauche, désespérée et toujours génératrice de névrose. Enfin, troisième modèle, celui que j'appelle modèle de l'aphasie, de la perte de la capacité linguistique. L'Italie centro-méridionale tout entière avait ses traditions régionales ou citadines propres d'une langue vivante, d'un dialecte que régénéraient de continuelles inventions, et, à l'intérieur de ce dialecte, d'argots riches en inventions presque poétiques. Tous, jour après jour, y contribuaient et chaque soir naissait une répartie nouvelle, un trait d'esprit, un mot imprévu ; il y avait une merveilleuse vitalité linguistique. Le modèle que la classe dominante a déposé dans ces lieux les a bloqués linguistiquement à Rome, par exemple, on ne sait plus inventer, on est tombé dans une sorte de névrose aphasique où l'on parle une fausse langue, qui ne connaît ni difficulté, ni résistances, comme si tout était facile à mettre en mots : on parle comme dans les livres imprimés. Ou alors on en est carrément à la pure et simple aphasie au sens clinique du mot : on est incapable d'inventer des métaphores et des mouvements linguistiques réels, on gémit presque, ou l'on se donne des bourrades, ou bien l'on ricane sans savoir quoi dire.

J'ai dit tout cela simplement pour faire un bref résumé de ma vision infernale, que, malheureusement, je vis existentiellement. Pourquoi cette tragédie dans au moins les deux tiers de l'Italie ? Pourquoi ce génocide dû à l'acculturation sournoisement imposée par les classes dominantes ? Mais parce que la classe dominante a séparé nettement « progrès » et « développement ». Seul le développement l'intéresse, parce que c'est de lui seul qu'elle tire ses profits. Il faut une bonne fois établir une distinction drastique entre ces deux termes : « progrès » et « développement ». On peut concevoir un développement sans progrès, chose monstrueuse que nous vivons dans presque les deux tiers de l'Italie ; mais, au fond, on peut aussi concevoir un progrès sans développement, comme cela serait si, dans certaines zones paysannes, on appliquait de nouveaux modes de vie civile et culturelle sans ou avec un minimum de développement matériel. Ce qu'il faut – et c'est à mon sens là le rôle du parti communiste et des intellectuels progressistes – c'est prendre conscience de cette dissociation atroce et en faire prendre conscience aux masses populaires, pour qu'elle disparaisse et que développement et progrès coïncident.

Quel est, au contraire, le développement que le pouvoir veut ? Si vous voulez mieux le comprendre, lisez le discours de Cefis aux élèves de Modène que j'ai cité tout à l'heure, et vous y trouverez une notion de développement comme pouvoir multinational – ou transnational, comme disent les sociologues – fondé en outre sur une armée non plus nationale et très avancée techniquement, mais étrangère à la réalité du pays. Tout cela efface d'un coup d'éponge le fascisme traditionnel, qui se fondait sur le nationalisme et le cléricalisme, vieux idéaux naturellement faux. Nous assistons à une forme de fascisme complètement nouvelle et encore plus dangereuse. Je m'explique. Comme je l'ai dit, on assiste dans notre pays à un remplacement des valeurs et des modèles dans lequel les moyens de communication de masse, et en premier lieu la télévision, ont joué un grand rôle. Ce disant, je ne prétends pas du tout que ces moyens de communication sont négatifs en soi : je suis au contraire d'avis qu'ils pourraient constituer un grand instrument de progrès culturel ; mais jusqu'à présent, de la façon dont on s'en est servi, ils ont été un instrument d'effrayante répression, de développement, justement, sans progrès et de génocide culturel pour au moins les deux tiers des Italiens. Vus sous cet angle, même les résultats du 12 mai contiennent une part d'ambiguïté. À mon avis, la télévision qui, au cours de ces vingt dernières années a, par exemple, nettement déprécié tout contenu religieux, a, aussi, puissamment contribué aux « non ». C'est vrai, on y a souvent vu le pape bénir, les cardinaux inaugurer, ou on y a vu processions et funérailles, mais il s'agissait là d'images produisant un effet contraire aux fins de la conscience religieuse. En fait, il s'y produisait, à l'inverse et au niveau au moins inconscient, un profond processus de laïcisation qui livrait les masses du centre-sud au pouvoir des *mass media* et, à travers eux, à l'idéologie réelle du pouvoir : à l'hédonisme du pouvoir de la consommation.

Voilà pourquoi il m'est arrivé de dire – peut-être de façon trop violente et emportée – que le « non » est à double composante : d'une part, un progrès réel et conscient, dans lequel les communistes et la gauche ont tenu un grand rôle ; de l'autre, un faux progrès qui fait que l'Italien accepte le divorce à cause des exigences laïcisantes du pouvoir bourgeois – car qui accepte le divorce est un bon consommateur. Telles sont les raisons pour lesquelles, par amour de la vérité et par sens douloureusement critique, je peux en venir à une prévision de type apocalyptique que voici : si, dans la masse des « non », la part qu'y a prise le pouvoir devait prévaloir, ce serait la fin de notre société. Cela n'arrivera pas, justement parce que, en Italie, il y a un Parti communiste fort et une *intelligentsia* assez avancée et progressiste ; mais le danger existe. La destruction des valeurs qui est en cours n'implique pas *une immédiate* substitution d'autres valeurs, avec leurs bons et leurs mauvais côtés, avec la nécessaire amélioration du niveau de vie et simultanément un réel progrès culturel. Il y a, entre-temps, une période d'impondérables, et c'est justement celle que nous sommes en train de vivre. Là se trouve le grand, le tragique danger. Pensez à ce que peut signifier une récession dans ces conditions : vous ne pourrez pas vous empêcher de frissonner si, ne serait-ce que pendant un instant, le parallèle – peut-être arbitraire, peut-être romanesque – avec l'Allemagne des années 1930 se présente à vous. Notre processus d'industrialisation de ces dix dernières années a quelque analogie avec celui de l'Allemagne d'alors : c'est dans de telles conditions que la consommation, avec la récession de 1920, ouvrit la voie au nazisme.

Voilà quelle est l'angoisse d'un homme de ma génération, qui a vu la guerre, les nazis, les SS, et qui en a reçu un traumatisme jamais totalement dépassé. Quand je vois que les jeunes sont en train de perdre les vieilles valeurs populaires et d'absorber les nouveaux modèles imposés par le capitalisme, en courant le risque de se déshumaniser et d'être en proie à une forme d'abominable aphasie, à une brutale absence de capacité critique, à une factieuse passivité, je me souviens que telles étaient les caractéristiques des SS – et je vois s'étendre sur nos cités l'ombre horrible de la croix gammée. C'est certainement une vision apocalyptique. Mais si, à côté d'elle et de l'angoisse qui la suscite, il n'y avait pas aussi en moi une part d'optimisme, autrement dit la pensée qu'il est possible de lutter contre tout cela, je ne serais tout simplement pas ici, au milieu de vous, pour parler

Rinascita, 27 septembre 1974

Fasciste [1]

....

Il existe aujourd'hui une forme d'antifascisme archéologique qui est en somme un bon prétexte pour se voir décerner un brevet d'antifascisme réel. Il s'agit d'un antifascisme facile, qui a pour objet et objectif un fascisme archaïque qui n'existe plus et n'existera plus jamais. Partons du film récent de Naldini : *Fascista*. Eh bien ce film, qui a posé le problème des rapports entre un chef et la foule, a montré qu'aussi bien le chef, Mussolini, que cette foule sont deux personnages absolument archéologiques. Un chef comme celui-là est aujourd'hui absolument inconcevable, non seulement à cause de la nullité et de l'irrationalité de ce qu'il dit, mais aussi parce qu'il n'y aurait absolument aucune place, ni crédibilité pour lui dans le monde moderne. La télévision suffirait à le rendre vain, à le détruire politiquement. Les techniques de ce chef convenaient pour une estrade, un meeting, devant des foules « immenses », mais elles ne marcheraient absolument pas sur un écran.

Cela n'est pas une simple constatation superficielle et purement technique, mais le symbole d'un changement total dans notre façon d'être et de communiquer. De même, pour la foule, cette foule « immense ». Il suffit de

1. Interview par Masimo Fini. Voir la note à l'écrit précédent.

poser un instant les yeux sur ces visages pour voir que cette foule-là n'existe plus, que ce sont des morts enterrés, nos aïeux. Cela suffit pour comprendre que ce fascisme-là ne se répétera plus jamais. Voilà pourquoi une bonne partie de l'antifascisme d'aujourd'hui, ou, du moins, de ce que l'on appelle antifascisme, est soit naïve et stupide, soit prétextuelle et de mauvaise foi ; en effet, elle combat, ou fait semblant de combattre, un phénomène mort et enterré, archéologique, qui ne peut plus faire peur à personne. C'est, en somme, un antifascisme de tout confort et de tout repos.

....

Je suis profondément convaincu que le vrai fascisme est ce que les sociologues ont trop gentiment nommé « la société de consommation », définition qui parait inoffensive et purement indicative. Il n'en est rien. Si l'on observe bien la réalité, et surtout si l'on sait lire dans les objets, le paysage, l'urbanisme et surtout les hommes, on voit que les résultats de cette insouciante société de consommation sont eux-mêmes les résultats d'une dictature, d'un fascisme pur et simple. Dans le film de Naldini, on voit que les jeunes étaient encadrés et en uniforme… Mais il y a une différence : en ce temps-là, les jeunes, à peine enlevaient-ils leurs uniformes et reprenaient-ils la route vers leurs pays et leurs champs, qu'ils redevenaient les Italiens de cinquante ou de cent ans auparavant, comme avant le fascisme.

Le fascisme avait en réalité fait d'eux des guignols, des serviteurs, peut-être en partie convaincus, mais il ne les avait pas vraiment atteints dans le fond de l'âme, dans leur façon d'être. En revanche, le nouveau fascisme, la société de consommation, a profondément transformé les jeunes ; elle les a touchés dans ce qu'ils ont d'intime, elle leur a donné d'autres sentiments, d'autres façons de penser, de vivre, d'autres modèles culturels. Il ne s'agit plus, comme à l'époque mussolinienne, d'un enrégimentement superficiel, scénographique, mais d'un enrégimentement réel, qui a volé et changé leur âme. Ce qui signifie, en définitive, que cette « civilisation de consommation » est une civilisation dictatoriale. En somme, si le mot de « fascisme » signifie violence du pouvoir, la « société de consommation » a bien réalisé le fascisme.

....

Un rôle marginal. Voilà pourquoi j'ai dit que réduire l'antifascisme à une lutte contre ces gens-là signifie faire une mystification. Pour moi, la question est très complexe, mais aussi très claire : le vrai fascisme, je l'ai dit et je le répète, c'est celui de la société de consommation, et les démocrates-chrétiens sont devenus, sans même s'en rendre compte, les vrais et authentiques fascistes d'aujourd'hui. Dans ce domaine, les fascistes « officiels » ne sont que la poursuite du fascisme archéologique et, de ce fait, à ne pas prendre en considération. C'est ainsi qu'Almirante [1], dans la mesure où il a tenté de se mettre au goût du jour, me paraît aussi ridicule que Mussolini. Un danger plus réel vient plutôt aujourd'hui des jeunes fascistes, de la frange néonazie du fascisme qui s'appuie sur quelques milliers de fanatiques mais qui, demain, pourrait devenir une armée.

---

1. Secrétaire du parti MSI, néofasciste [n.d.t.].

Selon moi, l'Italie vit aujourd'hui quelque chose d'analogue à ce qui s'est produit en Allemagne à l'aube du nazisme. En Italie aussi l'on assiste actuellement à ces phénomènes d'homologation et d'abandon des anciennes valeurs paysannes, traditionnelles, particularistes, régionales, qui furent l'humus sur lequel grandit l'Allemagne nazie. Une énorme masse de gens est devenue flottante, dans un état d'impondérabilité de ses valeurs, mais n'a pas encore acquis les nouvelles, nées de l'industrialisation ; c'est le peuple, qui se fait petite-bourgeoisie, mais qui n'est pas encore celle-ci et plus celui-là. Selon moi, le premier noyau de l'armée nazie fut constitué, justement, à partir de cette masse hybride ; elle a été le matériel humain dont, en Allemagne, sont sortis les nazis. Et l'Italie est en train de courir ce risque-là.

....

Quant à la chute du fascisme, il y a, avant tout, un fait contingent, psychologique. La victoire, l'enthousiasme de la victoire, la renaissance des espérances, le sentiment de la liberté retrouvée et de tout un nouveau mode d'existence, avaient rendu, après la Libération, les hommes plus bons. Oui, *plus bons*, purement et simplement.

Mais il y a aussi cet autre fait plus réel : le fascisme qu'avaient connu les hommes d'alors, ceux qui avaient été antifascistes et traversé les expériences de vingt ans de fascisme, de la guerre, de la Résistance, était un fascisme somme toute meilleur que celui d'aujourd'hui. Je crois que vingt ans de fascisme n'ont pas fait les victimes qu'a faites le fascisme de ces dernières années. Des choses horribles comme les massacres de Milan, de Brescia, de

Bologne, ne se sont jamais produites pendant ces vingt ans. Il y a bien eu le crime Matteotti, il y a eu d'autres victimes des deux côtés, mais la force, la violence, la méchanceté, l'inhumanité et la glaciale froideur des crimes commis à partir du 12 décembre 1969 n'avaient jamais existé en Italie. Voilà pourquoi il y a beaucoup de haine, beaucoup de gens profondément scandalisés et peu, peu de capacité de pardon... Seulement cette haine a, parfois de bonne foi, parfois de parfaite mauvaise foi, un objet erroné, les fascistes archéologiques, alors que ce devrait être le pouvoir réel.

Prenons les pistes noires. J'ai sur ce point une idée, peut-être un peu romanesque, mais que je crois juste. La voici : les hommes du pouvoir et je pourrais sans doute carrément citer des noms sans grande crainte de me tromper – disons quelques-uns des hommes qui nous gouvernent depuis trente ans – ont d'abord organisé la stratégie de la tension anticommuniste, puis, une fois apaisée la crainte de l'éversion de 1968 et du péril communiste immédiat, ces mêmes hommes du pouvoir ont organisé la stratégie de la tension antifasciste. Les massacres ont donc été accomplis par les mêmes personnes. Ils ont d'abord fait le massacre de Piazza Fontana en accusant les extrémistes de gauche, puis ceux de Brescia et de Bologne en accusant les fascistes et en tentant de se refaire en hâte cette virginité antifasciste dont ils avaient besoin, après la campagne du référendum et le référendum, pour continuer à gérer le pouvoir comme si de rien n'avait été.

Quant aux faits d'intolérance que vous avez rappelés, je ne les définirais pas comme vraiment d'intolérance. Ou du moins il ne s'agit pas de l'intolérance typique de la société de consommation. Il s'agit en réalité de cas de terrorisme idéologique. Malheureusement, les gauches vivent actuellement dans un état de terrorisme né en 1968 et qui continue encore aujourd'hui. Je ne dirai pas qu'un professeur que stimule un certain gauchisme et qui ne donne pas la licence à un jeune de droite est intolérant. Je dis que c'est un terrorisé. Ou un terroriste. Mais ce type de terrorisme idéologique a une parenté seulement formelle avec le fascisme. L'un et l'autre sont terroristes, c'est vrai. Mais il faut reconnaître, sous les schèmes de ces deux formes très souvent identiques, des réalités profondément différentes. Sinon, l'on en vient inévitablement à la théorie des « extrémismes opposés », ou au « stalinisme égale fascisme ».

Mais j'ai dit que ces faits étaient de terrorisme et non d'intolérance parce que, pour moi, la véritable intolérance est celle de la société de consommation, de la permissivité concédée d'en haut, qui est la vraie, la pire, la plus sournoise, la plus froide et impitoyable forme d'intolérance. Parce que c'est une intolérance masquée de tolérance. Parce qu'elle n'est pas vraie. Parce qu'elle est révocable chaque fois que le pouvoir en sent le besoin. Parce que c'est le vrai fascisme d'où découle l'antifascisme de manière : inutile, hypocrite, et, au fond, apprécié par le régime.

L'Europeo, 26 décembre 1974

Coup de tête du bouc émissaire

J'insiste. Casalegno se conduit exactement avec l'inconsciente agressivité d'un malfaiteur ou d'une putain. Je m'explique. Il commence par dire que mes idées sont confuses. Puis il m'attribue une série de contradictions justement brouillonnes, mais nées dans sa tête. Par exemple : il commence par affirmer que j'« ai évité… les raisonnements lombrosiens sur mesures de crâne et activité politique », puis il affirme que, selon moi, « les "grands" démocrates-chrétiens ne ressemblent pas aux compagnons du duce mais carrément à ceux de Hitler ». Donc, si je commence par éviter une analyse physionomique puis que j'opère par une comparaison physionomique, je suis contradictoire. La réalité est celle-ci : pour moi, est important le langage du corps et du comportement parce que c'est un langage qui en vaut un autre ; et même, souvent, il est beaucoup plus sincère. J'ai donc « lu » les visages du film de Naldini et ceux, réels, qui m'entourent aujourd'hui comme s'il s'agissait de discours : j'en ai fait une comparaison qui s'est révélée, par exemple, négative pour les dirigeants démocrates-chrétiens actuels, avec les ridicules et archaïques serviteurs du duce. Mais je n'ai pas dit que ce sont ces « dirigeants-là » qui ont un « soma » ou un « sème » nazi. C'est là une autre confusion de Casalegno. J'ai dit que ce sont les jeunes fascistes d'aujourd'hui qui sont en réalité nazis.

Autre exemple : Casalegno m'attribue « une très nouvelle doctrine sur la pérennité du fascisme ». Concept banal qui ne pouvait étonner que lui, puisque tout le monde pense et a toujours pensé qu'en Italie il y a une composante fasciste « pérenne ». Ma « très nouvelle doctrine » dit au contraire *exactement le contraire* : elle dit que le fascisme est fini (et donc l'antifascisme rendu vain) parce que quelque chose de pire le remplace : le pouvoir de la consommation et son idéologie hédoniste.

Le même Casalegno me fait ensuite dire que « c'était là un fascisme archaïque, qui désormais appartient à l'archéologie, et non à la politique ». Il faut un beau toupet pour m'attribuer en même temps cette affirmation et l'autre, sur la pérennité du fascisme.

La réalité est que Casalegno ne peut pas accepter la responsabilité de la DC dans l'introduction en Italie du « développement » du capitalisme de consommation, le pire de tous les fascismes, qui anéantit toutes les vieilles structures qui ne peuvent pas ne pas être chères à un conformiste comme Casalegno : démocratie formelle, Église, famille, mœurs comme il faut, sous-culture, etc.

Quant à l'affirmation de Casalegno sur ma « nostalgie d'un passé teinté de noir », que cela soit bien clair : s'il ose répéter quelque chose de semblable, je prends le train, monte à Turin et passe aux voies de fait.

Panorama, 7 novembre 1974

Fragment

Au cours de toute ma vie, je n'ai jamais exercé d'acte de violence, ni physique, ni morale ; non pas que je sois fanatiquement pour la non-violence qui, si elle est une forme d'autocontrainte idéologique, est elle aussi violence. Je n'ai jamais, dans toute ma vie, exercé d'acte de violence tout simplement parce que je m'en suis remis à ma nature, ou mieux à ma culture.

Il n'y a qu'une seule exception, que je voudrais rappeler. C'était il y a une dizaine d'années, j'avais été invité à un débat à la Casa dello studente [1] de Rome. Dans la rue – vers le soir – un groupe de fascistes m'a agressé [2]. Ils m'ont jeté de la peinture blanche et ont commencé à se battre et à m'insulter. De jeunes camarades m'accompagnaient : et c'est surtout la violence exercée contre eux qui m'a exaspéré. Nous avons répliqué avec la même violence et ils ont battu en retraite. Je me suis lancé à la poursuite du plus excité. Notre course a duré plus d'un kilomètre à travers le quartier de San Lorenzo. Au moment où j'allais le rejoindre, il a sauté dans un tram où, en dépit des coups de pied qu'il me donnait de sur le marchepied, je suis parvenu à monter à mon tour. Il a repris la fuite et sauté du tram en marche par la porte

1. Maison de l'étudiant [n.d.t.].

2. Ce n'était alors un phénomène ni quotidien, ni fréquent [note de Pasolini].

de l'avant. J'ai fait de même. Notre course forcenée à travers San Lorenzo a repris, jusqu'à ce qu'il disparaisse dans un garage où je ne l'ai plus trouvé car, semble-t-il, il avait disparu par une petite porte située au fond. Mais, à ce moment-là, il est probable que si je l'avais attrapé, je ne lui aurais plus rien fait ; ma colère aveugle était passée. Et cela avait été la première et unique fois de ma vie que j'avais cédé à cette colère aveugle. Mais l'indignation qu'a suscitée en moi ce misérable fasciste d'il y a dix ans n'est rien à côté de celle qu'a suscitée en moi, ces jours-ci, un article d'un soi-disant antifasciste, le vice-directeur de *La Stampa*, Casalegno.

Dans son article, écrit à l'aide de tous les pires lieux communs « journalistiques », qui auraient déjà paru vieux à l'ironie du Dostoïevski de 1869, il polémique contre moi, Moravia, Parise et Pannella au sujet de notre débat sur le film *Fascista* de Nico Naldini (il y avait aussi, à la table ronde organisée par « Panorama », Ricardo Lombardi : mais Lombardi est un homme politique, et pas un écrivain. Par conséquent, Casalegno le laisse tranquille).

L'article de Casalegno est sorti dans *La Stampa* du 22 octobre 1974. Il est donc aujourd'hui déjà ancien ; si j'en reparle, c'est parce que le sujet ne me semble pas épuisé.

L'attaque de Casalegno contre moi se fonde sur deux points :

a) Les intellectuels sont des « traîtres » parce qu'ils jouent « avec les idées et les faits par attitude factieuse, snobisme, recherche ou succès, peur de se laisser distancer par la dernière mode » ;

b) J'aurais de la « nostalgie pour un passé même teinté de noir », et Almirante [1] « n'aurait » à cette table ronde « pas su dire mieux ».

1. Secrétaire national du MSI (parti néofasciste) [n.d.t.].

Étant donné que le premier alinéa concerne les intellectuels en général, tandis que le second concerne ma personne et est donc, du moins apparemment, moins important, je commencerai par ce dernier, mais en ne lui consacrant que quelques lignes.

Casalegno est parvenu à ses conclusions extrêmes – qui me traitent pratiquement de parafasciste – sans avoir évidemment rien lu de ce que j'ai écrit de « scandaleux » sur le sujet. Il est clair qu'il s'en est tenu à la simplification que de vils et dangereux imbéciles – parmi lesquels, évidemment, des amis à lui – en ont faite. Cette équivoque simplification – qui, c'est certain, repose sur un fond de racisme à mon égard – a eu au début quelque diffusion ; mais. naturellement, elle ne pouvait qu'être étouffée dans l'œuf, et n'est demeurée que dans les milieux et les têtes les moins estimables.

Tout ce que j'ai dit « scandaleusement » du vieux et du nouveau fascisme constitue en effet le plus *réellement* antifasciste des discours. Cela est désormais clair pour tout le monde. Mais admettons que quelqu'un, par haine invétérée, par intérêt politique, ou simplement par bêtise, continue à demeurer dans l'équivoque. Eh bien ! je me demande si celui-là ne devrait pas y réfléchir à deux fois avant de jeter sur ma personne l'atroce soupçon d'un fascisme même déteint ; si jeter un soupçon de cet ordre sur quelqu'un ne signifie pas l'impliquer, je ne dis pas dans l'atmosphère ridicule des *golpes*, mais dans celle des bombes et des massacres.

Seul un provocateur, un espion, quelqu'un d'infâme ou d'hystérique peut oser jeter aujourd'hui le soupçon, même le plus petit, de « nostalgie pour un passé teinté de noir » sur quelqu'un. J'espère vraiment, pour lui, que Casalegno m'a montré du doigt pour le « lynchage » par pure inconscience, qu'il ne s'est pas rendu compte de ce qu'il a fait. Qu'a seul joué en lui le simple automatisme d'un métier même servile.

Je reprendrai mon discours sur ce second « point » tout à l'heure, pour le traiter à un niveau plus général, et passe au premier.

Il faut ici faire deux observations : *a*) pour avoir une aussi mauvaise opinion des raisons psychologiques qui poussent les intellectuels à s'intéresser à des problèmes politiques, il faut que Casalegno ne connaisse pas les œuvres de ces intellectuels ; et il ne les connaît pas parce qu'il ne veut pas les connaître ; et il ne veut pas les connaître parce que c'est un bourgeois qui hait les intellectuels. Il suffirait qu'il lise – avec, en somme, un certain « amour » culturel – deux pages de moi, de Moravia ou de Parise, pour avoir au moins quelque hésitation à propos de son mépris *a priori* ; *b*) (et en conséquence) l'« attitude factieuse », le « snobisme », l'ardente « recherche du succès » que Casalegno nous (intellectuels) attribue sont, techniquement, de pures et simples *inférences*.

Il est facile de discréditer *in limine* et de détruire quelqu'un à travers des *inférences* (d'autant plus que l'auditeur est, toujours, extrêmement incliné à se trouver d'accord à propos de la *sous-culture*). Je pourrais, par exemple, très facilement retourner sur Casalegno la « technique des inférences ». Je pourrais très logiquement commencer par me demander : que fait donc Casalegno à *La Stampa*, dont le directeur est une personne respectable au *vrai* sens du terme, et où collaborent tant de mes amis parmi les plus chers, de Soldati à Ginzburg, de Siciliano à Pestelli ? Que fait donc Casalegno à cette *Stampa* qui, depuis maintenant plus de vingt ans, s'est toujours prononcée très favorablement sur mes œuvres, la seule chose qui compte pour établir les vraies raisons qui poussent un auteur à intervenir aussi en dehors de son domicile propre ? Et à ces questions, je pourrais me répondre avec, justement, des *inférences*. Casalegno est à *La Stampa* pour en garantir l'ouverture à droite devant la pire bourgeoisie piémontaise et, pratiquement, pour être le « gardien » non pas des « financiers », mais des « subordonnés des financiers ». Cette *inférence* est certainement injuste, comme toutes les *inférences*. Mais absolument pas illogique, de la même façon qu'il n'est pas illogique qu'un intellectuel puisse avoir une certaine dose de snobisme ou d'amour pour le succès, sous-produits de l'ambition, qui n'ont pourtant aucun pouvoir de modifier ce qu'il dit.

L'homme d'ordre Casalegno (et là j'en viens à des considérations générales) a été touché par deux syndromes qui représentent le pire de ce qui aujourd'hui touche la bourgeoisie italienne. Le premier est la haine de la culture, qui pousse à crier à tout instant à la « trahison des clercs » – ce qui fait, éternellement, des représentants de la « sous-culture » des « untores [1] » désignés pour le lynchage. En effet, l'épouvantable situation économique de l'Italie, c'est de leur faute, la menaçante récession vers un monde pauvre où les valeurs qui compensaient la pauvreté se sont effondrées, c'est de leur faute, la dégradation des villes et des paysages, c'est de leur faute, le « développement » manqué et qui s'est transformé en désastre écologique, c'est de leur faute, la politique de clientèle et, à la limite, la criminalité de la DC, c'est de leur faute ! Eh oui ! car la faute n'en revient

1. Personne suspectée de propager la peste [n.d.t.].

certainement pas aux hommes du pouvoir, ceux que Casalegno défend avec tant de zèle.

L'autre syndrome, infâmant, auquel Casalegno n'a pas été capable d'opposer la moindre défense digne, c'est la manie qui s'est emparée des Italiens de se traiter continuellement de fascistes. Probablement est-ce là une grande vérité. Mais, en l'espèce, dans ce cas, cette accusation est criminelle. Comme je l'ai dit, elle établit automatiquement des coresponsabilités dans des actes criminels et, carrément, dans des massacres.

Voilà les raisons de mon indignation à propos de Casalegno, qui, pour la seconde fois de ma vie, m'a fait venir à l'esprit des idées de violence.

Naturellement, il n'est pas étonnant que le « Popolo » soit intervenu pour défendre Casalegno contre un représentant de la « sous-culture », en traitant ce dernier, tout aussi naturellement, de fasciste. Mais – à propos de violence nécessaire, et évangélique – que les financiers et les collaborateurs du « Popolo » fassent attention : c'est précisément dans le Marché du Temple qu'ils vendent leurs marchandises et leurs mots.

Inédit

Table

Pièces à conviction

Cet ouvrage a été mis en pages par

<pixellence>

N° d'édition : 559647-3
Dépôt légal : mars 2018
Imprimé en Espagne par Novoprint (Barcelone)
Achevé d'imprimer en octobre 2022